Collection « Leçons de droit »

Dirigée par Manuel Delamarre

Leçons de Droit des marchés publics

Fleur Jourdan

Premier conseiller des tribunaux administratifs
et des cours administratives d'appel
Directrice générale adjointe des services
de la Région Île-de-France

ellipses

Dans la collection « Leçons de droit »

- *Leçons de Droit administratif général*, Anne-Laure Chavrier, Manuel Delamarre et Timothée Paris
- *Leçons de Droit commercial*, Mikaël Benillouche et Jacob Berrebi
- *Leçons de Droit constitutionnel et d'institutions politiques*, Manuel Delamarre et Emmanuel Maurel
- *Leçons de Contentieux administratif*, Henri Chavrier et Manuel Delamarre, préface de Daniel Labetoulle
- *Leçons de Contentieux administratif*, Laurent Domingo
- *Leçons de Droit matériel de l'Union européenne*, Anne-Marie Olivia
- *Leçons de Droit de la famille*, Mikaël Benillouche (coord.)
- *Leçons de Droit de la propriété littéraire et artistique*, Valérie Varnerot
- *Leçons de Droit de l'environnement*, Manuel Gros (coord.)
- *Leçons de Droit de l'Union européenne*, Agnès Gautier-Audebert
- *Leçons de Droit de l'urbanisme*, Hélène Cloëz
- *Leçons de Droit des biens*, José Lefebvre
- *Leçons de Droit des collectivités territoriales*, Philippe Bluteau
- *Leçons de Droit des obligations*, Pierre Cabrol et Monique Ribeyrol-Subrenat
- *Leçons de Droit des relations internationales*, Agnès Gautier-Audebert
- *Leçons de Droit du travail*, Frédérique Chopin
- *Leçons de Droit matériel de l'Union européenne*, Anne-Marie Oliva
- *Leçons de Droit pénal général*, Mikaël Benillouche
- *Leçons de Droit pénal spécial*, Mikaël Benillouche et Jean-Yves Maréchal
- *Leçons de Droit public des activités économiques*, Matthieu Thaury
- *Leçons de Finances publiques*, Gil Desmoulin
- *Leçons d'Institutions administratives*, Manuel Delamarre
- *Lecons d'Introduction à la science politique*, Rémi Lefebvre
- *Lecons d'Introduction à la sociologie*, Éric Keslassy
- *Leçons d'Introduction au droit*, Mikaël Benillouche, Anne-Laure Chavrier et Manuel Delamarre
- *Leçons d'Introduction historique au droit*, Véronique Harouel-Bureloup
- *Leçons de Procédure pénale*, Mikaël Benillouche
- *Leçons de Procédure civile*, Sylvie Pierre-Maurice

ISBN 978-2-7298-9240-1

32, rue Bargue 75740 Paris cedex 15

www.editions-ellipses.fr

À Stéphanie Chassat, Laurent Domingo,
Xavier Domino et Nathalie Fortis,

À Manuel, Raphaël et Macha,

Votre soutien, vos relectures
et vos conseils m'ont été précieux.

Sommaire

Partie 5 ■ La fin des marchés publics

Partie 6 ■ Le contentieux des marchés publics

Partie 7 ■ La commande publique responsable

Sujets corrigés

Table des sigles et abréviations

AAPC : Avis d'appel public à la concurrence
ADEME : Agence de l'environnement et de la maîtrise de l'énergie
AFNOR : Association française de normalisation
ANRU : Agence nationale de rénovation urbaine
AOO : Appel d'offres ouvert
BOAMP : Bulletin officiel des annonces de marchés publics
BPI : Banque publique d'investissement
BPU : Bordereau des prix unitaires
CADA : Commission d'accès aux documents administratifs
CAO : Commission d'appel d'offres
CCAG : Cahier des clauses administratives générales (CCAG-travaux pour les marchés de travaux et CCAG PI pour les marchés de prestations intellectuelles).
CCH : Code de la construction et de l'habitation
CCRA : Comités consultatifs de règlement amiable des différends ou litiges relatifs aux marchés publics
CCTP : Cahier des clauses techniques particulières
CE : Conseil d'État
CEDH : Cour européenne des droits de l'homme
CGCT : Code général des collectivités territoriales
CIMAP : Comité interministériel de modernisation de l'action publique
CJA : Code de justice administrative
CMP : Code des marchés publics
CPV : Common Procurement Vocabulary (nomenclature européenne)
CSP : Code de la santé publique
DCE : Dossier de consultation des entreprises
DGD : Décompte général et définitif

DSP : Délégation de service public
ESAT : Établissement et service d'aide par le travail
ESS : Economie sociale et solidaire
HT : Hors taxe
JAL : Journal d'annonces légales
JOUE : Journal officiel de l'Union européenne
Loi CADA : Loi du 17 juillet 1978 relative au droit d'accès aux documents administratifs
Loi DCRA : Loi n° 2000-321 du 12 avril 2000 relative aux droits des citoyens dans leurs relations avec les administrations
Loi Grenelle I : Loi n° 2009-967 du 3 août 2009 de programmation relative à la mise en œuvre du Grenelle de l'environnement
Loi Grenelle II : Loi n° 2010-788 du 12 juillet 2010 portant engagement national pour l'environnement
Loi LOPSI : Loi n° 2002-1094 du 29 août 2002 d'orientation et de programmation pour la sécurité intérieure
Loi MOP : Loi n° 85-704 du 12 juillet 1985 relative à la maîtrise d'ouvrage publique
Loi MURCEF : loi n° 2001-1168 du 11 décembre 2001, portant mesures urgentes de réformes à caractère économique et financier
MAPA : Marchés à procédure adaptée
ObsAR : Observatoire des achats responsables
OCDE : Organisation de coopération et de développement économiques
OEAP : Observatoire économique de l'achat public
OIT : Organisation internationale du travail
PME : Petites et moyennes entreprises
RC : Règlement de consultation
REP : Recours pour excès de pouvoir
SIAE : Structures de l'insertion par l'activité économique
TPE : Très petites entreprises
TTC : Toutes taxes comprises

Préface

Je suis d'autant plus heureux de préfacer ces excellentes « Leçons de droit » consacrées aux marchés publics qu'elles s'attaquent à l'un des pans du droit qui a sans doute le plus besoin d'ouvrages aussi pédagogiques, clairs et complets que celui que Fleur Jourdan propose ici.

Ces dernières années, sous l'effet tant des initiatives prises par les jurislateurs européens et nationaux que des innombrables autant qu'ambitieuses innovations jurisprudentielles, le droit des marchés a connu des bouleversements presque incessants, qui ont conduit à une révolution presque complète de la matière. La récente décision *Département de Tarn-et-Garonne*, du 4 avril 2014, que l'ouvrage ne manque pas de commenter, est à cet égard l'aboutissement d'années d'effervescence jurisprudentielle qui ont conduit à de profondes et multiples reconfigurations.

Autant dire que rendre ce droit accessible et intelligible est une opération pour le moins complexe que peu peuvent réaliser !

Par sa double expérience, à la fois juridictionnelle et opérationnelle, par son esprit qui combine avec un rare bonheur finesse et géométrie, Fleur Jourdan était la candidate idéale à une telle prestation. L'ouvrage tient toutes ses promesses. Il réussit la gageure d'être un indispensable compagnon pour quiconque veut comprendre le droit des marchés, dans n'importe lequel de ses aspects, de la passation à la résiliation, en passant par l'exécution, sans oublier le contentieux bien entendu, en fournissant à chaque fois les bonnes clés de compréhension.

On lira en outre avec un intérêt particulier l'innovante et remarquable partie 7, consacrée aux « marchés publics responsables », qui montre que le droit des marchés est aussi en prise directe avec les préoccupations sociales, environnementales, économiques et déontologiques contemporaines, et démontre à quel point l'action publique ne peut aujourd'hui pas se faire sans réflexion. Une bien belle leçon (de plus) !

Xavier Domino,

Maître des requêtes au Conseil d'État, rapporteur public.
Maître de conférences en contentieux des contrats publics
à l'École de droit de Sciences-po.

Partie 1

Les grandes règles des marchés publics

Dans cette première partie, le lecteur trouvera une définition de ces contrats administratifs spéciaux que sont les marchés publics (leçon 1). Ces contrats, dont la définition peut varier légèrement selon les différentes sources juridiques applicables au droit des marchés publics (leçon 2) sont gouvernés par trois principes fondamentaux (leçon 3) qui seront plus amplement détaillés et émailleront les chapitres suivants de l'ouvrage.

Leçon 1

La définition des marchés publics

Avant de s'interroger sur les dispositions parfois complexes qui régissent le droit des marchés publics, il convient de déterminer ce que recouvre précisément la notion de marché public.

Il existe plusieurs définitions juridiques de ce contrat administratif qui permet l'achat par une personne publique d'une prestation, d'une fourniture ou de travaux (I). Plusieurs éléments sont constitutifs d'un marché public (II) et le distinguent d'autres conventions passées par les personnes publiques (III).

I. Définition française, définition européenne

Deux définitions de la notion de marché public coexistent en droit français : une définition issue des dispositions du droit interne (A) et une définition issue des dispositions du droit communautaire (B) lesquelles se recouvrent en partie.

A. La définition en droit interne

1. La définition du code des marchés publics

L'une de ces définitions résulte des dispositions même du code des marchés publics qui prévoit notamment dans son article premier que « les marchés publics sont les contrats conclus à titre onéreux entre les pouvoirs adjudicateurs définis à l'article 2 et des opérateurs économiques publics ou privés, pour répondre à leurs besoins en matière de travaux, de fournitures ou de services ».

Dès lors et **dès le premier euro**, quelle que soit la procédure d'attribution choisie, quand l'administration pour satisfaire ses besoins, se procure une prestation, une fourniture, un service, en contrepartie d'un prix, il s'agit d'un marché public.

2. Un marché public est un contrat administratif

Les dispositions de la loi n° 2001-1168 portant mesures urgentes de réformes à caractère économique et financier dite « loi MURCEF », précisent qu'un marché public est un contrat administratif. Ces dispositions ont permis de clarifier les règles de compétence, et impliquent la compétence unique du juge administratif (TC 14 nov. 2011, Union des groupements d'achats publics c. Eurl C2 Conseils et Formation, n° 3813).

3. Un marché public n'est pas forcément un contrat écrit

L'article 11 du code des marchés publics prévoit que les marchés d'un montant égal ou supérieur à 15 000 euros doivent obligatoirement revêtir une forme écrite. Pour l'essentiel les marchés publics sont donc des contrats écrits mais il arrive que le juge requalifie des engagements oraux en marchés publics (CAA Lyon, 29 juin 1994, Sté Trédi).

B. La définition issue du droit communautaire

Au sens du droit communautaire, (directives 2004/18 et 2004/17) la définition d'un marché public s'établit en fonction du franchissement de seuils économiques en rapport avec la valeur du marché.

La définition communautaire peut donc être considérée comme « plus large » dans sa conception du marché public : « les marchés publics sont des contrats conclus à titre onéreux conclus par écrit entre un ou plusieurs opérateurs économiques et un ou plusieurs pouvoirs adjudicateurs et ayant pour objet l'exécution de travaux, la fourniture de produits ou la prestation de services au sens de la présente directive. » (Article 1 de la directive 2004/18).

II. Les composantes d'un marché public

L'article 11 du code des marchés publics prévoit que les pièces constitutives d'un marché public sont l'acte d'engagement et les cahiers des charges. L'acte d'engagement est le document par lequel le candidat à un marché fait connaître sa proposition et son prix (A). Le cahier des charges détaille plus précisément les prestations attendues (C) et les conditions dans lesquelles le marché devra être réalisé par les cocontractants (B).

A. Le prix du marché

Le marché public est un contrat qui doit être conclu **« à titre onéreux »** (article 1 du code des marchés publics précité). Ainsi le titulaire doit être rémunéré par un prix. Cette condition n'empêche pas cependant, à titre marginal le versement d'un complément de rémunération par les usagers.

Le paiement peut toutefois être indirect, c'est-à-dire que le prestataire doit retirer une **contrepartie** de la prestation réalisée. Ainsi le Conseil d'État a-t-il pu estimer qu'en matière de mobilier urbain, l'autorisation d'exploiter à titre exclusif une partie du mobilier à des fins publicitaires et l'exonération de redevance d'occupation, constituaient des avantages consentis à titre onéreux par le pouvoir adjudicateur en contrepartie des prestations fournies par la société (CE Sect. 4 nov. 2005, Société Jean-Claude Decaux, n° 247299). Il s'agit donc bien d'un marché public même en l'absence de paiement direct d'un prix.

B. Les parties à un marché public : les cocontractants

Un marché public est un contrat qui consacre l'accord de volonté entre deux personnes dotées de la personnalité juridique, ce qui exclut par conséquent toute décision unilatérale.

1. Les pouvoirs adjudicateurs

Ce sont les **personnes qui passent des marchés publics** et sont soumises au code des marchés publics.

En vertu de l'article 2 du code des marchés publics ce sont « **l'État** et ses **établissements publics** autres que ceux ayant un caractère industriel et commercial » et « les **collectivités territoriales et les établissements publics locaux**. » Ainsi, il s'agit de toutes les personnes morales de droit public à l'exception des EPIC de l'État.

En principe les personnes de droit privé ne sont pas soumises aux dispositions du code des marchés publics. Toutefois, si une personne privée est mandataire d'une personne publique soumise au code, elle doit, pour les marchés passés en exécution de ce mandat, respecter les dispositions du code des marchés publics. Notamment lorsque ce mandat est pris sur le fondement de la loi relative à la maîtrise d'ouvrage publique, dite loi MOP (loi n° 85-704 du 12 juillet 1985).

À noter que la définition française du pouvoir adjudicateur diffère de la définition du droit communautaire qui a une acception plus large. En effet au sens du droit européen, la notion de « pouvoir adjudicateur » recouvre à la fois le sens français auquel s'ajoutent les entités adjudicatrices.

2. Les entités adjudicatrices

Ce sont des **pouvoirs adjudicateurs qui exercent une activité d'opérateur de réseaux** (production, transport ou distribution d'électricité, gaz, chaleur, eau, fourniture d'un service public dans le domaine des transports, etc.).

Elles sont soumises à des règles spécifiques prévues par la deuxième partie du code des marchés publics. Ces règles qui tout en s'en inspirant largement diffèrent légèrement des dispositions applicables aux acheteurs publics ne seront pas précisément étudiées dans le cadre de cet ouvrage.

3. Les « opérateurs économiques » ou les titulaires des marchés

Ce sont les personnes avec lesquelles sont passés les marchés publics. Il peut s'agir de **personnes privées ou publiques** (CE 28 avril 2003, fédération nationale des géomètres experts et autres, n° 233360), d'associations ou d'entreprises. En revanche, ce ne peut être les œuvres sociales d'une administration publique (CE, avis d'Assemblée générale du 23 octobre 2003, Fondation Jean Moulin, n° 369315) dont les prestations ne sauraient être regardées comme des prestations à caractère purement marchand.

C. L'objet du marché

L'article 1 du code des marchés publics liste les différents objets que peuvent recouvrir les marchés. Ils se répartissent en trois catégories : les marchés de travaux, les marchés de fournitures et les marchés de services. Dès lors qu'un marché relève de plusieurs catégories, c'est l'objet principal ou la valeur la plus importante qui emporte la qualification de ce marché.

1. Les marchés de travaux

Ils doivent porter sur **des marchés immobiliers**, c'est-à-dire qu'ils doivent concerner des immeubles par nature ou par destination. Ils peuvent être des travaux de **construction** mais également, **les travaux préalables** à celle-ci tels que les travaux de démolition ou de terrassement ou encore les travaux d'entretien ou de réparation.

La nature des travaux effectués est pour l'essentiel des travaux publics mais il peut également s'agir de travaux privés dans le cas des travaux réalisés par une collectivité publique dans un « but exclusivement financier et patrimonial » (TC, 25 juin 1973, ONF c/ Béraud), c'est-à-dire pour améliorer, par exemple, son propre patrimoine.

2. Les marchés de service

Le code des marchés publics ne donne qu'une définition tautologique des marchés de service, tandis que le droit européen les définit *a contrario* comme les marchés autres que les marchés publics de travaux ou de fournitures.

Le code liste néanmoins certains marchés de services qui peuvent être passés selon une procédure « allégée » (il s'agit des marchés appelés « marchés article 30 ») au rang desquels les marchés de services juridiques, les services sociaux et sanitaires, les services culturels et sportifs… Il convient également de noter que les marchés de services peuvent porter tant sur des

prestations intellectuelles (études) que sur des **prestations matérielles** (service de transport, nettoiement).

3. Les marchés de fournitures

Il s'agit des contrats par lesquels le pouvoir adjudicateur se procure des produits ou des **biens mobiliers**. Les moyens pour se procurer de telles fournitures ne sauraient se résumer à l'achat. Le code prévoit que la collectivité peut avoir recours au crédit-bail, à la location ou à la location-vente.

III. Distinction avec les autres actes administratifs

A. La subvention

Tous les contrats que l'administration conclut ne sont pas nécessairement des marchés publics. Notamment dans le cadre des relations d'une administration avec des associations, il peut très souvent s'agir de conventions relatives à des subventions. En effet l'article 10 de la loi n° 2000-321 du 12 avril 2000 relative aux droits des citoyens dans leurs relations avec les administrations (dite loi DCRA) impose la conclusion d'une convention avec tout organisme bénéficiant d'une subvention d'un montant supérieur à 23 000 euros.

Une subvention est une somme d'argent, attribuée par une collectivité publique à un bénéficiaire public ou privé, afin de soutenir une action, dont elle n'a pas pris l'initiative, mais qui doit entrer dans une compétence lui appartenant ou qui doit poursuivre un intérêt public. Elle se distingue de la notion de prix versé à un opérateur économique, en contrepartie d'une prestation.

Deux critères permettent de distinguer la subvention du marché public : l'initiative du projet qui doit émaner du tiers et l'absence de contrepartie directe.

1. L'initiative du projet

Dans le cadre d'un marché public, le prestataire agit à la demande de la collectivité publique pour répondre aux besoins qu'elle a elle-même fixés. L'initiative appartient à l'entité publique. La subvention en revanche est destinée à aider financièrement une **action initiée et menée par un tiers**.

Ainsi, rémunérer une entreprise de spectacle pour l'organisation d'un festival de musique réalisé à la seule initiative de la commune constitue le prix d'un marché public (CE, 23 mai 2011, Commune de Six-Fours-Les-Plages, n° 342520) alors que les aides conventionnées accordées par l'État aux ateliers et chantiers d'insertion dans le cadre du dispositif d'insertion par l'activité économique de personnes sans emploi constituent des subventions.

2. L'absence de contrepartie directe

La personne publique qui accorde une subvention n'attend aucune contrepartie directe de la part du bénéficiaire (CE Section, 6 juillet 1990, Comité pour le développement industriel et agricole du Choletais, n° 88224). Le juge considère qu'il y a marché public lorsque les sommes versées correspondent à des prestations de services individualisées, commandées par la personne publique dans le cadre de ses compétences après qu'elle a défini ses propres besoins (CE, 26 mars 2008, Région de la Réunion, n° 284412).

L'absence de contrepartie de la subvention n'implique, toutefois, pas l'absence de conditions à l'utilisation des fonds pour son bénéficiaire. Dans la mesure où une subvention est subordonnée à un motif d'intérêt général, la collectivité publique peut conditionner son octroi à une utilisation déterminée des fonds. C'est en général l'objet de la convention prévue par les dispositions de la loi du 12 avril 2000.

Il résulte de ces deux éléments que la décision d'octroi d'une subvention est une **décision unilatérale** de la part de la collectivité quand bien même y est adossée une convention qui encadre l'utilisation des fonds (CE, 5 juillet 2010, chambre de commerce et d'industrie de l'Indre, n° 308615).

B. La délégation de service public

La loi n° 2001-1168 du 11 décembre 2001, précitée dite « loi MURCEF », définit la délégation de service public comme un « contrat par lequel une personne morale de droit public confie la gestion d'un service public dont elle a la responsabilité à un délégataire public ou privé, dont la rémunération est substantiellement liée au résultat de l'exploitation du service. Le délégataire peut être chargé de construire des ouvrages ou d'acquérir des biens nécessaires au service ». Cette définition est reprise à l'article L. 1411-1 du code général des collectivités territoriales.

Trois éléments cumulatifs permettent d'identifier une délégation de service public : l'instrument juridique, l'objet de la convention et l'élément financier.

1. Un contrat administratif

Tout d'abord, il doit être conclu une convention entre une personne publique et une entreprise. C'est un point commun avec les marchés publics mais la notion de contrat a ici pour objet d'exclure du champ de la définition toutes les délégations « statutaires », c'est-à-dire prévues par détermination de la loi ou du règlement.

2. Un objet de service public

Ensuite la convention doit avoir pour objet **l'exploitation d'un service public**. Cet élément permet de distinguer notamment la délégation de service public d'un simple marché de service relevant du code des marchés publics.

Cet élément permet de réaffirmer que seule une collectivité publique peut détenir la maîtrise d'un service public, c'est-à-dire qu'elle détient les compétences pour le créer, l'organiser, lui donner les moyens de sa mission et en assumer le contrôle. Elle peut néanmoins en externaliser la gestion et l'exploitation.

3. Une rémunération substantiellement liée aux résultats de l'exploitation

C'est **l'élément principal** qui constitue le critère de distinction du marché public et de la délégation de service public. Alors que le caractère onéreux d'un marché public réside dans le versement d'un prix par l'acheteur public en contrepartie de la prestation commandée, la rémunération du délégataire de service public est substantiellement liée aux résultats de l'exploitation du service. Il est courant de dire que le délégataire assume alors le risque lié à l'exploitation du service (CE, 7 novembre 2008, Département de la Vendée, n° 291794).

La rémunération est considérée comme substantiellement liée aux résultats de l'exploitation, lorsque le contrat fait peser sur le cocontractant de la personne publique **une part significative du risque d'exploitation** (CE 15 avril 1996, Préfet des Bouches-du-Rhône, n° 168325). Le Conseil d'État a ainsi considéré que dès lors que la part des recettes autres que celles correspondant au prix payé par la puissance publique représentait **environ 30 %** de l'ensemble des recettes perçues par le cocontractant, il s'agissait d'une délégation de service public (CE, 30 juin 1999, SMITOM, n° 198147).

C. Le contrat de partenariat

Ces contrats sont définis par l'ordonnance n° 2004-559 du 17 juin 2004 sur les contrats de partenariats et repris dans les dispositions L. 1414-1 et suivantes du code général des collectivités territoriales. Ils sont des contrats administratifs, par lesquels un pouvoir adjudicateur « confie à un tiers, pour une période déterminée en fonction de la durée d'amortissement des investissements ou des modalités de financement retenues, une mission globale ayant pour objet le financement, la construction ou transformation, l'entretien, la maintenance, l'exploitation ou la gestion d'ouvrages, d'équipements ou de biens immatériels nécessaires au service public ».

Ils permettent aux personnes publiques de faire appel au secteur privé pour financer, construire, exploiter et maintenir un ouvrage. Les missions ainsi confiées sont plus larges que les seuls objets prévus par les marchés publics, et pour des durées plus longues. Les coûts d'investissement sont ainsi lissés, même si le coût final peut s'avérer plus élevé.

Le contrat de partenariat permet une rémunération du cocontractant pendant toute la durée du contrat. Cette rémunération n'est pas liée à l'exploitation de l'ouvrage. La rémunération peut être liée à des objectifs de performance assignés au cocontractant. Au terme du contrat, le pouvoir adjudicateur acquiert la propriété du bien.

Cette procédure permet de déroger aux règles du code des marchés publics et obéit par conséquent à trois critères préalables non cumulatifs : **urgence, complexité et efficience économique**. Par sa décision n° 2003-473 DC du 26 juin 2003 le Conseil constitutionnel se prononçant sur la loi fondant l'ordonnance a fixé les grandes règles permettant le recours aux partenariats. Cette décision a été confirmée par la suite et notamment par la décision n° 2008-567 DC du 24 juillet 2008, Loi relatives aux contrats de partenariats.

Au sens du droit communautaire le contrat de partenariat est en revanche un marché public dès lors que les directives marchés ne font pas de la maîtrise d'ouvrage un critère de qualification du contrat et que le titulaire du contrat est rémunéré, durant toute la durée du contrat, par un prix versé par l'administration.

Repères

- L'article 1er du code des marchés publics définit ce qu'est un marché public au sens du droit français.
- L'article 1 de la directive 2004/18 définit ce qu'est un marché public au sens du droit communautaire.
- La loi n° 2001-1168 du 11 décembre 2001, dite « loi MURCEF », et l'article L. 1411-1 du code général des collectivités territoriales définissent la délégation de service public.
- La décision CE 15 avril 1996, Préfet des Bouches-du-Rhône, n° 168325, définit la différence entre une délégation de service public et un marché public.
- L'ordonnance n° 2004-559 du 17 juin 2004 définit et régit les règles relatives aux contrats de partenariats.
- Les marchés publics sont des contrats administratifs.

Pour gagner des points

Les contrats in house

Les contrats in-house ou contrats de quasi-régie sont exclus du champ d'application du code des marchés publics en vertu des dispositions de l'article 3-1° dudit code. Il s'agit des contrats de fournitures, de travaux ou de services conclus entre deux personnes morales distinctes mais dont l'une peut être regardée comme le prolongement administratif de l'autre.

Ces contrats sont issus de la jurisprudence communautaire qui pose deux conditions pour reconnaître l'existence d'une situation de « in house » :

- le contrôle effectué par la personne publique sur le cocontractant doit être de même nature que celui qu'elle exerce sur ses propres services ;
- le cocontractant réalise l'essentiel de ses activités pour le compte du pouvoir adjudicateur.

Le cocontractant qui se trouve dans cette situation doit par conséquent appliquer l'ensemble des règles du code des marchés publics pour répondre à ses propres besoins.

Il convient de noter que la participation, fût-elle minoritaire, d'une entreprise privée dans le capital d'une société à laquelle participe également le pouvoir adjudicateur exclut de fait que ce pouvoir adjudicateur puisse exercer sur cette société un contrôle analogue à celui qu'il exerce sur ses propres services (CJCE, Stadt Halle, 11 janvier 2005, affaire C-26/03). C'est cette possibilité qui a présidé à la création des « sociétés publiques locales » (loi n° 2010-559 du 28 mai 2010) qui sont des sociétés anonymes créées par des entités publiques avec lesquelles ces dernières peuvent nouer des relations contractuelles en dehors des obligations de mise en concurrence.

La jurisprudence a également reconnu cette possibilité de conclure des contrats in house avec des associations créées par des collectivités locales (CE, 6 avril 2007, Commune d'Aix-en-Provence, n° 284736).

Leçon 2

Les sources du droit des marchés publics

I. Le code des marchés publics
II. Le droit communautaire et international

En dépit d'une profusion récente, les règles encadrant les marchés publics ne sont pas nouvelles. En effet, le principe de l'adjudication, c'est-à-dire de l'attribution au « moins disant » date du Moyen-Âge et les procédures d'achats ont été encadrées, dès 1833, par une loi pour l'approvisionnement en fournitures, la réalisation de biens et de prestations de services pour le compte des personnes publiques (loi du 31 janvier 1833).

Un premier code des marchés publics a quant à lui été élaboré en 1964 mais il a été profondément remanié en 2001, date de début d'une nouvelle ère dans les marchés publics. Cette réforme avait pour ambition de formaliser les achats de personnes publiques en les enserrant dans des règles respectant les principes de transparence et de bonne gestion des deniers publics.

Ce code a été largement modifié depuis, notamment en 2004 et en 2006 (I), sous l'impulsion de l'évolution du droit communautaire, que celui-ci résulte de directives ou de décisions jurisprudentielles (II). Lutter contre la corruption, ne pas bousculer les règles de la concurrence et rationaliser les dépenses publiques sont au cœur de cette réglementation au profit d'un formalisme que certains ont parfois jugé excessif.

I. Le code des marchés publics

Il ne s'agit pas à proprement parler d'un véritable code. Il ne contient notamment pas de partie législative ou réglementaire et il ne régit pas à lui seul l'intégralité du droit des marchés publics puisqu'il renvoie à des décrets d'application.

D'autres textes complètent utilement le code des marchés publics tels que les cahiers des charges types, (CCAG : Cahier des clauses administratives générales, ou CCTG, cahier des clauses techniques générales) ou certaines lois telles que la loi relative à la maîtrise d'ouvrage publique, dite loi MOP (loi n° 85-704 du 12 juillet 1985) ou la loi n° 2001-1168 du 11 décembre 2001, portant mesures urgentes de réformes à caractère économique et financier, dite « loi MURCEF », ou encore la loi n° 2012-387 du 22 mars 2012 relative à la simplification du droit et à l'allégement des procédures administratives.

Ce code résulte d'un décret, adopté en vertu d'une habilitation législative en date de 1938 (loi du 5 octobre 1938). Par sa décision de section en date du 29 avril, 1981, n° 12851, Ordre des architectes, confirmée par une décision d'Assemblée du 5 mars 2003, n° 238039, Ordre des avocats à la Cour d'appel de Paris, le Conseil d'État a jugé que la **compétence réglementaire** pouvait légalement être mise en œuvre en la matière, dans la mesure où « ni l'article 34 de la Constitution ni aucune règle de valeur constitutionnelle n'exige que les conditions des marchés passés par l'État soient définies par la loi ».

Certaines dispositions du code sont dites « d'ordre public ». Elles portent plutôt sur les principes fondamentaux du droit des marchés publics. Notamment les règles dont la valeur constitutionnelle a été reconnue par décision du Conseil constitutionnel (DC n° 2003-473, du 26 juin 2003, Loi habilitant le gouvernement à simplifier le droit).

D'autres sont simplement exécutoires, en ce sens, elles peuvent être modifiées par la volonté commune des parties. Mais à la condition que ces modifications ne portent pas atteinte à l'égalité de traitement et à la mise en concurrence.

Trois versions successives du code des marchés publics en 2001 (A), 2004 (B) et 2006 (C) sont venues enrichir le droit français des marchés publics.

A. Le code de 2001

Dès 1995, le gouvernement et la commission centrale des marchés lancent une réflexion sur un code des marchés publics pour refondre totalement les textes relatifs à la commande publique. Divers projets de loi, différents processus de consultation sont lancés et aboutissent finalement à la publication du décret n° 2001-210 du 7 mars 2001 portant code des marchés publics.

Ces nouvelles dispositions ont signé l'entrée dans **l'ère moderne du droit des marchés publics**. Elles permettaient une simplification des différents textes existants et une rationalisation des procédures. Cette réforme a en outre permis de mettre en cohérence le droit interne avec le droit communautaire, en transposant (bien que pour partie seulement) les directives communautaires.

En terme de procédure, il a établi **des seuils** déterminant les différentes modalités de passation des marchés et a fixé les règles de computation des seuils. Il a notamment précisé la notion de **définition du besoin** et a surtout permis de substituer à l'adjudication la notion d'« offre économiquement la plus avantageuse ». Ainsi **le prix n'est plus le seul critère pris en compte** et il n'est plus question d'attribuer un marché automatiquement au « moins disant ».

Ce code prévoyait également des procédures de dématérialisation et la mise en place un observatoire national de l'achat public.

B. Le code de 2004

Afin de transposer par anticipation les dispositions issues des directives européennes et de poursuivre l'effort de rationalisation et de simplification impulsé en 2001, le code des marchés publics a été réformé par le décret n° 2004-15 du 7 janvier 2004 portant code des marchés publics.

Ce nouveau code était porteur d'une logique et d'une sensibilité un peu différente du précédent. Il s'inscrivait dans une **logique de professionnalisation et de responsabilisation des acheteurs** (J. D. Dreyfus, « Une réforme axée sur la responsabilité de l'acheteur », *AJDA*, 2004, p. 362) et sortait d'une logique de pure sécurité juridique pour faire de l'acte d'achat un acte ayant une plus grande rationalité économique.

Par une décision en date du 23 février 2005, Association pour la transparence et la moralité des marchés publics, n° 264712, le Conseil d'État a validé la plupart des dispositions de ce code. Les principales innovations de ce dernier étaient liées aux relèvements des seuils, à **l'introduction de la notion de marché à procédure adaptée (MAPA) et de dialogue compétitif**.

C. Le code de 2006

Bien que modifiée à plusieurs reprises à la marge, il s'agit de la version du code des marchés publics actuellement en vigueur. Issu du décret n° 2006-975 du 1er août 2006 portant code des marchés publics, ce code a achevé la transposition des directives n° 2004/17/CE et 2004/18/

CE du 31 mars 2004 portant coordination des procédures de passation des marchés.

Cette nouvelle version a permis l'introduction de la procédure de **l'accord cadre** (cf. Leçon 7. Les accords cadres), a érigé en principe **l'allotissement** (cf. Leçon 10. La définition du besoin), et a également renforcé les **procédures de dématérialisation**.

De nombreuses modifications y ont été apportées notamment par les décrets de la fin de l'année 2008 pour accompagner le plan de relance de l'économie annoncé le 4 décembre 2008. Ces modifications adoptées dans l'objectif d'accélérer les programmes de construction et d'investissements publics portaient sur la réduction des délais de paiement, la suppression de certaines formalités (double enveloppe, certaines commissions d'appel d'offres, caractère facultatif des niveaux minimum de capacité…).

En 2008, **la réforme prévoyait également un relèvement des seuils** de formalisation des procédures. Mais cette augmentation ne fut que temporaire. Elle avait relevé à 20 000 euros le seuil en deçà duquel tous les marchés devaient être dispensés de toute publicité et mise en concurrence. Or, par une décision en date du 10 février 2010, Perez, n° 329100, le Conseil d'État a estimé que cette augmentation était contraire aux principes d'égalité d'accès à la commande publique, d'égalité de traitement des candidats et de transparence des procédures et a annulé en conséquence cette partie du décret. Le seuil a ainsi été rétabli à 4 000 euros.

Sur ce dernier point, le décret n° 2011-1853 du 9 décembre 2011 a remonté le premier seuil à 15 000 euros. Cependant, il pourrait être envisagé que pour ce nouveau seuil, le même raisonnement soit appliqué par le juge même si le décret vient préciser les circonstances qui justifient le recours à une telle procédure. Cette dérogation peut être justifiée si ces formalités sont impossibles ou sont manifestement inutiles en raison notamment de l'objet du marché, de son montant ou du faible degré de concurrence dans le secteur considéré. Il est toutefois recommandé aux acheteurs de rester prudent quant à l'interprétation de ces justifications et au recours à cette disposition.

Le décret n° 2011-1000 du 25 août 2011 a également contribué à modifier substantiellement certaines procédures notamment sur les **variantes** ou la **reconduction tacite** et a introduit les procédures de **« contrats globaux sur performances »** à l'article 73.

Les lois Grenelle I et II ont également permis d'introduire des objectifs en matière de développement durable dans le code des marchés publics (cf. Chapitre 7. Les marchés publics responsables).

Les différentes évolutions en droit interne du droit des marchés publics conduisent ainsi à des procédures de plus en plus variées et subtiles qui n'encadrent pas seulement le processus d'achat dans une pure logique économique de sélection du moins disant (S. Braconnier, « Droit des marchés publics : l'âge de la maturité », *Contrats et marchés publics*, 2009, étude n° 2). En ce sens ces évolutions rejoignent les orientations du droit européen en la matière.

II. Le droit communautaire et international

Le droit des marchés publics est l'un des droits dans lequel l'influence du droit communautaire est l'une des plus prégnantes. Les objectifs poursuivis notamment par la commission sont de deux ordres : encourager les échanges intra communautaires en favorisant l'ouverture des marchés publics aux opérateurs économiques des autres pays européens, et contribuer à une meilleure maîtrise et à une rationalisation de l'utilisation des deniers publics. L'outil principal utilisé pour peser sur les droits nationaux est la directive (A).

Bien que moins contraignantes, d'autres normes internationales poursuivent les mêmes objectifs d'ouverture et de rationalisation des procédures (B).

A. Les directives communautaires

Les diverses directives sectorielles et préexistantes relatives aux marchés publics ont été remplacées en 2004 par **deux directives qui constituent le socle juridique européen** en matière de marchés publics :

- la directive générale 2004/18/CE du 31 mars 2004 portant coordination des procédures de passation des marchés publics de travaux, de fournitures et de services,
- la directive n° 2004/17/CE du 31 mars 2004, portant coordination des procédures de passation des marchés publics dans les secteurs de l'eau, de l'énergie, des transports et des services postaux.

Ces directives introduisaient la procédure de dialogue compétitif, incitaient à recourir aux accords cadre, simplifiaient les seuils et leurs procédures de computation et promouvaient la dématérialisation des procédures.

Les États membres devaient les transposer dans leur droit interne avant le 31 janvier 2006. La France a sur ce point accusé un léger retard puisqu'il a fallu attendre la nouvelle version du code, le 1er août 2006 pour que cette transposition soit effective.

Deux autres directives sont importantes pour le droit des marchés publics. Il s'agit **des « directives recours »** des 21 décembre 1989 n° 89/665/CEE et 25 février 1992, n° 92/13/CEE qui définissent les règles, notamment de délais, en matière de contentieux des marchés publics (cf. Chapitre 6. Le contentieux des marchés publics).

À l'issue d'une longue phase de concertation entamée en 2011, **de nouvelles directives ont été adoptées le 26 février 2014**. Elles abrogent les directives de 2004 et reposent sur un objectif de simplification et d'assouplissement des procédures pour faciliter l'accès des PME à la commande publique. Il est également envisagé de prévoir un recours accru à la négociation, et d'accélérer la dématérialisation des procédures.

Ces directives 2014/24/UE ont été publiées le 28 mars 2014, laissent alors deux ans aux États membres pour les transposer en droit interne, soit au plus tard dans le courant de l'année 2016. Dans le cadre du processus de simplification et de modernisation de l'action publique, l'État français s'est engagé à transposer rapidement ces nouvelles directives. Ainsi il est prévu de transposer dès octobre 2014 les dispositions relatives à la limitation du chiffre d'affaires exigible, à la généralisation de la déclaration sur l'honneur au stade des candidatures, et à l'instauration du partenariat d'innovation.

En droit des marchés publics, le juge administratif applique les mêmes règles d'opposabilité des directives que pour le droit commun et a notamment jugé qu'une directive non transposée à l'expiration du délai de transposition peut être invoquée contre la décision de passer un marché (CE, Ass, 6 février 1998, Tête, n° 138777 ou CE, Ass, 20 février 1998, Ville de Vaucresson, n° 159496)

B. Le droit international

Outre les textes internationaux étudiés ci-après, des organisations internationales gouvernementales (Fond Monétaire International, Banque Mondiale) ou non gouvernementales (ONG Transparency international cf. Leçon 27. La déontologie dans les marchés publics) tentent de peser sur les règles applicables en matière de marchés publics.

1. Les règles de l'Organisation Mondiale du Commerce (OMC)

En 1994, dans le cadre de la conférence de Marrakech, un nombre relativement restreint d'États dont l'Union européenne, les États-Unis, la Chine, le Canada, le Japon ont signé **l'accord sur les marchés publics (AMP)**. L'objectif de cet accord entré en vigueur le 1er janvier 1996 est de permettre aux opérateurs économiques étrangers d'accéder dans les mêmes conditions que les nationaux aux marchés publics de ces États.

Cet accord a été intégré dans l'ordre juridique communautaire par une décision du Conseil du 22 décembre 1994. Il n'est toutefois pas susceptible d'être invoqué directement devant les juridictions que celles-ci soient communautaires ou internes. Il a été renégocié le 15 décembre 2011 de manière à obtenir essentiellement une extension de son champ d'application.

2. Les dispositions de la convention européenne de sauvegarde des droits de l'homme et des libertés fondamentales

La Cour européenne des droits de l'homme a déjà eu à connaître de litiges relatifs à des marchés publics en admettant notamment au regard des dispositions de la convention, la validité du droit de résiliation unilatéral de l'administration contre une juste indemnisation (CEDH, 9 décembre 1994, Raffineries grecques Stran et Stratis Andreadis). Elle a également considéré que le droit de soumissionner à un marché constituait un droit à caractère civil au sens de l'article 6 de la convention (CEDH, 1er juillet 1998, Tinnelly).

Le Conseil d'État a reconnu l'application de ces dispositions conventionnelles et notamment du droit à un procès équitable posé par l'article 6 de la convention dans un litige relatif à un marché public (CE, 5 juillet 2004, Société sud parisienne de construction, n° 236840).

Repères

- Le décret n° 64-729 de codification du 17 juillet 1964 encadre par un premier code des marchés publics, les marchés de l'État. Il est complété en 1966 par un décret n° 66-887 relatif aux marchés des collectivités territoriales.
- Le décret n° 2001-210 du 7 mars 2001 portant code des marchés publics institue le « code de 2001 » et marque l'entrée dans l'ère moderne des marchés publics.
- Le décret n° 2004-15 du 7 janvier 2004 portant code des marchés publics rénove le code des marchés publics.
- La directive communautaire 2004/18/CE du 31 mars 2004 fixe les règles de procédures de passation des marchés publics de travaux, de fournitures et de services au niveau communautaire.
- La directive communautaire n° 2004/17/CE du 31 mars 2004, fixe les règles de procédures de passation des marchés publics dans les secteurs de l'eau, de l'énergie, des transports et des services postaux au niveau communautaire.
- Le décret n° 2006-975 du 1er août 2006 portant code des marchés publics intègre les dispositions des directives de 2004 et constitue le code des marchés publics actuellement en vigueur.
- La directive communautaire 2014/24/UE du 26 février 2014 sur la passation des marchés publics fixe les nouvelles règles européennes en matière de marchés publics.

Pour gagner des points

L'ordonnance de 2005, n° 2005-649 du 6 juin 2005

Le droit communautaire des marchés publics, a un champ d'application plus large que le code des marchés publics français qui s'applique seulement à l'État et à ses établissements publics autres que ceux à caractère industriel et commercial, aux collectivités territoriales et aux établissements publics locaux. Un grand nombre d'organismes dépendant de la sphère publique doivent néanmoins être regardés comme soumis au droit communautaire des marchés publics, bien qu'ils ne soient pas soumis au code français proprement dit (sociétés d'économie mixte, certaines associations financées ou contrôlées par des collectivités publiques, etc.). Ces organismes sont soumis obligatoirement à l'ordonnance du 6 juin 2005 qui assure la transposition du droit communautaire à leur intention. Les règles sont donc sensiblement les mêmes que celles décrites dans cet ouvrage avec de légères variations.

Les pouvoirs adjudicateurs ou entités adjudicatrices soumis à l'ordonnance sont les suivants :

- La Banque de France, l'Institut de France, l'Académie française, l'Académie des inscriptions et belles-lettres, l'Académie des sciences, l'Académie des beaux-arts et l'Académie des sciences morales et politiques.
- La Caisse des dépôts et consignations.
- Les organismes de droit privé ou les organismes de droit public autres que ceux soumis au Code, qui ont été créés pour satisfaire spécifiquement des besoins d'intérêt général ayant un caractère autre qu'industriel ou commercial, dont :
  - soit l'activité est financée majoritairement par un pouvoir adjudicateur soumis au Code des marchés publics ou à l'ordonnance ;
  - soit la gestion est soumise à un contrôle par un pouvoir adjudicateur soumis au Code des marchés publics ou à l'ordonnance ;
  - soit l'organe d'administration, de direction ou de surveillance est composé de membres dont plus de la moitié est désignée par un pouvoir adjudicateur soumis au Code des marchés publics ou à l'ordonnance.
- Les organismes de droit privé dotés de la personnalité juridique constitués en vue de réaliser certaines activités en commun :
  - soit par des pouvoirs adjudicateurs soumis au Code ;
  - soit par des pouvoirs adjudicateurs soumis à l'ordonnance ;
  - soit par des pouvoirs adjudicateurs soumis au Code des marchés publics et des pouvoirs adjudicateurs soumis à l'ordonnance.
- Tous les établissements publics à caractère administratif ayant dans leur statut une mission de recherche, pour les achats de fournitures, de services et de travaux destinés à la conduite de leurs activités de recherche.

Leçon 3
Les grands principes des marchés publics

La totalité des marchés publics doivent respecter trois grands principes. Ceux-ci sont énoncés dès le premier article du Code des marchés publics : « Les marchés publics et les accords-cadres soumis au présent code respectent les principes de **liberté d'accès** à la commande publique (I), **d'égalité de traitement** des candidats (II) et de **transparence** des procédures (III) ». Ces principes ont notamment pour but d'assurer l'efficacité de la commande publique, la bonne utilisation des deniers publics et présentent également une garantie de lutte contre la corruption.

Le Conseil constitutionnel a consacré la **valeur constitutionnelle** de ces principes, issus des articles 7 et 14 de la Déclaration des droits de l'homme et du citoyen de 1789 (Conseil constitutionnel, déc. n° 2003-473 DC, 26 juin 2003, loi habilitant le gouvernement à simplifier le droit).

Ces principes trouvent également leur source dans les règles du Traité instituant l'Union européenne comme par exemple celle qui fixe le principe de non discrimination en raison de la nationalité (CJCE, 7 décembre 2000, Telaustria, aff. C-324/98).

Le Conseil d'État applique au droit des marchés publics ces principes généraux (CE, avis, 29 juillet 2002, société MAJ Blanchisserie de Pantin, n° 246921), qualifiés de **principes généraux du droit de la commande publique** (CE, 23 déc. 2009, Établissement public du musée et du domaine national de Versailles n° 328827).

Tous les marchés passés en application du code des marchés publics sont soumis à ces principes fondamentaux. Ces règles s'appliquent notamment aux marchés de services passés selon la procédure « allégée » de l'article 30 du code des marchés publics (CE, 23 février 2005, Association pour la transparence et la moralité des marchés publics et autres, n° 264712) et les marchés sans formalités préalables conclus sur procédure adaptée à raison de leur montant (CE, avis, 29 juillet 2002, Société MAJ blanchisserie de Pantin, n° 246921) (cf. Leçon 4. Les MAPA).

I. La liberté d'accès à la commande publique

Ce principe doit permettre à toute personne d'avoir librement connaissance des besoins émis par une personne publique. Il est garanti par la publicité (A) faite par chaque pouvoir adjudicateur autour de ses procédures qui permet à tous les opérateurs économiques de candidater librement (B).

A. La publicité

1. Le principe

La mise en œuvre du principe de liberté d'accès à la commande publique impose tout d'abord de mettre en place des procédures de publicité (Conseil constitutionnel, déc. n° 2003-473 DC, 26 juin 2003, loi habilitant le gouvernement à simplifier le droit). Tout marché public doit faire l'objet d'une publicité dès que son montant dépasse le seuil de 15 000 euros HT.

La publicité présente une double utilité. Par la connaissance qu'elle offre, elle permet le **libre accès** à la commande publique de l'ensemble des prestataires intéressés. Elle constitue également la garantie d'une **véritable mise en concurrence**, en suscitant une pluralité de candidatures et d'offres.

Faire jouer la concurrence dans la commande publique répond donc aussi au souci **d'efficacité économique**. En suscitant la concurrence et partant une plus grande diversité des offres, elle permet d'accroître les chances d'obtenir l'offre économiquement la plus avantageuse et de garantir ainsi un bon usage des deniers publics.

2. Les dérogations

Il est néanmoins possible de déroger à cette obligation de publicité mais les exceptions doivent se rattacher « à des situations répondant à des motifs d'intérêt général tels que **l'urgence** qui s'attache à rattraper un retard ou **la nécessité de tenir compte des caractéristiques techniques, fonctionnelles ou économiques** d'un équipement ou d'un service déterminé » et ce principe s'oppose à ce que le législateur définisse à l'avance des cas d'urgence présumée (Décision n° 2008-567 DC du 24 juillet 2008).

L'article 35-II du code des marchés publics prévoit des possibilités limitatives de recours à des marchés négociés sans publicité préalable et sans mise en concurrence. Il s'agit par exemple de marchés qui ne peuvent être confiés qu'à un opérateur économique dans la mesure où celui-ci détient des **droits d'exclusivité** (cf. Leçon 8. Les marchés négociés).

3. Les modalités de publicité

Les modalités de publicité et de mise en concurrence qui doivent être mises en œuvre par les acheteurs sont déterminées en fonction du montant estimé du marché, évalué conformément aux dispositions de l'article 27 du code (cf. Leçon 10. La définition du besoin).

En dessous de 90 000 euros HT, le pouvoir adjudicateur est libre de choisir le mode de publicité le plus adapté. Toutefois le juge a considéré que pour ces procédures, la publicité doit être « suffisante » (CE, 7 octobre 2005, n° 278732, Région Nord-Pas-De-Calais) sans toutefois définir précisément ce que signifiait cette notion qui doit être examinée au cas par cas (cf. Leçon 11. La publicité et la mise en concurrence).

Au-dessus de ce seuil, l'article 39 du code des marchés publics prévoit qu'il doit faire l'objet d'une publicité dans un Journal d'Annonces Légales (JAL) ou au Bulletin Officiel des Annonces de Marchés Publics (BOAMP).

Les marchés les plus élevés, soit ceux qui dépassent les seuils **des procédures formalisées** définies par l'article 26 du code doivent quant à eux faire l'objet d'une publicité obligatoire au BOAMP et au Journal Officiel de l'Union européenne (JOUE).

Procédure	Marchés de travaux, de fournitures et de services inférieurs à 15 000 € HT	Marchés de fournitures, de services et de travaux compris entre 15 000 € HT et 90 000 € HT	Marchés de fournitures et de services compris entre 90 000 € HT et 134 000 € HT pour l'État et 207 000 € HT pour les collectivités territoriales	Marchés de fournitures et de services supérieurs à 134 000 € HT pour l'État et 207 000 € HT pour les collectivités territoriales
		Marchés de services relevant du I de l'article 30 d'un montant égal ou supérieur à 15 000 € HT	Marchés de travaux compris entre 90 000 € HT et 5,186 millions € HT	Marchés de travaux supérieurs à 5,186 millions € HT
Publicité	Pas d'obligation de publicité	Liberté de choix des modalités de publicité les plus adaptées en fonction des caractéristiques du marché	Publication d'un avis d'appel public à la concurrence soit dans le BOAMP, soit dans un JAL, ainsi que sur son profil d'acheteur	Publication d'un avis d'appel public à la concurrence dans le BOAMP et au JOUE, ainsi que sur son profil d'acheteur

Lorsque l'acheteur public organise un appel à projets mais ne connaît pas la nature du futur contrat, il doit appliquer **la procédure de passation la plus rigoureuse** (CE, 10 juin 2009, Port autonome de Marseille, n° 317671).

L'acheteur a également toujours la possibilité de se soumettre à un formalisme plus important que celui qui lui est imposé par le code des marchés publics en fonction de la nature et du montant du contrat. Ainsi, Il peut par exemple recourir à une publicité alors même que le montant du contrat est inférieur à 15 000 euros HT.

B. La liberté de candidater

Si le principe de liberté d'accès à la commande publique suppose de procéder à une publicité la plus large possible il oblige également à **rédiger les termes du marché avec objectivité** pour ne pas privilégier certains candidats par rapport à d'autres.

Toutes les pratiques visant à introduire des barrières à l'entrée à la commande publique sont par conséquent interdites, notamment celles visant à commander systématiquement chez un fournisseur historique ou à favoriser le titulaire sortant d'un marché en cas de renouvellement.

Il est également proscrit de limiter les consultations aux fournisseurs nationaux ou locaux lorsque l'objet du marché ne le justifie pas. Il n'est pas non plus possible de définir des **critères** de sélection des offres qui seraient discriminatoires, en imposant certaines spécifications techniques (CE, 30 septembre 2011, Région Picardie, n° 350431) ou certains labels.

En fonction des seuils et de la procédure retenue, **un délai suffisant** et fixé par le code doit être laissé aux candidats pour établir leur offre. Les délais de réception des offres sont des délais minimaux. Ces délais doivent tenir compte de l'importance des études à réaliser par les candidats.

Il en résulte que **des candidats de toutes natures** peuvent être en concurrence dans le cadre d'un marché public. Ainsi des entreprises privées peuvent tout à fait se trouver en concurrence avec des personnes publiques, des associations, des ESAT (établissement et service d'aide par le travail). Toutefois, lors de l'analyse des offres, le pouvoir adjudicateur a l'obligation de replacer tous les candidats dans des conditions de mise en concurrence égales.

II. L'égalité de traitement

Le respect de ce principe interdit toute discrimination. Il s'applique à **tous les stades de la procédure**. En effet, ainsi qu'il vient d'être indiqué, la rédaction du cahier des charges doit être neutre et permettre à tous de se porter candidat. Dans un second temps, l'administration se doit de traiter les candidats de manière égalitaire.

Pour ce faire, le pouvoir adjudicateur a l'obligation d'enregistrer toutes les offres arrivées dans le délai prescrit, quelles que soient la nationalité ou l'implantation du postulant. Durant la procédure, l'information de tous les candidats en cas de demande de compléments de candidature doit être équivalente (A). Enfin, l'analyse doit être réalisée dans le souci d'un traitement égal de tous les candidats (B).

A. L'égalité d'information

Tous les candidats doivent avoir les mêmes informations et être traités de la même façon par le pouvoir adjudicateur. Le non respect de ce principe, quelle qu'en soit la cause, peut entraîner l'annulation de la procédure.

En cas de doute d'un candidat sur le contenu du cahier des charges, celui-ci peut formuler une **demande de précision** auprès de l'administration. L'égalité de traitement suppose que la question soit posée par écrit (en vertu notamment du principe de traçabilité) de sorte qu'elle puisse apporter la même réponse à tous les candidats. L'administration pose en principe une date limite au-delà de laquelle il n'est plus possible de poser de questions.

Ces réponses peuvent modifier marginalement la consultation, mais ne peuvent remettre en cause substantiellement l'objet du marché.

À l'inverse, lorsque le pouvoir adjudicateur a besoin de se rapprocher d'un candidat pour obtenir des informations, l'égalité de traitement entre les candidats doit également être respectée.

Ainsi, au stade de la candidature, si **des pièces manquent**, l'article 52 du code des marchés publics ouvre la faculté à l'administration de permettre aux candidats de compléter leurs dossiers. Tous les candidats sont alors contactés, même ceux dont le dossier est complet. De même, en cours d'analyse des offres, si l'administration a un doute sur le contenu d'une offre, elle peut demander au candidat de préciser son propos, sans que cette demande ne permette au candidat de modifier son offre. Il s'agit donc d'une simple **demande de précisions**, et en aucun cas d'une négociation, dans la mesure où celle-ci serait de nature à avantager un candidat.

En revanche, certaines procédures sont négociées (cf. Leçon 8. Les marchés négociés) : le pouvoir adjudicateur convoque alors les meilleurs candidats, et les soumet à une session de négociation où chacun aura le même temps pour s'exprimer, sur les mêmes thèmes, sans rien connaître de l'offre des autres candidats.

B. L'égalité de l'analyse

Les critères doivent être préalablement définis lors de la consultation. Ces critères peuvent être nombreux, ils doivent cependant être toujours **en lien avec l'objet du marché**. Si un seul critère doit être retenu, ce ne peut être que le prix (cf. Leçon 12. L'analyse des offres et des candidatures).

L'administration doit être en capacité de vérifier la capacité de l'entreprise face aux obligations nées du marché si elle devait l'obtenir et elle ne peut pour cela exiger que des renseignements qui ont un lien avec l'objet du marché, permettant d'évaluer leurs **capacités professionnelles, techniques et financières**.

Néanmoins le juge administratif a estimé que le critère de l'expérience professionnelle ne pouvait être utilisé pour sélectionner les offres. Ainsi, en prévoyant la prise en compte, pour l'appréciation de la valeur des offres, de l'expérience des candidats et non pas exclusivement de la valeur intrinsèque des offres, un pouvoir adjudicateur a entaché d'illégalité le règlement de consultation (CAA Bordeaux 8 janvier 2013, Société DTP Terrassement, n° 11BX03238).

Lorsque la personne publique choisit de recourir à un marché alloti, les offres présentées par les candidats doivent être examinées lot par lot ; le respect du principe d'égalité entre les candidats ne s'apprécie, dès lors, qu'entre les candidats à un même lot (CE, 10 mai 2006, Société Schiocchet, n° 288435).

III. La transparence

L'obligation de transparence qui incombe à l'administration en matière de marché public consiste en premier lieu à garantir, en faveur de tout soumissionnaire potentiel, un degré de publicité permettant une ouverture suffisante à la concurrence ainsi que le contrôle de l'impartialité des procédures.

Le principe de transparence, qu'il s'applique pendant (A) ou à l'issue de la procédure (B) permet à tous les candidats, ou à toute personne intéressée de contrôler l'action de la personne publique et de s'assurer du respect notamment des deux premiers principes.

A. La transparence au cours de la procédure

1. Transparence lors de la mise en concurrence

L'Avis d'Appel Public à la Concurrence (AAPC), autrement appelé publicité doit contenir un certain nombre de **mentions obligatoires**. Il doit être établi conformément aux dispositions de l'arrêté du 28 août 2006 pris en application du code des marchés publics et fixant les modèles d'avis pour la passation et l'attribution des marchés publics et des accords-cadres.

Les avis d'appel à la concurrence nationaux et communautaires doivent contenir les mêmes renseignements. En effet, si un marché doit faire l'objet d'une publication au BOAMP et au JOUE, l'AAPC publié au BOAMP ne doit pas contenir d'autres informations que celui qui sera publié au JOUE.

Les avis d'appel à la concurrence doivent donner **toutes les informations nécessaires** permettant aux entreprises de décider ou non de se porter candidates. Ils doivent décrire précisément l'objet des marchés, l'allotissement prévu et comporter également des indications sur le volume des prestations à réaliser. Toutefois, l'indication du montant prévisionnel du marché est facultative (CE, 1er juin 2005, n° 274053, Département de la Loire). Le pouvoir adjudicateur n'est pas tenu de faire figurer dans la publicité une estimation du prix des prestations attendues.

L'affichage préalable des critères d'attribution et de leur pondération est obligatoire pour les marchés passés selon une procédure formalisée (CE, 7 octobre 2005, Communauté Urbaine Marseille Provence Métropole, n° 276867 – CE, 29 juin 2005, Commune de la Seyne-sur-mer, n° 267992) ainsi que pour les marchés passés selon une procédure adaptée (CE, 26 septembre 2012, GIE Groupement des poursuites extérieures, n° 359389) et pour les marchés passés en vertu de l'article 30 du code des marchés publics.

2. Traçabilité tout au long de la procédure

Toutes les étapes de la passation sont conservées, depuis la publication de l'annonce jusqu'à la notification du marché. L'acheteur doit rédiger un compte-rendu ou un **historique de la procédure** récapitulant les publicités effectuées, le délai de remise des plis, le nombre d'entreprises ayant retiré le dossier et remis une offre et, s'il y a lieu, le déroulement des négociations.

Les demandes d'information qu'elles émanent des candidats ou du pouvoir adjudicateur doivent être écrites et diffusées à l'ensemble des candidats.

Le choix de l'attributaire doit faire l'objet d'une formalisation. En fonction des seuils et du recours à une procédure formalisée ou non il peut faire l'objet de la signature d'un rapport d'analyse des offres ou d'une validation par une commission d'appel d'offres.

B. La transparence à l'issue de la procédure

La loi du 17 juillet 1978 portant diverses mesures d'amélioration des relations entre l'administration et le public a instauré un droit pour tout citoyen d'obtenir communication des documents administratifs. Sa mise en œuvre est contrôlée par la Commission d'Accès aux Documents Administratifs (CADA), qui confirme qu'une fois attribués, les marchés publics et les documents qui s'y rapportent perdent leur caractère préparatoire, et deviennent de ce fait, en principe, communicables à toute personne qui en fait la demande, y compris à un candidat évincé (avis CADA n° 20072665 du 5 juillet 2007).

Le candidat évincé a la possibilité d'obtenir les **informations sur le titulaire du marché, le montant auquel il a été attribué, et accéder à certaines pièces de la consultation** (sous réserve du secret industriel et commercial), devenues à la signature du contrat des documents administratifs.

Cette information est une obligation qui incombe à l'administration. En effet, **tout candidat qui voit son offre rejetée doit en être informé** en vertu des dispositions de l'article 80 du code des marchés publics. L'objectif des courriers de rejet est de permettre au candidat de contester utilement son éviction.

Le courrier d'information doit être motivé. Il est conseillé, après avoir rappelé les critères d'attribution, d'indiquer à chaque candidat évincé de la consultation :

- Le classement obtenu
- Les notes obtenues par critères
- La motivation détaillée de ces notes
- Le nom de l'attributaire et le montant de son offre
- La motivation ayant conduit au choix de l'offre, dans le respect des intérêts commerciaux de la société, couverts par le secret, notamment en matière industrielle et commerciale
- Les voies et délais de recours.

L'envoi du **courrier de rejet** des candidatures ou des offres intervient dès que le choix de l'attributaire est certain, c'est-à-dire à la réception des attestations sociales et fiscales de l'attributaire.

Au surplus et conformément aux dispositions de l'article 83 du code des marchés publics, le pouvoir adjudicateur communique à tout candidat écarté qui en fait la demande **les motifs du rejet** de sa candidature ou de son offre dans les 15 jours de la réception d'une demande écrite à cette fin. Cette demande peut intervenir lorsque le candidat estime que les motifs indiqués dans son courrier de rejet sont insuffisants ou pour demander la communication de documents ayant trait à la procédure d'attribution.

La réponse à une demande de motivation du rejet d'une candidature est une obligation dont le non-respect constitue une atteinte aux obligations de publicité et de mise en concurrence (CE, 9 août 2006, Sté Hairis SAS, n° 284577). Le non-respect de ces principes peut aller jusqu'à la répression pénale. Ainsi le **favoritisme**, délit réprimé par l'article 432-14 du code pénal, vise explicitement le fait de commettre un acte contraire aux dispositions législatives ou réglementaires ayant pour objet de garantir la liberté d'accès et l'égalité des candidats dans les marchés publics (cf. Leçon 27. La déontologie dans la commande publique).

Repères

- Le Conseil constitutionnel consacre la valeur constitutionnelle des grands principes de la commande publique dans sa décision n° 2003-473 DC, 26 juin 2003, Loi habilitant le gouvernement à simplifier le droit.
- Le Conseil d'État les reconnaît comme principes généraux du droit de la commande publique (CE, 23 déc. 2009, Établissement public du musée et du domaine national de Versailles n° 328827) applicables à tous les marchés publics.
- L'article 35-II du code des marchés publics prévoit des possibilités limitatives de recours à des marchés négociés sans publicité préalable.
- L'article 80 du code des marchés publics oblige le pouvoir adjudicateur à envoyer un courrier de rejet motivé aux candidats dont l'offre a été rejetée.
- L'article 83 du code des marchés publics oblige le pouvoir adjudicateur à communiquer à tout candidat écarté qui en fait la demande les motifs du rejet de sa candidature ou de son offre.

Pour gagner des points

CE 30 septembre 2011, Région Picardie, n° 350431

Le Conseil d'État considère que si l'article 6 du code des marchés publics interdit aux pouvoirs adjudicateurs de faire mention de marques dans leur CCTP, s'agissant des marchés de services il y a lieu, d'examiner si la spécification technique en cause a ou non pour effet de favoriser ou d'éliminer certains opérateurs économiques. Dans un second temps et dans l'hypothèse seulement d'une telle atteinte à la concurrence, il convient de considérer si cette spécification est justifiée par l'objet du marché ou, si tel n'est pas le cas, si une description suffisamment précise et intelligible de l'objet du marché n'est pas possible sans elle. En d'autres termes, il s'agit de vérifier si la prescription est de nature à procurer un avantage à un candidat en particulier. En l'espèce, la solution logicielle était librement et gratuitement accessible et modifiable par tous les candidats spécialisés. Les candidats pouvaient donc tous présenter une offre répondant aux besoins du pouvoir adjudicateur sur un strict pied d'égalité. Le Conseil d'État a alors considéré qu'il n'y avait pas d'atteinte à l'égalité de traitement entre les candidats.

« Considérant qu'aux termes du IV de l'article 6 du code des marchés publics : Les spécifications techniques ne peuvent pas faire mention d'un mode ou procédé de fabrication particulier ou d'une provenance ou origine déterminée, ni faire référence à une marque, à un brevet ou à un type, dès lors qu'une telle mention ou référence aurait pour effet de favoriser ou d'éliminer certains opérateurs économiques ou certains produits. Toutefois, une telle mention ou référence est possible si elle est justifiée par l'objet du marché ou, à titre exceptionnel, dans le cas où une description suffisamment précise et intelligible de l'objet du marché n'est pas possible sans elle et à la condition qu'elle soit accompagnée des termes : ou équivalent ; que, s'agissant des marchés de services, il y a lieu, pour l'application de ces dispositions, d'examiner si la spécification technique en cause a ou non pour effet de favoriser ou d'éliminer certains opérateurs économiques puis, dans l'hypothèse seulement d'une telle atteinte à la concurrence, si cette spécification est justifiée par l'objet du marché ou, si tel n'est pas le cas, si une description suffisamment précise et intelligible de l'objet du marché n'est pas possible sans elle ;

Considérant qu'il ressort des pièces du dossier soumis au juge des référés que les prestations objet du marché de services litigieux consistaient en l'intégration et l'adaptation aux besoins de la RÉGION PICARDIE de la solution logicielle d'espace numérique de travail (ENT) Lilie, laquelle, eu égard à son caractère de logiciel libre, était librement et gratuitement accessible et modifiable par l'ensemble des entreprises spécialisées dans la réalisation d'espaces numériques de travail à destination des établissements d'enseignement qui étaient ainsi toutes à même de l'adapter aux besoins de la collectivité et de présenter une offre indiquant les modalités de cette adaptation ; que, par suite, en jugeant que la spécification par les documents de la consultation du logiciel libre Lilie avait pour effet d'éliminer le déploiement de toute autre solution logicielle, alors que le marché litigieux ne consistait pas en la fourniture d'un logiciel mais en des prestations d'adaptation, d'installation et de maintenance du logiciel Lilie que la RÉGION PICARDIE avait pu librement et gratuitement se procurer, le juge des référés du tribunal administratif d'Amiens a commis une erreur de droit ; qu'il a en outre dénaturé les pièces du dossier en estimant que la mention du logiciel Lilie conférait un avantage concurrentiel à la société Logica en sa qualité de co-concepteur et copropriétaire de ce logiciel, alors que toute entreprise spécialisée dans l'installation de logiciels supports d'espaces numériques de travail pour les établissements d'enseignement avait la capacité d'adapter ce logiciel aux besoins de la RÉGION PICARDIE ; que, dès lors, et sans qu'il soit besoin d'examiner les autres moyens du pourvoi, la RÉGION PICARDIE est fondée à demander l'annulation de l'ordonnance attaquée. »

Partie 2

Les procédures de marchés publics

L'objet de cette partie est de présenter les différentes procédures de marchés publics existant dans le code des marchés publics issu de sa version de 2006.

Une première et importante distinction doit être faite entre les marchés à procédure adaptée (les MAPA) (leçon 4), pour les achats inférieurs aux seuils des procédures formalisés et les appels d'offres (leçon 5) au-delà de ces seuils.

D'autres procédures se distinguent par la souplesse qu'elles proposent lors de leur exécution comme les marchés à bons de commande (leçon 6) ou les accords-cadres (leçon 7), ou lors de leur passation qu'il s'agisse des marchés négociés (leçon 8) ou des procédures plus marginales que sont le dialogue compétitif et les marchés de conception-réalisation (leçon 9).

Leçon 4

Les marchés à procédure adaptée

I. Le champ des MAPA
II. Les règles applicables aux MAPA

Au-dessous des seuils établis par l'article 26 du code des marchés publics imposant de recourir aux procédures formalisées prévues par le droit communautaire, les acheteurs publics sont libres d'organiser leurs procédures comme ils le souhaitent.

C'est également le cas pour certains marchés de service définis à l'article 30 du code des marchés publics, pour lesquels même au-dessus des seuils, les pouvoirs adjudicateurs peuvent recourir aux « marchés à procédure adaptée ».

Cette appellation recouvre une réalité très vaste puisqu'une grande liberté est laissée aux acheteurs, néanmoins, chaque terme ayant son importance, bien que non formalisées, ce sont des marchés soumis à des « **procédures** » et celles-ci doivent être parfaitement « **adaptées** ».

En effet, il est impossible de s'affranchir de toutes règles. Les procédures mises en place doivent impérativement respecter les principes constitutionnels et communautaires de liberté d'accès à la commande publique, d'égalité de traitement des candidats et de transparence des procédures (CE, Avis, 29 juillet 2002, Société MAJ Blanchisseries de Pantin, n° 246921).

Il convient également de souligner que les procédures de passation ainsi définies par chaque pouvoir adjudicateur doivent être adaptées à la nature et aux caractéristiques du besoin à satisfaire, en fonction par exemple du montant du marché. Elles doivent aussi prendre en compte la réalité du monde économique dans lequel elles s'inscrivent : s'agit-il d'un secteur fortement concurrentiel ? Enfin elles sont liées aux circonstances de l'achat. Pour toutes ces raisons il est question de procédures « adaptées ».

Dès lors et même s'il existe bel et bien une plus grande liberté confiée à l'acheteur cette liberté peut se révéler d'autant plus dangereuse qu'en réalité elle s'inscrit dans des règles qui ne sont ni écrites ni clairement et préalablement définies. C'est pour cette raison que certains acheteurs préfèrent dans un souci de sécurité juridique s'imposer les procédures formalisées prévues par le code même en dessous des seuils.

Dans ce cas, le pouvoir adjudicateur peut s'inspirer des procédures formalisées, sans pour autant que les marchés en cause ne soient soumis aux règles formelles qu'elles comportent. En revanche, s'il se réfère expressément à l'une de ces procédures formalisées, il est tenu d'appliquer ces règles dans leur intégralité (article 28-I. al. 3 du code des marchés publics).

Pourtant le recours aux MAPA présente des avantages : cette procédure qui s'applique à un champ large (I) est régie par des règles souples

(II). Elle peut permettre d'ouvrir les marchés publics aux entreprises peu habituées aux procédures formalisées, notamment les TPE et PME. Elle est enfin, source d'économie pour l'acheteur public dans la mesure où elle lui permet d'adapter les moyens mis en œuvre aux enjeux de son achat.

I. Le champ des MAPA

Les marchés peuvent être passés en procédure adaptée, soit en raison de leur montant (A), soit en raison de leur objet (B).

A. Un champ défini par le montant du marché

1. Les marchés dont les montants sont inférieurs à 15 000 euros HT en vertu de l'article 28-III du code des marchés publics

Le décret n° 2011-1853 du 9 décembre 2011 modifiant certains seuils du code des marchés publics modifie le seuil en dessous duquel le pouvoir adjudicateur « peut décider que le marché sera passé sans publicité ni mise en concurrence préalables ». Cette mesure **supprime le formalisme** pesant sur les marchés de très faible montant et faible enjeu.

Ce seuil jusqu'alors de 4 000 euros HT, après un passage à 20 000 euros HT entre le 19 décembre 2008 et le 10 mai 2010, a été à nouveau relevé et fixé à 15 000 euros HT.

Sans doute pour éviter à cette disposition le sort connu par le seuil des 20 000 euros HT, annulé par le Conseil d'État (CE, 10 février 2010, Perez, n° 329100) en raison de la méconnaissance des grands principes de la commande publique (cf. Leçon 2. Les sources des marchés publics), le décret du 9 décembre assortit cette dérogation des précisions suivantes : « Lorsqu'il fait usage de cette faculté, il veille à choisir une offre répondant de manière pertinente au besoin, à faire une bonne utilisation des deniers publics et à ne pas contracter systématiquement avec un même prestataire lorsqu'il existe une pluralité d'offres potentielles susceptibles de répondre au besoin. »

Pour ces achats, les pouvoirs adjudicateurs ne sont soumis qu'à l'obligation, de bon sens, de veiller à assurer une utilisation optimale des deniers publics, c'est-à-dire **d'acheter de manière pertinente** en sollicitant, s'il y a lieu, différents prestataires, par le biais de devis par exemple.

À noter également que ce seuil de 15 000 euros HT est désormais celui au-dessus duquel il est obligatoire d'avoir un contrat écrit et de procéder à une notification préalable avant tout commencement d'exécution (respectivement articles 11 et 81 du code des marchés publics).

2. Les marchés dont les montants sont inférieurs aux seuils communautaires en vertu de l'article 26 du code des marchés publics

Il s'agit des marchés dont les montants sont inférieurs aux montants suivants :

- **134 000 euros HT** pour les marchés de fournitures et de services de l'État et de ses établissements publics ;
- **207 000 euros HT** pour les marchés de fournitures et de services des collectivités territoriales et de leurs établissements publics, des établissements publics de santé, et des établissements publics du service de santé des armées ;
- **207 000 euros HT** pour les marchés de fournitures acquises par des pouvoirs adjudicateurs opérant dans le domaine de la défense et pour les marchés de service de recherche et de développement pour lesquels le pouvoir adjudicateur acquiert la propriété exclusive des résultats et qu'il finance entièrement ;
- **5,186 millions d'euros HT** pour les marchés de travaux.

3. Les « petits lots » d'un marché formalisé alloti en vertu de l'article 27-III du Code des marchés publics

Peuvent être passés selon une procédure adaptée, les lots (c'est-à-dire, les petits marchés qui composent un plus gros marché, cf. Leçon 10. La définition du besoin) inférieurs à **80 000 euros HT** pour les marchés de fournitures et de services et à **1 million d'euros HT** dans le cas des marchés de travaux, à la condition que le montant cumulé des lots n'excède pas 20 % de la valeur de la totalité des lots.

B. Un champ défini par l'objet du marché

1. Les marchés de service dits « non prioritaires » prévus par l'article 30 du code des marchés publics

L'article 30 du code des marchés publics concerne les catégories de services dits « non prioritaires », que les directives communautaires soumettent à **une procédure allégée**. En raison de la spécificité de ces marchés publics, les pouvoirs adjudicateurs sont autorisés à recourir à une procédure adaptée, quel que soit le montant du besoin à satisfaire.

Il s'agit par exemple des marchés de services juridiques, de services sociaux et sanitaires ou de services récréatifs, culturels et sportifs.

2. Les circonstances exceptionnelles définies par l'article 35–II du code des marchés publics

Il est possible de passer des marchés sans publicité ni mise en concurrence préalables dans les situations décrites au II de l'article 35 (cf. Leçon 8. Les marchés négociés) ou si les circonstances le justifient.

Ces circonstances ont été précisées par le décret n° 2011-100 du 25 août 2011. Cette dérogation peut donc être justifiée si ces **formalités sont impossibles ou sont manifestement inutiles** en raison notamment de l'objet du marché, de son montant ou du faible degré de concurrence dans le secteur considéré. Il s'agit par exemple de marchés qui ne peuvent être confiés qu'à un opérateur économique dans la mesure où celui-ci détient des **droits d'exclusivité**.

II. Les règles applicables aux MAPA

Les procédures adaptées permettent une forme de souplesse et de liberté pour l'acheteur (B) mais encadrée par des règles. Elles exigent notamment le respect d'un certain formalisme (A), garant de traçabilité et de transparence.

A. Le formalisme contractuel

S'il appartient au pouvoir adjudicateur de définir, pour chaque MAPA, le contenu de son dossier de consultation, la présence de certains éléments est obligatoire.

1. Un écrit est obligatoire au-dessus de 15 000 euros HT, mais sa forme est libre

Conformément aux dispositions de l'article 11 du code des marchés publics, les marchés et accords-cadres d'un montant égal ou supérieur à 15 000 euros HT sont passés sous la forme écrite.

La forme de l'écrit est libre, il peut s'agir d'une lettre, d'un contrat, d'un devis accompagné de l'accord du pouvoir adjudicateur ou d'un courriel.

2. La rédaction d'un cahier des charges n'est pas obligatoire mais fortement recommandée

La **définition préalable des besoins** est indispensable. Elle permet aux candidats de remettre une offre pertinente et de fixer un prix adapté à la prestation à réaliser (cf. Leçon 10. La définition du besoin).

Une définition insuffisante suscite souvent des offres inappropriées et toujours des difficultés dans l'exécution. Au contraire, une définition excessivement précise, empêche les candidats de faire valoir leur savoir-faire spécifique, et risque de limiter l'accès à la commande publique, voire de rendre le marché infructueux.

Les prestations peuvent être définies soit par référence à des normes soit en termes de performances ou d'exigences fonctionnelles (article 6 du code). Une définition des besoins, par référence aux attentes des prestations souhaitées par le pouvoir adjudicateur peut être suffisante.

C'est le **cahier des charges** qui permet à l'acheteur de définir ses besoins. Si sa rédaction, en procédure adaptée, n'est pas obligatoire, elle est néanmoins utile. Le renvoi au CCAG adéquat peut être conseillé car il permettra de prévenir d'éventuelles difficultés d'exécution.

3. L'exigence d'un règlement de consultation

Le règlement de la consultation est obligatoire. Il peut se limiter aux **caractéristiques principales de la procédure et du choix de l'offre**.

Même pour un marché peu complexe, les candidats doivent pouvoir bénéficier d'une information optimale. Le règlement doit prévoir les grandes **étapes** de la procédure, et notamment le principe et les **conditions de la négociation** ainsi que les **critères** de sélection des offres.

4. La notification du marché est obligatoire

Conformément aux dispositions de l'article 81 du code des marchés publics, après sa conclusion et afin de présenter un caractère exécutoire, tout marché à procédure adaptée d'un montant supérieur à 15 000 euros HT doit être notifié à son attributaire.

L'acheteur public est toutefois **libre du choix du support** et **de la forme** de la notification (lettre, télécopie, courriel,...). Pour les achats de très faible montant, l'achat, et notamment la facture peut valoir notification.

B. Les marges de manœuvre offertes dans le cadre des procédures adaptées

1. Le choix d'une publicité adaptée (cf leçon 11. La publicité et la mise en concurrence)

En dessous de 15 000 euros HT, la publicité n'est pas obligatoire. L'acheteur peut procéder par exemple à une simple consultation sur devis.

Entre 15 000 et 90 000 euros HT, une grande marge de liberté est laissée à l'appréciation de l'acheteur pour fixer la procédure de publicité adéquate au montant du marché mais également au secteur économique dans lequel il passe sa commande.

Les mesures de publicité doivent être déterminées *in concreto*. Elles sont librement définies par le pouvoir adjudicateur qui doit s'assurer qu'elles sont « appropriées aux caractéristiques de ce marché, et notamment à son objet, à son montant, au degré de concurrence entre les entreprises concernées et aux conditions dans lesquelles il est passé » (CE, 7 octobre 2005, Région Nord Pas de Calais, n° 278732).

Entre 90 000 euros HT et les seuils de procédure formalisée, la publicité est réglementée. Les avis d'appel public à la concurrence doivent être publiés soit dans le Bulletin officiel des annonces des marchés publics (BOAMP), soit dans un journal habilité à recevoir des annonces légales (JAL). Dans les deux cas, ils doivent également être publiés sur le profil d'acheteur, c'est-à-dire le site Internet de l'institution (article 40 du code des marchés publics). Le modèle en est fixé par un arrêté du 27 août 2011 du ministre chargé de l'économie.

Le code impose, en outre, aux acheteurs de compléter ces avis, s'ils estiment que cela est nécessaire pour garantir un degré de publicité adéquat, par une publicité supplémentaire dans un organe de presse spécialisée.

2. De la souplesse dans les modalités de mise en concurrence

Cette liberté se caractérise, par exemple, dans le choix laissé au pouvoir adjudicateur de fixer **le**

délai de remise des candidatures et des offres ou dans le **recours à la négociation**. Celle-ci permet à l'acheteur public de négocier le contenu des prestations ou l'adaptation du prix aux prestations finalement retenues, à la différence d'une procédure d'appel d'offres ouvert ou restreint, où le cahier des charges joint au dossier de consultation des entreprises est intangible.

Les délais de remise des candidatures et des offres doivent permettre à tous les candidats potentiels de concourir. La détermination de ces délais est laissée à la libre appréciation du pouvoir adjudicateur. Ces délais qui doivent être portés à la connaissance des candidats, doivent tenir compte du montant du marché, de la nature des prestations, de la facilité d'accès aux documents de la consultation, de la nécessité éventuelle d'une visite des lieux et de l'importance des pièces exigées afin de permettre aux opérateurs économiques intéressés de préparer leur dossier de candidature et leur offre.

Par exemple, il a été jugé qu'un délai de remise des offres de 16 jours était insuffisant pour un marché s'élevant à 60 000 euros HT et pour lequel la visite des lieux s'imposait (TA de Lille, 16 mars 2011, Société Fornells, n° 1101226).

Par ailleurs, dans le cadre des MAPA, la sélection des candidatures peut être réalisée simultanément à celle des offres (CE, 2 août 2011, Parc naturel régional des Grandes Causses, n° 348254).

La procédure adaptée permet une mise en œuvre plus souple des critères de sélection des offres. Comme pour tout marché public, les critères de sélection des offres doit être préalablement défini et énoncé aux candidats. Dans les MAPA toutefois, le critère de l'expérience des candidats peut être un critère d'attribution des offres, sa prise en compte doit néanmoins être rendue objectivement nécessaire par l'objet du marché et la nature des prestations à réaliser, sans effet discriminatoire (CE, 2 août 2011, Parc naturel régional des Grandes Causses, n° 348254).

La pondération des critères de choix n'est pas obligatoire en procédure adaptée (CE, 26 septembre 2012, GIE « Groupement des poursuites extérieures », n° 359389) à l'inverse de l'obligation qui existe pour les procédures formalisées. Son usage est cependant recommandé dans la mesure où cette méthode facilite le choix de l'offre économiquement la plus avantageuse et garantit le respect de l'égalité des candidats. **Les variantes sont autorisées par principe**, y compris dans le silence du pouvoir adjudicateur, ce qui n'est pas le cas en procédure formalisée.

Le recours à la négociation est toujours possible dans les MAPA mais il doit être expressément indiqué, dès le lancement de la procédure de consultation, dans l'avis de publicité ou dans les documents de la consultation. Il s'agit d'une possibilité et non d'une obligation. Elle doit être menée méthodiquement, afin de garantir l'égalité de traitement et assurer la transparence de la procédure (cf. Leçon 8. Les marchés négociés).

La négociation doit être menée avec tous les candidats ayant remis une offre, sauf si le règlement de la consultation prévoit que la négociation ne sera menée qu'avec un nombre limité de candidats (CE, 30 novembre 2011, ministre de la Défense et des Anciens Combattants, n° 353121). Dans ce cas, l'acheteur doit indiquer les critères sur le fondement desquels il sélectionnera les entreprises admises à négocier, en indiquant leur nombre (CE, 27 avril 2011, Président du Sénat, n° 344244). Aucun texte ne fixe un nombre minimum ou maximum de candidats à retenir.

La négociation peut porter sur tous les éléments de l'offre ou se cantonner à un ou plusieurs éléments (qualité, délai, quantité, prix).

3. De la souplesse dans l'achèvement de la procédure adaptée

Les marchés passés selon une procédure adaptée ne sont soumis ni à **l'obligation d'information** des candidats évincés (CE, 19 janvier 2011, Grand Port Maritime du Havre, n° 343435), ni au respect d'un **délai de suspension** de la signature prévu au I de l'article 80 du code des marchés publics (cf. Leçon 13. L'attribution). L'acheteur public peut toujours, cependant, se soumettre volontairement à cette formalité. Il est néanmoins tenu de communiquer à tout candidat qui en fait la demande par écrit, les motifs du rejet de sa demande.

L'obligation de publier un **avis d'attribution** n'est pas applicable aux marchés à procédure adaptée.

Repères

- L'article 26 du code des marchés publics définit le seuil des « procédures formalisées ».
- L'article 28 du code des marchés publics définit les règles applicables aux MAPA.
- L'article 30 du code des marchés publics prévoit les catégories de services dits « non prioritaires » soumis à une procédure allégée.
- Le ministère de l'économie met à disposition des acheteurs sur le site de la Direction des affaires juridiques une fiche de procédure relative à la mise en œuvre des MAPA.

Pour gagner des points

Computation des seuils et prestation homogènes

En vertu des dispositions de l'article 27 du code des marchés publics, la détermination de la valeur estimée des besoins au regard des notions d'opérations et de prestations homogènes doit faire l'objet d'une attention particulière. Les acheteurs publics ne doivent pas procéder à un découpage artificiel de leurs marchés, dans le seul but de les faire passer sous les seuils des procédures formalisées et de bénéficier ainsi de l'allégement des obligations de publicité et de mise en concurrence. C'est ce que l'on appelle la technique du « saucissonnage » pour permettre le recours au MAPA. Celle-ci est illégale et peut être constitutive d'un délit pénal (cf. Leçon 27. La déontologie dans la commande publique).

Les prestations homogènes doivent par conséquent être comptabilisées ensemble pour le calcul des seuils soit en raison de leurs caractéristiques propres, soient parce qu'elles constituent une même « unité fonctionnelle ».

Leçon 5
Les procédures d'appels d'offres

La notion d'appel d'offres est un terme générique souvent utilisé à tort comme synonyme de « marché public ». Or un marché public recouvre une réalité plus large que la stricte procédure appel d'offres (cf. Leçon 1. La définition des marchés publics) puisqu'il recouvre tout achat répondant au besoin propre d'une collectivité publique, et ce, à partir du premier euro.

L'appel d'offres décrit quant à lui **une procédure formalisée**, encadrée par les dispositions du code des marchés publics pour des achats dépassant les seuils des procédures dites « formalisées » définies à l'article 26 du code des marchés publics, en vertu des dispositions communautaires. Au-dessus de ces seuils, la procédure d'appel d'offres est la procédure de droit commun même si d'autres possibilités sont ouvertes par le code (marché négocié, dialogue compétitif, concours…) si certains critères sont remplis.

Trop rigide pour certains, le formalisme imposé dans le cadre de cette procédure apporte toutefois des éléments de garantie d'une saine utilisation des deniers publics et d'un parfait respect, eu égard aux sommes en jeu, des grands principes de la commande publique (cf. Leçon 3. Les grands principes des marchés publics).

En vertu des dispositions de l'article 33 du code des marchés publics, « l'appel d'offres est la procédure par laquelle le pouvoir adjudicateur choisit l'attributaire, sans négociation, sur la base de critères objectifs préalablement portés à la connaissance des candidats. »

Ce même article prévoit que l'appel d'offres peut être soit « **ouvert** » soit « **restreint** », le choix entre ces deux procédures étant laissé à la **libre appréciation du pouvoir adjudicateur**.

La différence entre ces deux formules réside dans le fait que dans le cadre de l'appel d'offres dit ouvert (I) tout opérateur économique peut remettre une offre, tandis que pour l'appel d'offres dit restreint (II), seuls peuvent remettre des offres les opérateurs économiques qui y ont été autorisés après une première sélection.

I. L'appel d'offres ouvert

Après avoir examiné ce que recouvre la notion d'appel d'offres ouvert (A), cette partie s'attachera à définir quelles sont les conditions de recours à cette procédure (B) ainsi que les modalités de passation de ces marchés (C).

A. La définition de l'appel d'offres ouvert

L'appel d'offres ouvert est la procédure de passation des marchés publics à laquelle ont fréquemment recours les acheteurs publics. Elle est ainsi appelée parce que toute entreprise peut remettre une offre.

C'est une procédure par laquelle la personne publique se prononce en faveur de l'offre économique la plus avantageuse **sans aucune négociation et sur des critères précis, objectifs, préalablement déterminés et connus du candidat**. L'appel d'offres ouvert se déroule en **une seule étape** et dans le même laps de temps : c'est-à-dire que les candidats remettent au même moment les éléments relatifs à la candidature et les éléments relatifs à l'offre.

B. Quand recourir à l'appel d'offres ouvert ?

Moins souple que la procédure adaptée, elle est utilisée pour les marchés publics **au-dessus des seuils de procédure formalisée définis à l'article 26 du code des marchés publics** en vertu des dispositions communautaires. Ces seuils sont révisés tous les deux ans par la Commission européenne, de manière à respecter les engagements internationaux de l'Union pris en vertu de l'Accord plurilatéral sur les marchés publics de l'Organisation mondiale du commerce, tel que conclu par le Conseil pour la Communauté par décision 94/800/CE du 22 décembre 1994 (JOCE L 336/1 du 23 décembre 1994).

- Pour les marchés de travaux, cette procédure d'appel d'offres est appliquée dès un montant supérieur à **5 186 000 euros HT** sans distinction d'organismes.
- Pour ce qui est des marchés de services et de fournitures, le seuil est d'au moins **207 000 euros HT** s'il s'agit des collectivités territoriales et de **134 000 euros HT** pour les structures étatiques.

Sont exclus les marchés de services dits « non prioritaires » soumis à une procédure allégée prévue par l'article 30 du code des marchés publics (cf. Leçon 4. Les MAPA).

C. La procédure de passation des appels d'offres ouverts

1. La publicité

La publicité constitue la première étape d'un appel d'offres. Elle est particulièrement importante dans la mesure où **elle fige le reste de la procédure** en fixant le contenu dès la consultation via le Dossier de Consultation des Entreprises (DCE) mais également les éléments de la mise en concurrence, en établissant par exemple les **critères** d'analyse des offres. L'acheteur doit donc être particulièrement vigilant lors de cette étape qu'il ne pourra plus modifier par la suite, sauf à faire courir de nouveaux délais.

Un avis d'appel public à la concurrence est publié dans les conditions prévues à l'article 40 du code des marchés publics qui prévoit une publication dans le Bulletin Officiel des Annonces de Marchés Publics (BOAMP) et au Journal Officiel de l'Union européenne (JOUE) ainsi que sur son profil d'acheteur (son site Internet) et ce conformément à un modèle standard établi par la Commission européenne. L'acheteur peut décider de compléter ces publicités obligatoires en choisissant d'autres supports de publication.

En vertu des dispositions de l'article 57 II du code des marchés publics **les délais de publicité** sont très strictement encadrés. Ces délais de publication dans ce type de procédure de marchés publics peuvent varier **entre 22 jours et 52 jours** au plus en cas de publication non dématérialisée. Le point de départ du délai est celui de la dernière publication. Les dernières directives européennes 2014/24/UE portentle le délai maximum à 35 jours.

2. L'analyse des candidatures

Au vu des seuls renseignements relatifs aux candidatures, celles qui ne peuvent être admises en application des dispositions de l'article 52 du code des marchés publics sont éliminées (cf. Leçon 12. L'analyse des candidatures et des offres). Cette élimination est effectuée par la commission d'appel d'offres pour les collectivités territoriales. Les candidats non retenus en sont informés conformément au I de l'article 80 du code des marchés publics.

3. L'analyse des offres

L'offre économiquement la plus avantageuse est choisie en application du ou des **critères annoncés** dans l'avis d'appel public à la concurrence ou dans le règlement de la consultation. **Ces critères ne peuvent être modifiés** en cours de procédure. Ce choix est effectué par la commission d'appel d'offres (CAO) pour les collectivités territoriales.

Les **offres inappropriées** au sens du 3° du II de l'article 35 ainsi que les **offres irrégulières ou inacceptables** au sens du 1° du I de l'article 35 sont éliminées. Cette élimination est effectuée par la commission d'appel d'offres pour les collectivités territoriales.

Contrairement à la procédure adaptée, les entreprises candidates ne peuvent procéder à la modification (lors d'une phase de négociation) de leur offre après le dépôt du dossier de candidature. L'acheteur quant à lui n'est pas admis au sens du code des marchés publics à entreprendre une quelconque négociation avec les entreprises candidates. Il est toutefois possible que l'organisme public demande des précisions au plan technique, en respectant également à cette étape, les principes d'égalité de traitement entre les candidats.

4. L'attribution

Lorsque le candidat dont l'offre a été retenue produit les attestations et certificats nécessaires, les candidats dont l'offre n'a pas été retenue sont **informés** du rejet de celle-ci. Le marché est ensuite notifié et un **avis d'attribution** est publié.

En outre, l'acheteur public dispose d'un délai *a minima* de 11 jours pour avertir l'attributaire c'est-à-dire l'entreprise retenue. La réglementation oblige l'organisme public à envoyer une lettre de refus aux autres candidats qui n'ont pas été retenus. Ces derniers disposent de la faculté de déposer un recours connu sous l'appellation de **référé précontractuel** (cf. Leçon 21. Le contentieux de la passation).

Il est possible, en accord avec le candidat retenu, de procéder à une **mise au point** des composantes du marché sans que ces modifications puissent remettre en cause les caractéristiques substantielles de l'offre ni le classement des offres.

5. L'appel d'offres infructueux

Lorsque l'appel d'offres est déclaré infructueux, il est possible de mettre en œuvre :

- **Soit un nouvel appel d'offres** ou, si les conditions initiales du marché ne sont pas substantiellement modifiées, **un marché négocié** dans les conditions prévues au 3° du II de l'article 35 dans le cas d'offres inappropriées ou au 1° du I de l'article 35 dans le cas d'offres irrégulières ou inacceptables ;
- Soit, s'il s'agit d'un lot qui remplit les conditions mentionnées au III de l'article 27, **une procédure adaptée**.

À tout moment, la procédure peut être déclarée sans suite pour des motifs d'intérêt général. Les candidats en sont informés.

II. L'appel d'offres restreint

Après avoir examiné ce que recouvre la notion d'appel d'offres restreint (A), cette partie s'attachera à définir quelles sont les conditions de recours à cette procédure (B) ainsi que les modalités de passation de ces marchés (C).

A. Définition de l'appel d'offres restreint

L'appel d'offres restreint est similaire à l'appel d'offres ouvert, sauf que cette procédure se déroule en **deux étapes**.

Lorsqu'un appel d'offres restreint est lancé, les candidats sont tout d'abord sélectionnés en fonction des éléments relatifs à la **candidature** c'est-à-dire en fonction des capacités de l'entreprise. C'est uniquement une fois que les entreprises sont sélectionnées qu'elles reçoivent le dossier de consultation des entreprises (DCE) et qu'elles sont invitées à déposer une **offre**.

B. Quand recourir à un appel d'offres restreint ?

L'appel d'offres restreint est utilisé dans les mêmes conditions que l'appel d'offres ouvert, soit dès que les seuils de l'article 26 sont dépassés. Le choix de la procédure entre l'appel d'offres ouvert et l'appel d'offres restreint est laissé au **libre choix de l'acheteur**, c'est-à-dire qu'il n'a pas à motiver sa décision.

Dans la mesure où cette procédure se déroule en deux étapes, elle peut être regardée comme étant plus longue mais en réalité elle présente l'avantage pour l'acheteur de limiter le nombre d'offres à analyser. Par conséquent elle se justifie d'autant plus pour les marchés qui présentent un **haut degré de complexité** et qui nécessiteront d'avoir des candidats qualifiés et des offres techniques très développées.

C. La procédure d'appel d'offres restreint

1. La publicité

L'avis de publicité est publié dans les mêmes conditions que l'appel d'offres ouvert.

Toutefois, lors du lancement d'un appel offres restreint, l'organisme public peut déterminer un **nombre minimum et maximum de candidats admis à présenter leurs offres**. Ce minimum ne peut être inférieur à cinq.

La date limite de remise des candidatures et des offres est donc différente.

En ce qui concerne les **candidatures**, et en vertu des dispositions de l'article 60 II du code des marchés publics les délais de publicité peuvent varier **entre 10 jours et 37 jours** au plus en cas de publication non dématérialisée.

2. L'analyse des candidatures

La liste des candidats autorisés à présenter une offre en application des dispositions de l'article 52 est établie au vu des **seuls renseignements relatifs aux candidatures** (cf. Leçon 12. L'analyse des candidatures et des offres). Elle est établie par la commission d'appel d'offres pour les collectivités territoriales. Les candidats non retenus en sont informés conformément au I de l'article 80.

Les candidats retenus sont également informés et une **lettre de consultation** leur est adressée afin qu'ils puissent établir leur offre conformément au dossier de consultation des entreprises, communiqué pour la première fois.

Le délai de remise des offres doit être compris entre 10 et 40 jours.

3. L'analyse des offres

Comme dans le cadre de l'appel d'offres ouvert, l'offre économiquement la plus avantageuse est choisie en application du ou des **critères annoncés** dans l'avis d'appel public à la concurrence ou dans le règlement de la consultation. Ces critères ne peuvent être modifiés encours de procédure. Ce choix est effectué par la commission d'appel d'offres pour les collectivités territoriales.

Les **offres inappropriées** au sens du 3° du II de l'article 35 ainsi que les offres **irrégulières ou inacceptables** au sens du 1° du I de l'article 35 sont éliminées. Cette élimination est effectuée par la commission d'appel d'offres pour les collectivités territoriales.

Là encore, la **négociation est interdite**.

4. La fin de la procédure

L'attribution obéit aux mêmes règles que l'appel d'offres ouvert. Les candidats ayant déposé une offre non retenue sont informés du rejet de celle-ci.

Les mêmes dispositions relatives à l'infructuosité et à la déclaration sans suite trouvent à s'appliquer.

Repères

- L'article 26 du code des marchés publics définit le seuil des « procédures formalisées » donc des appels d'offres.
- L'article 30 définit la notion d'appel d'offres.
- Les articles 57, 58 et 59 décrivent le déroulement de la procédure d'appel d'offres ouvert.
- Les articles 60, 61, 62, 63 et 64 décrivent le déroulement de la procédure d'appel d'offres restreint.

Pour gagner des points

La dématérialisation dans les procédures d'appel d'offres

La dématérialisation est la possibilité de passer et de conclure des marchés par voie électronique, soit par l'utilisation de la messagerie électronique, soit par l'emploi d'une plateforme en ligne sur Internet. Elle n'a aucun effet sur le contenu des informations, qui est indépendant de la forme du support utilisé et du mode de transmission. Les règles de l'appel d'offres sont donc applicables aux achats effectués par voie dématérialisée.

La dématérialisation présente de nombreux bénéfices. Elle facilite les échanges entre les acheteurs et les candidats, elle sécurise la traçabilité des échanges, elle peut également faciliter l'analyse des offres. De ce fait, elle est encouragée et les délais sont raccourcis dans le cadre des recours à de telles procédures. Elle est actuellement obligatoire pour les marchés publics informatiques et les directives européennes 2014/24/UE du 26 février 2014 prévoient une généralisation de la dématérialisation à tous les marchés, quels que soient leur montant et leur objet.

Attention, les procédures et les outils mis en place doivent néanmoins offrir une sécurité suffisante, rendue possible par la signature électronique notamment, et garantir une totale confidentialité des éléments communiqués.

LEÇON 6
LES MARCHÉS À BONS DE COMMANDE

Avant la version de 2006 du code des marchés publics, les marchés à bons de commande faisaient partie, avec les marchés à tranches conditionnelles, de la catégorie dite des « marchés fractionnés » (code de 2001, art. 72 ; code de 2004, art. 71 et 72).

Depuis le code de 2006 ils sont prévus par les dispositions de l'article 76 comme une procédure à part entière. En droit communautaire, ils sont qualifiés d'« accord-cadre » dont tous les termes sont fixés à l'avance.

L'intérêt de ces marchés est pour l'acheteur de pouvoir faire face à des besoins dont il ne connaît pas *a priori* précisément l'étendue. Ce type de procédure particulière de marchés implique des règles de passation spécifiques (I), un contenu qui doit être précis (II) même si les règles d'exécution comportent quant à elles une certaine souplesse (III).

I. La passation des marchés à bons de commande

Les marchés à bons de commande, définis précisément en droit français (A), permettent aux acheteurs publics d'anticiper certains de leurs besoins relativement incertains (B). La spécificité des marchés à bons de commande réside par conséquent plus dans les règles applicables à leur exécution que dans celles relatives à leur passation (C).

A. La définition des marchés à bons de commande

Les marchés à bons de commande sont définis à **l'article 77** du code des marchés publics comme : « des marchés conclus avec un ou plusieurs opérateurs économiques et exécutés au fur et à mesure de l'émission de bons de commande. »

Les directives communautaires ne font pas directement référence à la notion de marché à bons de commande. L'article 32 de la directive 2004/18 vise, sous le même intitulé d'accord-cadre, deux situations différentes selon que le contrat fixe ou non tous les termes des marchés passés sur son fondement.

Les marchés à bons de commande de l'article 77 du code des marchés publics correspondent en réalité à ce que le droit communautaire dénomme **« accords-cadres qui fixent tous les termes »** et qui sont désignés sous l'appellation de « contrats-cadres ». Ils fixent, de manière contraignante, les stipulations contractuelles applicables aux commandes qui seront passées sur leur fondement. L'utilisation de ce type de contrats ne nécessite pas la conclusion de nouveaux accords entre les parties.

Tirant les conséquences de la dualité des accords-cadres au sens du droit communautaire, le Conseil d'État a précisé que « les marchés à bons de commande au sens de l'article 77 du code des marchés publics, conclus avec un ou plusieurs opérateurs économiques et exécutés au fur et à mesure de l'émission de bons de commande sans négociation ni remise en concurrence, doivent être regardés comme des accords-cadres au sens de la directive » (CE, 8 août 2008, Commune de Nanterre, n° 309136).

B. Les domaines les plus adaptés aux marchés à bons de commande

Ils permettent aux acheteurs publics qui ne savent pas *a priori* précisément quelle sera l'étendue de leurs besoins d'effectuer **des achats à caractère répétitif**, en organisant une seule procédure de mise en concurrence et de bénéficier d'une réactivité accrue lors de la survenance de leur besoin.

Ce type de marché se révèle tout particulièrement adapté pour des achats de **fournitures** comme par exemple l'achat de mobilier ou de papier. L'acheteur public passe un marché global et exerce sur celui-ci via l'émission de bons de commande un « droit de tirage » en fonction de ses besoins. Il en va de même pour l'achat de **services courants** tels que le gardiennage ou le nettoyage des locaux. Mais tous les types de prestations peuvent faire l'objet de ces marchés, y compris les marchés de travaux, les marchés industriels, les marchés informatiques ou de prestations intellectuelles.

Depuis le code de 2006, le recours aux marchés à bons de commande n'est soumis à aucune condition particulière. Le recours à ce type de marché est recommandé en cas **d'incertitude sur le rythme ou l'étendue du besoin à satisfaire**, mais cette circonstance ne saurait, en aucun cas, constituer une limitation de la liberté de choix du pouvoir adjudicateur (réponse ministérielle n° 25456, JO Sénat QE, 15 février 2007, p. 346).

C. La procédure de publicité et de mise en concurrence applicable aux marchés à bons de commande

Les marchés à bons de commande constituent **une forme particulière de marché public et non pas un mode spécifique de passation**. De fait, ils obéissent aux règles de droit commun prévues par le code des marchés publics. La procédure de passation d'un marché à bons de commande est ainsi déterminée en fonction de son montant, au regard des seuils prévus à l'article 26 du code.

S'il prévoit des périodes de reconduction, **le seuil qui détermine la procédure de publicité et de mise en concurrence doit prendre en compte la totalité des périodes à reconduire**. Pour les marchés à bons de commande comportant un maximum, la valeur à prendre en compte pour la détermination de la procédure de passation applicable correspond à ce maximum multiplié par le nombre de période de reconduction.

Lorsque le marché ne fixe pas de montant maximum, la valeur estimée du besoin est réputée excéder le seuil de procédure formalisée. L'article 27-VI du code des marchés publics fait ainsi obstacle à ce qu'un marché à bons de commande conclu sans maximum soit passé selon une procédure adaptée, sous réserve des marchés de services passés en application de l'article 30.

II. Le contenu des marchés à bons de commande

Bien qu'ils offrent à l'acheteur une souplesse dans leur exécution, les pouvoirs adjudicateurs doivent néanmoins prévoir certains éléments relatifs à l'objet (A), le nombre d'attributaires (B), le prix (C), le montant des commandes (D) et la durée (E) du marché à bons de commande avant de lancer la procédure.

A. L'objet du marché

Si les marchés à bons de commande sont particulièrement indiqués lorsque l'acheteur public n'est pas en mesure de déterminer la quantité ou le rythme de ses besoins à satisfaire, **la nature des prestations attendues doit toutefois être explicitement précisée** dans le marché. Les commandes subséquentes ne pourront porter que sur des prestations expressément identifiées dans les pièces constitutives du marché.

B. Le nombre d'attributaires

Un marché à bons de commande peut être **mono-attributaire** ou **multi-attributaire**, c'est-à-dire qu'il peut être passé avec un ou plusieurs opérateurs économiques. Ce choix est laissé à la libre appréciation de l'acheteur public. Cependant en cas de multi-attribution, le nombre de titulaires doit être **d'au moins trois**, sous réserve d'un nombre suffisant de candidats et d'offres.

La multi-attribution peut être justifiée par exemple par l'impossibilité pour une seule entreprise de réaliser la totalité des prestations ou par la nécessité d'assurer la sécurité des approvisionnements. Le nombre d'attributaire doit être fixé dans les documents de publicité.

C. Le prix du marché

Il faut que les documents contractuels du marché fixent un **prix déterminé** ou, à tout le moins, déterminable. Les marchés stipulant que les prix seront indiqués dans les bons de commande sont entachés de nullité (TA Versailles, 24 mars 1994, Préfet de l'Essonne c/ président du conseil général de l'Essonne).

Le plus souvent les marchés à bons de commande sont conclus à **prix unitaires**. L'entreprise qui répond à la mise en concurrence est ainsi invitée à remplir un bordereau de prix unitaires (BPU), ou bien à répondre à **« une commande type »**, qui permet la comparaison des prix. Néanmoins, il est possible de combiner une part de prestations prévisibles conclue à prix forfaitaire et une part de prestations non programmables conclue à prix unitaire. Cette situation est fréquente dans les cas de marchés de gardiennage ou de nettoyage d'immeubles.

D. Le montant des commandes

Le principe posé par l'article 77 est celui de **la liberté totale** confiée à l'acheteur en ce qui concerne le montant du marché. Cela signifie que les marchés à bons de commande peuvent prévoir un **minimum** et un **maximum** de commandes à formuler durant la durée du marché. Ils peuvent également être conclus **sans maximum ou sans minimum**, ou même sans maximum ni minimum.

Ces montants minimum et maximum constituant des éléments essentiels de la mise en concurrence, doivent figurer dans l'avis de publicité. Même en cas d'absence de minimum et maximum, le juge administratif exige des pouvoirs adjudicateurs, qu'ils fassent figurer, à titre indicatif et prévisionnel, dans la rubrique « quantité ou étendue globale » du formulaire européen d'avis de marché, **les quantités de prestation à fournir ou des éléments permettant d'apprécier l'étendue du marché** (CE, 24 octobre 2008, Communauté d'agglomération de l'Artois, n° 313600). Sans ces informations, il est en effet difficile pour un opérateur économique de répondre, sauf à augmenter, par précaution, les prix offerts.

Les marchés conclus sans **montant minimum** ne créent aucune obligation pour le pouvoir adjudicateur de passer des commandes (CAA Paris, 13 mars 2007, Sté automobile Citroën, n° 04PA02721). Cela signifie qu'un pouvoir adjudicateur qui ne fixe pas de montant minimum peut ne jamais faire appel à l'attributaire sans pour autant devoir l'indemniser.

En revanche, la fixation d'un montant minimum crée un droit à indemnisation au profit du titulaire dans le cas où ce montant ne serait pas atteint. Le montant de l'indemnité ne consiste pas en la différence entre le montant minimum et le montant des bons de commande émis, mais équivaut à la **marge bénéficiaire** nette qu'aurait dégagée l'exécution des commandes manquantes (CE, 18 janvier 1991, Ville d'Antibes c/ SARL Dani, n° 80827).

En cas de multi-attribution, quand bien même le montant minimum du marché ne serait pas atteint, les titulaires ne sont pas fondés à demander une indemnisation. Seul le préjudice certain peut être indemnisé. Or, dans le cas d'un marché multi-attributaire, le montant minimum des commandes qui aurait dû revenir à chaque titulaire ne peut pas être déterminé avec certitude.

Le montant maximum fixé dans le marché revêt un caractère obligatoire pour les parties. En l'absence d'avenant régulièrement intervenu pour en augmenter le montant (et qui ne saurait bouleverser l'économie générale du marché), un dépassement du maximum prévu par le marché ne peut donner lieu au paiement d'un prix supplémentaire, dans la mesure il sera considéré que le marché a alors pris fin. À l'inverse, en l'absence de précision du montant maximum, le titulaire du marché est tenu d'honorer toutes les commandes qui lui sont notifiées.

E. La durée de validité des marchés à bons de commande

La durée de validité des marchés à bons de commande passés par les pouvoir adjudicateurs **ne peut dépasser quatre ans**, toute période de reconduction comprise. Le non respect de cette limite entraîne la nullité du marché (CE, Sect., 6 décembre 1995, Département de l'Aveyron et Sté J.-C. Decaux, n° 148964, 14940).

Il s'agit d'une durée maximale qui n'interdit pas aux acheteurs publics de retenir une durée plus courte. Il est également possible de choisir un marché pour une période ferme reconductible, par exemple un marché d'un an renouvelable au maximum trois fois. Toutefois l'article 77-II du code des marchés publics précise que le dépassement de la durée maximale de quatre ans peut être justifié par l'objet du marché ou par le fait que son exécution nécessite des investissements amortissables sur une durée supérieure à quatre ans.

Le montant maximum du marché constitue la limite supérieure des obligations contractuelles des deux parties. Cela signifie que le marché prend fin de plein droit dès que ce montant est atteint et quand bien même la durée de validité du marché ne serait pas encore expirée.

L'indication de la durée d'un marché doit figurer dans l'avis de publicité (CE, 19 septembre 2007, SDIS du Nord, n° 298294).

III. L'exécution par l'émission des bons de commande

Les marchés à bons de commande sont mis en œuvre par l'émission par le pouvoir adjudicateur, de « bons », au fur et à mesure de la survenance du besoin, qui définissent les quantités demandées (A), l'attributaire (B), sous une forme relativement libre (C), mais dans une durée limitée (D).

A. La nature du bon de commande

Les bons de commande sont définis à l'alinéa 4 de l'article 77 I du code des marchés publics. Ils constituent des **décisions unilatérales** de l'administration. Ils ont pour fonction de **déterminer les quantités** des prestations ou des produits demandés. Ils ne sauraient avoir pour objet ou pour effet de modifier substantiellement le contenu du contrat.

Dans le cas où un titulaire opposerait un refus d'exécution, il verra sa responsabilité contractuelle engagée (CAA Bordeaux, 14 novembre 2006, SA IPC-Corporation, n° 03BX02221).

B. Les modalités d'attribution des bons de commande

L'attribution des bons de commande s'effectue mécaniquement et automatiquement, sans négociation ni remise en concurrence, même si le marché a été conclu avec plusieurs opérateurs économiques.

En cas de marchés multi attributaire, les commandes sont réparties entre les titulaires selon **les modalités fixées préalablement** dans le marché. Elles peuvent notamment être attribuées selon la méthode dite « en cascade », qui consiste à faire appel en priorité aux titulaires les moins disant, ou selon un tour de rôle prévu par le marché, ou encore à hauteur d'un maximum prévu pour chacun des titulaires.

C. La forme des bons de commande

Le code des marchés publics n'impose **pas de formalisme particulier** pour l'émission des bons de commande. Toutefois, et dans la mesure où les bons de commande définissent la quantité des prestations à réaliser, ils doivent être établis sous forme écrite, sur support papier ou sur support électronique (article 77 I, alinéa 4).

D. La durée d'exécution des bons de commande

La durée maximale de quatre ans concerne la seule émission des bons de commande, qui doit avoir lieu pendant la durée de validité du marché. **L'exécution des bons de commande peut néanmoins se poursuivre au-delà** de cette durée, notamment pour assurer la continuité d'un approvisionnement le temps de l'achèvement de la procédure de passation du marché suivant.

La durée d'exécution des bons de commande au-delà du terme du marché doit toutefois être raisonnable. Les dispositions de l'article 77 II, alinéa 2 du code des marchés publics interdisent une date d'émission et une durée d'exécution des bons de commande qui conduiraient à méconnaître l'obligation d'une remise en concurrence périodique des opérateurs économiques.

Repères

- L'article 77 du code des marchés publics définit la notion de marché à bons de commande et les règles qui lui sont applicables.
- L'article 32 de la directive 2004/18 définit la notion d'accord-cadre qui englobe la procédure française de marchés à bons de commande.
- Le ministère de l'économie met à disposition des acheteurs sur le site de la Direction des affaires juridiques une fiche de procédure relative à la mise en œuvre des marchés à bons de commande.

Pour gagner des points

Le principe d'exclusivité

Les titulaires d'un marché à bons de commande bénéficient, par principe, d'une exclusivité sur les prestations objet du marché, alors même qu'aucune clause d'exclusivité ne figurerait dans le marché. Le pouvoir adjudicateur qui confie des prestations identiques à une autre entreprise engage sa responsabilité vis-à-vis du titulaire CAA Bordeaux, 30 juillet 2009, Marcellin X, n° 08BX00239.

Toutefois, en vertu de l'article 77-III du code, l'acheteur public peut s'adresser à un prestataire, autre que le titulaire du marché, pour des achats correspondant à des besoins occasionnels, à condition que le montant cumulé de ces achats ne dépasse pas 1 % du montant total du marché, ni la somme de 10 000 euros HT. Dans un marché ne comportant pas de minimum, la contrainte réside essentiellement dans le seuil de 10 000 euros HT, l'assurance que le pourcentage de 1 % de commandes hors marché a été respecté ne sera acquise qu'en fin d'exécution.

Leçon 7
Les accords cadres

I. La passation des accords-cadres
II. Le contenu des accords-cadres
III. L'exécution des accords-cadres par les marchés subséquents

Les accords-cadres ont été introduits en droit communautaire, par les directives du 31 mars 2004 (2004/17 et 2004/18) et, en droit interne, par le code des marchés publics de 2006 à l'article 76.

Pour certains, les accords-cadres, représentent l'une des principales innovations du code de 2006 (F. Linditch, JCP A, n° 40, 3 octobre 2005, p. 1327, *« Les accords cadres dans l'avant projet de Code des marchés publics. Recherche sur la notion d'accord-cadre »*).

Ce nouvel instrument de planification et de modernisation de la commande publique, constitue un contrat par lequel l'acheteur public s'engage pendant une période donnée et pour des prestations déterminées, à passer des marchés uniquement auprès du ou des titulaires de cet accord.

Toutefois, la notion d'accord-cadre au sens du droit national n'est pas exactement celle du droit communautaire. La directive 2004/18 rassemble, sous la même appellation d'accord-cadre, deux situations distinguées par le droit français :

- la première catégorie d'accords-cadres au sens communautaire (les contrats-cadres) correspond, en droit national, aux marchés à bons de commande de l'article 77 du code des marchés publics (cf. leçon 6 sur les marchés à bons de commande) ;
- la seconde catégorie correspond aux accords-cadres de l'article 76 du même code.

À l'instar des marchés à bons de commande, les accords-cadres impliquent des règles de passation spécifiques (I), un contenu qui doit être précis (II) même si les règles d'exécution autorisent une certaine souplesse (III).

I. La passation des accords-cadres

Les accords-cadres, définis précisément en droit français (A), permettent aux acheteurs publics d'anticiper certains de leurs besoins relativement incertains ou dans des domaines fortement évolutifs (B). La spécificité des accords-cadres réside par conséquent plus dans les règles applicables à leur exécution que dans celles relatives à leur passation (C).

A. La définition des accords-cadres

Les accords-cadres sont définis à **l'article 1er** du code des marchés publics comme des « contrats conclus entre un des pouvoirs adjudicateurs [...] et des opérateurs économiques publics ou privés, ayant pour objet d'établir les termes régissant les marchés à passer au cours d'une période donnée, notamment en ce qui concerne les prix et, le cas échéant, les quantités envisagées ». Les règles qui régissent cette procédure sont quant à elles prévues par les dispositions de **l'article 76** du même code.

Par cet outil, l'acheteur s'engage sur une durée limitée à ne passer pour certains de ses besoins que des marchés (appelés « marchés subséquents ») avec les opérateurs économiques titulaires de cet accord. Ainsi à l'issue d'une première étape de mise en concurrence, il réduit le nombre de ses interlocuteurs et ne passera plus des marchés qu'avec les entreprises présélectionnées.

L'accord-cadre est **un dispositif en deux étapes** qui permet, lors d'une première étape de sélectionner un certain nombre de prestataires qui seront ultérieurement, lors d'une deuxième étape, remis en concurrence, mais sans publicité et seulement lors de la survenance du besoin.

B. Les situations les plus adaptées aux accords-cadres

Aucune condition particulière n'est imposée pour pouvoir recourir aux accords-cadres. Ils peuvent être conclus dans tous les domaines (travaux, fournitures et services), même s'ils sont peu adaptés aux travaux neufs de bâtiment dont tous les détails sont en général connus dès l'origine. Ils peuvent néanmoins permettre de **faire face à des situations difficilement prévisibles** au début de ces travaux, comme par exemple pour ce qui concerne la découverte d'amiante.

La philosophie de l'accord-cadre repose sur la **possibilité d'ajuster la réponse aux besoins, à mesure de l'apparition de ceux-ci**. En effet, ce contrat permet à l'acheteur public de bénéficier d'une grande **réactivité** des prestataires au moment de l'apparition des besoins, sans organiser de publicité préalable et en offrant la possibilité d'ajuster la définition ses besoins, au moment où il peut les identifier et décider de l'achat.

L'accord-cadre est particulièrement adapté pour **les achats répétitifs**, mais dont les contours ne sont pas totalement délimités en amont, ou qui sont susceptibles d'évolutions technologiques. Outre la planification, les accords-cadres présentent de multiples avantages : **souplesse et réactivité, meilleure prise en compte des évolutions technologiques,** comportement économique sain dans la mesure où il repose sur une **remise en concurrence à chaque apparition du besoin**.

Par exemple, l'accord-cadre peut être utilisé pour les services de traiteurs. Dans ce cas, l'intérêt réside dans la possibilité de remettre en concurrence, selon une procédure rapide, les services de restauration pour chacune des prestations. Il peut également avoir un grand intérêt pour les marchés de communication ou pour les marchés d'équipements informatiques à fort potentiel d'évolution technologique, et si les délais de réaction pour exécuter la prestation doivent être très rapides au moment de la survenance des besoins.

Par rapport au marché à bons de commandes, pour lesquels l'incertitude porte souvent sur l'étendue du besoin, **l'accord-cadre permet également de s'adapter à l'évolution de la nature du besoin à satisfaire**. Il donne la possibilité de ne pas définir à l'avance les règles qui prévaudront pour le choix du prestataire appelé à exécuter les prestations. Enfin, il permet de pouvoir mettre en concurrence les titulaires de l'accord-cadre afin de bénéficier, en principe, de la meilleure qualité au meilleur prix.

C. La procédure de publicité et de mise en concurrence applicable aux accords-cadres

Les accords-cadres sont passés selon les mêmes procédures et dans les mêmes conditions que les marchés publics. Ils sont soumis aux mêmes seuils que ceux-ci.

Pour calculer le montant de l'accord-cadre, il convient de tenir compte de **la valeur maximale estimée du besoin pour l'ensemble de la durée de l'accord-cadre**, alors même que le pouvoir adjudicateur n'aurait pas de visibilité quant au nombre de marchés subséquents qui seront conclus ou encore à la quantité qui sera effectivement commandée (art. 27-V).

Lorsque la valeur maximale estimée du besoin est égale ou supérieure aux seuils communautaires, il est obligatoire de mettre en place **une procédure formalisée**, et en dessous des seuils des procédures formalisées les accords-cadres peuvent être conclus dans le cadre d'une procédure librement choisie et adaptée par l'acheteur public (MAPA).

Par ailleurs, et quel que soit le montant estimé du besoin, les pouvoirs adjudicateurs peuvent également mettre en œuvre une procédure adaptée en application de l'article 30 du code, lorsque l'accord-cadre porte sur certaines prestations de services.

L'avis de publicité doit contenir des informations, à titre indicatif et prévisionnel, les quantités à fournir ou des éléments permettant d'apprécier l'étendue du marché. Le Conseil d'État a jugé que la rubrique « quantité ou étendue globale » du formulaire européen d'avis de marché doit être remplie, même lorsque l'accord-cadre ne fixe pas de montant minimum ou maximum (CE, 20 mai 2009, ministre de la Défense, n° 316601).

II. Le contenu des accords-cadres

L'accord-cadre n'est pas un simple système de référencement permettant de constituer un fichier de prestataires. C'est un contrat comportant des obligations et des engagements pour chacune des parties. S'il permet que certains termes des marchés subséquents ne soient fixés qu'au moment de la conclusion de ces marchés, l'accord-cadre ne saurait se contenter de définir sommairement les besoins, permettant ensuite au pouvoir adjudicateur d'être complètement libre dans la fixation de ses exigences.

Les pouvoirs adjudicateurs doivent par conséquent définir des éléments précis relatifs à l'objet (A), le nombre d'attributaires (B), le montant des commandes (C) et la durée (D) de l'accord-cadre avant de lancer la procédure.

A. L'objet de l'accord-cadre

1. L'accord-cadre doit comporter les éléments relatifs aux caractéristiques du marché

L'accord-cadre doit prévoir les engagements de chacune des parties. La question se pose alors de savoir quel est le degré de précision que l'accord-cadre doit comporter sur ces engagements.

Le code précise notamment que les critères de sélection des offres définitives des marchés subséquents doivent être définis dans l'accord-cadre lui-même (art. 76-III-5° du code des marchés publics). L'accord-cadre doit fixer les **clauses relatives au prix** ou aux modalités de sa détermination. Le prix peut constituer le critère unique sur lequel est organisée la remise en concurrence.

L'accord-cadre doit également déterminer sur quelle base la remise en concurrence et les marchés subséquents seront attribués : il peut s'agir d'une mise en concurrence organisée en fonction de la **survenance du besoin** ou selon une **périodicité** préétablie.

2. Pour l'acheteur, l'accord-cadre doit comporte une exclusivité d'achats auprès du ou des titulaire(s)

L'accord-cadre est **un système fermé** pendant toute sa durée d'exécution. Cela signifie qu'une fois l'accord-cadre conclu avec un ou plusieurs titulaires, aucun opérateur économique supplémentaire ne peut y adhérer et que seuls le ou les titulaire(s) de l'accord-cadre peuvent se voir attribuer des marchés subséquents.

Toutefois, le code des marchés publics prévoit que l'acheteur public peut déroger à **la règle de**

l'exclusivité, pour des besoins occasionnels de faible montant, à condition que, pour un même accord-cadre, le montant cumulé de tels achats ne dépasse pas la somme de 10 000 euros HT (art. 76-VII du code des marchés publics).

3. Pour le ou les titulaire(s), l'accord-cadre doit comporter une obligation de répondre aux marchés subséquents et des clauses précises d'évolution des prix

Par l'accord-cadre, l'acheteur limite le marché économique aux entreprises qu'il aura sélectionnées. Le risque est alors important que les titulaires, qui ont l'avantage de se connaître, tentent de profiter de cette situation pour instaurer un système d'entente.

Il convient de veiller à ce que la certitude d'avoir des fournisseurs et des prestations dans des conditions rapides n'entraîne pas un coût disproportionné par rapport à la réalité du marché économique. C'est la raison pour laquelle, l'acheteur a particulièrement intérêt dans l'accord-cadre à définir **des clauses strictes d'évolution des prix**.

L'acheteur public a également intérêt à prévoir que les titulaires de l'accord-cadre s'engagent à faire des offres régulières, acceptables et appropriées lorsqu'ils seront sollicités pour les marchés subséquents et éventuellement à prévoir des pénalités et/ou des clauses de résiliation en cas de non réponses répétées.

B. Le nombre d'attributaires

L'accord-cadre peut être **mono-attributaire** ou **multi-attributaire**. Ce choix est laissé à la libre appréciation de l'acheteur public. Cependant en cas de multi-attribution, le nombre de titulaires doit être **d'au moins trois**, sous réserve d'un nombre suffisant de candidats et d'offres (article 76-I du code des marchés publics).

La détermination *a priori* par l'acheteur public, du nombre de titulaires qu'il a l'intention de retenir doit être guidée par le souci d'instaurer un équilibre entre les nécessités d'une procédure d'achat, qui doit être rapide, et la préservation d'une concurrence effective entre les titulaires eux-mêmes au sein de l'accord-cadre. Le nombre d'attributaire doit être fixé dans les documents de publicité.

C. Le montant des commandes

L'accord-cadre peut être conclu avec un **minimum et un maximum** en valeur ou en quantité, ou avec un minimum, ou avec un maximum, ou encore sans minimum ni maximum (article 76-I du code des marchés publics).

L'existence ou l'absence de minimum détermine l'étendue des obligations des parties. Toutefois, celle-ci varie selon qu'il y a mono ou multi-attribution.

Lorsqu'un accord-cadre est attribué à un seul titulaire, l'administration est tenue de conclure avec lui des marchés subséquents à hauteur du minimum apprécié sur la durée totale de l'accord-cadre. Sinon, elle devra indemniser le titulaire. La jurisprudence relative à l'indemnisation du titulaire d'un marché à bons de commande est transposable à l'indemnisation du titulaire unique des accords-cadres.

Dans le cas des accords-cadres multi-attributaires, deux hypothèses peuvent être envisagées, qui conduisent pour des raisons distinctes à une absence d'indemnisation :

- Si le fait de ne pas avoir atteint le niveau minimum de commandes résulte de l'infructuosité des diverses remises en concurrence des co-titulaires de l'accord-cadre, l'acheteur public ne peut se voir reprocher une quelconque faute de sa part et aucune indemnité ne saurait être versée à ce titre,
- Si l'acheteur public n'a pas pris les dispositions nécessaires pour remettre en concurrence les co-attributaires, afin d'atteindre le montant minimum, il a manqué à ses engagements envers les titulaires de l'accord-cadre. Mais, s'il y a bien faute de l'administration, il n'y a pas pour autant de préjudice certain. En effet, aucun des titulaires ne pourra justifier que, s'il y avait

eu remise en concurrence, il aurait nécessairement emporté les marchés subséquents. Il ne serait donc pas fondé à demander une indemnité pour manque à gagner.

D. La durée de l'accord-cadre

L'article 76-V prévoit que la durée des accords-cadres ne peut dépasser **quatre ans**. Toutefois, il prévoit que, dans des cas exceptionnels et justifiés, un accord-cadre peut être passé pour une durée supérieure, notamment en raison de son objet ou du fait que son exécution nécessite des investissements amortissables sur une durée supérieure à quatre ans.

L'acheteur public doit toujours pouvoir justifier se trouver dans une de ces hypothèses lorsqu'il prévoit une durée de validité supérieure à quatre ans. Cette justification doit être portée dans l'avis d'appel public à la concurrence mais n'est pas obligatoire dans les documents de la consultation remis aux candidats (CE, 10 mai 2006, Société Schiocchet, n° 28843).

III. L'exécution des accords-cadres par les marchés subséquents

L'exécution des accords-cadres passe par l'attribution de marchés subséquents (C) selon une procédure qui diffère selon qu'il s'agit d'un accord-cadre mono-attributaire (A) ou multi-attributaires (B), et ce pendant la durée de validité de l'accord-cadre (D).

A. La consultation du titulaire de l'accord-cadre mono-attributaire

L'attribution des marchés fondés sur un accord-cadre mono-attributaire n'est précédée d'aucune procédure particulière. Les conditions de concurrence n'existant plus, il n'y a pas lieu de procéder à des mesures de publicité ou de mise en concurrence. Tout juste est-il possible de demander au titulaire de l'accord-cadre de compléter son offre. Ce complément ne peut toutefois avoir pour effet de modifier substantiellement les caractéristiques de l'offre retenue pour l'attribution de l'accord-cadre, dans la mesure où cela modifierait la mise en concurrence initiale.

B. La remise en concurrence des titulaires de l'accord-cadre multi-attributaires

Lorsque l'accord-cadre a été attribué à plusieurs opérateurs économiques, les marchés subséquents sont précédés d'une remise en concurrence. Celle-ci est organisée soit au moment de la survenance du besoin, soit selon une périodicité prévue dans l'accord-cadre lui-même.

La procédure de remise en concurrence doit respecter les quatre impératifs suivants :

- La consultation doit être **écrite** ;
- Le **délai** doit être identique pour tous les titulaires consultés ;
- Les titulaires consultés doivent transmettre leur offre par **écrit** ;
- Le marché est attribué sur la base des **critères prévus dans l'accord-cadre**.

Il n'est pas nécessaire de procéder à des mesures de publicité, puisque les titulaires sont connus. En revanche, **tous les titulaires de l'accord-cadre** concernés par les prestations en cause doivent être consultés.

Les offres doivent être proposées conformément aux caractéristiques fixées par l'accord-cadre et les documents de la consultation propres au marché subséquent. Des variantes peuvent être présentées par les candidats lors de la conclusion des marchés si cette possibilité était prévue initialement ou si le contrat se situe dans le cadre d'une procédure adaptée.

C. L'attribution des marchés subséquents

Les marchés subséquents sont attribués **sur la base de critères énoncés dans l'accord-cadre**. Ceux-ci ne sont pas nécessairement les mêmes que ceux appliqués pour la conclusion de l'accord-cadre, même s'il peut y avoir une certaine complémentarité entre les critères d'attribution des marchés subséquents et ceux de l'accord-cadre. Ainsi, il est possible de baser l'attribution de l'accord-cadre exclusivement sur la base des critères « qualitatifs » et de baser la conclusion des marchés subséquents sur le critère unique du prix, à condition que ces modalités aient été précisées dans le cahier des charges de l'accord-cadre.

Les textes n'imposent pas que les marchés subséquents des collectivités territoriales soient soumis à l'avis de la **commission d'appel d'offres**.

Les marchés subséquents ne font pas obligatoirement l'objet d'un avis d'attribution prévu par l'article 85 du code des marchés publics. Cependant, les pouvoirs adjudicateurs ont intérêt à informer les candidats de la signature du contrat, en indiquant le nom du titulaire ainsi que les motifs ayant conduit au choix de son offre, dans la mesure où cette formalité déclenche le délai de recours d'un mois du référé contractuel (art. 85-1 du code des marchés publics). À défaut, le marché pourra être contesté jusqu'à six mois après sa conclusion.

De même, une telle notification peut constituer une mesure de publicité appropriée permettant de déclencher le délai de deux mois du recours en contestation de validité du contrat issu de la décision du Conseil d'État du 4 avril 2014 (CE, 4 avril 2014, Département du Tarn-et-Garonne, n° 358994) (cf. Leçon 21. Le contentieux de la passation).

D. La durée des marchés subséquents

Les marchés fondés sur un accord-cadre ne peuvent être conclus que pendant la durée de validité de cet accord-cadre. Leur durée d'exécution « est fixée conformément aux conditions habituelles d'exécution des prestations faisant l'objet de l'accord-cadre » (art. 76-V du code des marchés publics), c'est-à-dire en tenant compte de la nature des prestations et de la nécessité d'une remise en concurrence périodique.

L'exécution des marchés subséquents peut se poursuivre au-delà de la durée de validité de l'accord-cadre. Toutefois, elle ne doit pas se prolonger dans des conditions qui méconnaissent l'obligation d'une remise en concurrence périodique.

Repères

- L'article 1er du code des marchés publics définit ce qu'est un accord-cadre.
- L'article 76 du code des marchés publics fixe les règles applicables aux accords-cadres.
- Les directives du 31 mars 2004 définissent la notion d'accord-cadre au sens communautaire.
- Il existe une fiche explicative de la commission européenne relative aux accords-cadres CC/2005/03_rev1FR en date du 14 juillet 2005.
- Le ministère de l'économie met à disposition des acheteurs sur le site de la Direction des affaires juridiques une fiche de procédure relative à la mise en œuvre des accords-cadres.

POUR GAGNER DES POINTS

Combinaison de l'accord-cadre et des autres procédures prévues par le code

Les marchés fondés sur un accord-cadre peuvent être **des marchés à bons de commande**. Ils sont alors passés selon les règles prévues à l'article 76 du code des marchés publics, c'est-à-dire, le cas échéant, après consultation du titulaire ou remise en concurrence des titulaires de l'accord-cadre. Ils sont ensuite exécutés conformément aux dispositions de l'article 77, c'est-à-dire par l'émission de bons de commande lors de la survenance du besoin. Toutefois, les bons de commande ne peuvent être émis que pendant la durée de validité du marché subséquent, auquel ils se rattachent. Un tel dispositif permet de conjuguer la souplesse propre à l'accord-cadre et la réactivité permise par le marché à bons de commande.

Le procédé de l'accord cadre est encore plus efficace s'il est combiné à un regroupement d'acheteurs via un **groupement de commandes** (article 8 du code des marchés publics) ou une **centrale d'achat** (article 9). La mutualisation des achats peut être organisée entre plusieurs acheteurs publics via un groupement de commandes. Le groupement de commandes obéit à des règles précises de constitution. Son périmètre ne peut évoluer à compter du moment où la procédure de passation de l'accord-cadre a été lancée. Une convention constitutive du groupement, signée par chacun de ses membres, doit préciser l'engagement de chacun d'entre eux à signer avec le cocontractant retenu un marché à hauteur de ses besoins propres, tels qu'il les a préalablement définis. En fonction de ce qui est prévu par la convention, l'accord-cadre lui-même pourra être signé par tous les membres du groupement ou par le coordinateur qui aura été désigné comme tel par la convention. Les marchés subséquents pourront n'être signés que par les membres du groupement, chacun pour ce qui le concerne, ou éventuellement par le coordonnateur du groupement, si la convention de groupement en a décidé ainsi. Il permet ainsi aux membres de ces outils de mutualisation de bénéficier de d'économies d'échelle et de procédure. Les effets positifs de l'accord-cadre sont ainsi démultipliés.

Leçon 8

Les marchés négociés

La définition de la procédure négociée figure à **l'article 34** du code des marchés publics : « Une procédure négociée est une procédure dans laquelle le pouvoir adjudicateur négocie les conditions du marché avec un ou plusieurs opérateurs économiques. »

La négociation entre le pouvoir adjudicateur et les candidats à un marché public, a pour objet d'obtenir d'eux une offre économiquement et techniquement plus avantageuse que celle initialement remise.

L'objectif de la négociation est donc d'adapter financièrement et techniquement les offres aux besoins du pouvoir adjudicateur, préalablement à leur analyse finale qui permettra à ce dernier de choisir celle qui se révèle être la mieux-disante, la plus avantageuse économiquement.

Non autorisée en procédure d'appel d'offres, la négociation est toujours possible en marché à procédure adaptée (MAPA), y compris pour les marchés de travaux inférieurs au seuil de déclenchement des procédures formalisées, et les marchés de services de l'article 30 du code des marchés publics.

Dans le cadre des procédures formalisées, c'est-à-dire au-dessus des seuils européens, il ne pourra être fait usage de la procédure négociée que dans les cas prévus par les dispositions de **l'article 35** du code des marchés publics. Dans ce contexte, les articles 65 et 66 de ce même code encadrent les modalités de ces négociations.

La procédure de recours aux « marchés négociés » proprement dits était particulièrement utilisée avant la réforme du code des marchés publics de 2004. Elle s'avère moins utile depuis l'introduction en dessous des seuils européens des MAPA, qui peuvent toujours faire l'objet d'une négociation.

Il existe en effet aujourd'hui de nombreuses hypothèses (I) qui ouvrent la possibilité de recourir à la négociation, dont l'étendue est toutefois limitée (II).

I. Les hypothèses de recours aux marchés négociés

En ce qui concerne les procédures excédant les seuils des procédures formalisées, l'acheteur peut recourir à la procédure de négociation soit après une phase de publicité et de mise en concurrence (A), soit, beaucoup plus rarement, sans procéder à une publicité ni mise en concurrence (B). Il peut en revanche toujours prévoir une phase de négociation dans le cadre des marchés à procédure adaptée (C).

A. Les marchés négociés après publicité et mise en concurrence

Les dispositions de l'article 35-I du code des marchés publics prévoient quatre hypothèses dans lesquelles il est possible de recourir à une procédure négociée après que les formalités de publicité et de mise en concurrence préalables ont été accomplies.

1. Les marchés et les accords-cadres pour lesquels, après appel d'offres ou dialogue compétitif, il n'a été proposé que des offres irrégulières ou inacceptables.

Les **offres irrégulières** sont celles qui ne respectent pas les exigences posées par l'acheteur lors de la mise en concurrence (comme par exemple une offre non signée), ou qui ne contiennent pas toutes les pièces demandées (CE, 12 janvier 2011, Département du Doubs, n° 343324).

Une **offre** est regardée **inacceptable**, soit parce que les conditions qui sont prévues pour son exécution méconnaissent la législation en vigueur (non respect des règles du droit du travail par exemple), ou soit parce que son prix est trop élevé par rapport au budget alloué au projet.

Dans ces conditions l'acheteur ne peut négocier qu'avec les candidats qui ont soumis des offres respectant les exigences relatives aux délais et modalités formelles de présentation des celles-ci. Ainsi par exemple un candidat qui a déposé son offre après le délai de remise des offres ou qui a remis un pli papier alors que seules les offres dématérialisées étaient autorisées ne pourra pas être invité à négocier.

2. Les marchés de service dont la prestation est difficile à définir précisément.

L'acheteur peut recourir à la procédure des marchés négociés pour les marchés de services, notamment **les marchés de services financiers** et **les marchés de prestations intellectuelles** telles que la conception d'ouvrage, lorsque la prestation de services à réaliser est d'une nature telle que les spécifications du marché ne peuvent pas être établies préalablement avec une précision suffisante pour permettre le recours à l'appel d'offres.

3. Les marchés de travaux qui sont conclus uniquement à des fins de recherche, d'essai, d'expérimentation ou de mise au point sans finalité commerciale immédiate.

4. Dans des cas exceptionnels, pour les marchés de travaux, de fournitures ou de services **dont la nature ou les aléas qui peuvent affecter leur réalisation** ne permettent pas une fixation préalable et globale des prix.

B. Les marchés négociés sans publicité ni mise en concurrence

Les dispositions de l'article 35 II du code des marchés publics prévoient dix hypothèses dans lesquelles il peut être fait appel à une procédure de marché négocié sans publicité ni mise en concurrence.

1. Les situations « d'urgence impérieuse résultant de circonstances imprévisibles pour le pouvoir adjudicateur et n'étant pas de son fait »

Il s'agit notamment des marchés conclus pour faire face à des situations **d'urgence impérieuse liées à une catastrophe technologique ou naturelle**. Par exemple cette procédure a pu être mise en place pour réparer les dommages issus de la tempête Xynthia en 2009.

L'utilisation de cette procédure très allégée (il est également admis que la passation du marché puisse dans ce cas être confirmée par simple échange de courrier) est forcément très strictement encadrée. Une telle situation doit rendre impossible le respect des délais normaux, sa justification doit être explicitement motivée et les prestations doivent être limitées à celles strictement nécessaires pour faire face au caractère impérieux de cette urgence.

Les acheteurs publics peuvent passer des marchés négociés sans publicité ni mise en concurrence notamment pour entreprendre la réfection des **voies gravement endommagées**

(CAA Marseille, 12 mars 2007, Commune de Bollène, n° 04MA00643) ou encore rétablir le fonctionnement des réseaux (CE, 11 octobre 1985, Compagnie générale de construction téléphonique, n° 38788).

En revanche, l'urgence impérieuse ne saurait justifier la passation de marchés négociés sans mise en concurrence pour reconstruire les bâtiments publics effondrés ou réaliser de nouveaux ouvrages.

L'urgence impérieuse trouve également à s'appliquer dans certains cas limitativement énumérés par le code de la santé publique (CSP) et par le code de la construction et de l'habitation (CCH). À titre d'exemple, peuvent être négociés sans publicité ni mise en concurrence les marchés rendus nécessaires pour l'exécution d'office, en urgence, des travaux réalisés en cas de **danger ponctuel imminent pour la santé publique** (art. L. 1311-4 du CSP) ou lorsque le maire fait procéder d'office aux travaux nécessaires d'un **immeuble menaçant ruine** (art. L. 511-2 du CCH).

2. Les marchés de fournitures pour des produits fabriqués uniquement à des fins de **recherche, d'essai, d'expérimentation, d'étude ou de développement, sans objectif de rentabilité** ou de récupération des coûts de recherche et de développement.

3. Les marchés passés selon la procédure de l'appel d'offres et pour lesquels **aucune candidature ou aucune offre** n'a été déposée ou pour lesquels seules des offres inappropriées (c'est-à-dire sans rapport avec le besoin de l'acheteur) ont été déposées.

Il convient dans ce cas d'être vigilant à ce que cette absence d'offre ne cache pas en réalité une entente entre les opérateurs économiques dans l'objectif d'augmenter les prix.

4. Les **marchés complémentaires de fournitures** conclus avec le fournisseur initial pour le renouvellement partiel de fournitures ou pour l'extension d'installations existantes, lorsque le changement de fournisseur entraînerait de trop grandes difficultés et surcoût.

Cette procédure peut être utilisée notamment dans le cas où l'acquisition de matériel différent entraînerait une incompatibilité avec le matériel déjà acquis ou des difficultés techniques d'utilisation et d'entretien disproportionnées.

La durée de ces marchés complémentaires, périodes de reconduction comprises, ne peut dépasser trois ans et le montant total du marché ne peut dépasser les seuils des procédures formalisées, sauf si le marché a été passé initialement par appel d'offres.

5. Les **marchés complémentaires**, passés avec le titulaire du marché initial pour réaliser **les services ou travaux** qui sont devenus nécessaires, à la suite d'une circonstance imprévue, à l'exécution du marché initial.

Les conditions de recours à cette procédure résident dans le fait que passer un marché distinct présenterait un « inconvénient majeur pour le pouvoir adjudicateur » ou bien que ces services ou travaux sont strictement nécessaires à son parfait achèvement. Le montant cumulé de ces marchés complémentaires ne doit pas dépasser 50 % du montant du marché principal.

6. **Les marchés de services ou de travaux ayant pour objet la réalisation de prestations similaires** à celles qui ont été confiées au titulaire d'un marché précédent passé après mise en concurrence à la condition que le premier marché a indiqué cette possibilité pour la réalisation de prestations similaires.

La mise en concurrence initiale doit également avoir pris en compte le montant total envisagé, y compris celui des nouveaux services ou travaux. La durée pendant laquelle les nouveaux marchés peuvent être conclus ne peut dépasser trois ans à compter de la notification du marché initial.

7. Les marchés services qui sont attribués à un ou plusieurs lauréats d'un **concours**.

Cette procédure s'explique par le fait que la mise en concurrence a déjà été effectuée dans le cadre des articles 38 et 70 du code des marchés publics. Tous les lauréats doivent être invités à négocier.

8. Les marchés qui ne peuvent être confiés qu'à un opérateur économique déterminé pour des raisons techniques, artistiques ou tenant à la protection de droits d'exclusivité.

Cette procédure est classique et souvent utilisée, parfois à tort.

L'acheteur doit être en capacité de démontrer qu'un seul opérateur est capable de répondre à son besoin (CE, 8 novembre 2000, Commune de Baie-Mahault, Sté Roddlams, n° 149404). Pour ce faire les **brevets ou les licences exclusives** d'exploitation constituent des éléments probants ; en revanche, dans le cas de la réhabilitation d'un bâtiment existant, le droit moral au respect de l'œuvre de l'architecte ne lui confère pas un droit d'exclusivité pour des travaux de modifications de l'ouvrage (CE, 13 juillet 2007, Syndicat d'agglomération nouvelle Ouest Provence c/ Préfet des Bouches du Rhône, n° 296096).

9. Les marchés ayant pour objet l'achat de matières premières cotées et achetées en bourse.

10. Les marchés ayant pour objet l'achat de **fournitures à des conditions particulièrement avantageuses**, soit auprès d'un fournisseur en cessation définitive d'activité, soit auprès des liquidateurs d'une faillite ou d'une procédure de même nature.

C. Les marchés négociés dans le cadre des MAPA

Le recours à la négociation est toujours possible dans le cadre des MAPA définis par les articles 28 et 30 du code des marchés publics. Elle est même souvent vivement recommandée.

Pour y recourir, il convient néanmoins de mentionner expressément cette hypothèse ainsi que les conditions de son déroulement dans les documents de mise en concurrence que constituent l'avis de publicité et/ou le règlement de la consultation.

II. Les négociations

Les négociations ont pour objet d'introduire des éléments nouveaux par rapport à l'éventuelle mise concurrence initiale. Par conséquent l'acheteur doit respecter les grands principes de la commande publique (A) et être très vigilant dans la mise en œuvre des négociations tant en ce qui concerne les candidats qu'il invite à négocier (B), que dans le déroulement (C), le contenu (D) de celles-ci.

A. Les principes à respecter lors de la négociation

Les grands principes de commande publique énoncés à l'article 1er du code des marchés publics s'imposent à l'ensemble des marchés publics, y compris aux marchés négociés et aux marchés passés selon une procédure adaptée (cf. Leçon 3. Les grands principes des marchés publics).

Par conséquent, la négociation doit se conformer à un certain nombre d'exigences :

- **Le principe de transparence** des procédures exige d'annoncer dans le règlement de la consultation que le pouvoir adjudicateur qu'il prévoit de recourir à la négociation et de préciser, le cas échéant, si les négociations se dérouleront avec tous les candidats ou uniquement les candidats dont les offres sont susceptibles de répondre au mieux aux besoins de l'acheteur public ainsi que la forme qu'elles prendront (courriels, courriers, entretiens…) ou encore **définir en amont un nombre de candidats admis à négocier**.
- Le respect de **l'égalité de traitement des candidats** suppose l'information égale de tous les candidats entrant dans le cadre de la négociation sur son déroulement et les points précis sur lesquels cette négociation est menée.
- Le respect des **principes de confidentialité des offres** et de secret industriel et commercial interdit au pouvoir

adjudicateur de communiquer la proposition d'un candidat aux concurrents lors de la consultation. Il ne doit en conséquence ni mettre en relation les candidats ni divulguer le contenu des propositions.

- La **traçabilité de la négociation** invite à conserver une trace écrite des négociations (mails, télécopies, courriers...) et de formaliser l'ensemble des échanges oraux dans un procès-verbal de négociation.

B. Les candidats invités à négocier

Selon la méthodologie mentionnée par le pouvoir adjudicateur dans le règlement de la consultation, la négociation peut concerner **l'ensemble des candidats**, ou **seulement certains**.

Dans le premier cas le pouvoir adjudicateur négocie avec l'ensemble des candidats ayant remis une offre déclarée recevable à l'issue d'une première analyse ; dans le second, seul un nombre limité d'offres sélectionnées lors de la première analyse sont négociées. Dans ce cas, le pouvoir adjudicateur doit indiquer les critères sur le fondement desquels il sélectionnera les entreprises admises à négocier, en indiquant leur nombre. Conformément au I de l'article 65 du code des marchés publics ce nombre, indiqué dans l'AAPC, ne peut être inférieur à trois. La sélection s'appuie sur les critères d'analyse de la recevabilité des candidatures (exigences minimales, niveaux requis) définis dans l'AAPC.

Dans le cadre des MAPA, il convient de souligner qu'aucun texte ne fixe un nombre minimum de candidats à retenir pour la négociation. L'acheteur peut également négocier avec les candidats ayant remis des offres irrégulières, inacceptables, voire même inappropriées.

En revanche dans le cadre des procédures formalisées, seules les offres irrégulières ou inacceptables peuvent devenir régulières dans le cadre des négociations tandis que les offres inappropriées ne peuvent évoluer (CE, 30 novembre 2011, ministre de la Défense et des Anciens Combattants, n° 353121).

C. Le déroulement des négociations

1. Pour les marchés passés selon une procédure négociée en vertu de l'article 35 du code des marchés publics

Comme son nom l'indique, la négociation en procédure négociée est obligatoire. Il ne s'agit donc pas d'une « option de procédure » que le pouvoir adjudicateur pourrait mobiliser suite à la lecture des offres initiales, pressentant pouvoir en tirer quelque bénéfice ou quelque amélioration en discutant avec tel ou tel candidat.

Il appartient au pouvoir adjudicateur de définir dans le règlement de la consultation les conditions dans lesquelles se dérouleront les négociations. Deux types de négociations peuvent être envisagés : la négociation simple ou la négociation par phases successives.

La procédure négociée simple

- La procédure négociée simple sans limitation du nombre de candidats : le pouvoir adjudicateur, après analyse de la recevabilité des candidatures, invite **tous les candidats** ayant remis une candidature jugée recevable à négocier, hormis ceux ayant remis une offre inappropriée.
- La procédure négociée simple avec limitation du nombre de candidats : celle-ci consiste à sélectionner un **nombre restreint de candidats** lors de la phase d'examen des candidatures.

La procédure négociée en phases successives

Après l'éventuelle sélection des candidats admis à négocier, la procédure peut se dérouler en phases successives aux termes desquelles certaines offres sont écartées par application des critères de sélection établis conformément au I de l'article 53 du code des marchés publics. Les modalités d'élimination doivent être expressément mentionnées au règlement de la consultation.

Lorsque le pouvoir adjudicateur estime que les négociations sont arrivées à leur terme, il invite les candidats à remettre leur offre finale.

L'analyse des offres initiales, puis finales, s'effectue sur la base des critères mentionnés dans le règlement de la consultation.

2. Marchés à procédures adaptées

Dans le cadre des MAPA les conditions du déroulement de la négociation doivent être prévues dans les documents de mise en concurrence que constituent l'avis de publicité et/ou le règlement de la consultation.

La procédure pourra être identique aux règles établies par le code pour les marchés négociés (articles 65 et 66) ou prévoir d'autres dispositions particulières.

L'une des méthodes possibles consiste notamment à fixer un seuil d'admissibilité à négocier à l'issue d'une première analyse des offres. Ce seuil correspond à une note minimale « qualifiant » l'offre à la phase de négociation.

D. Le contenu de la négociation

La négociation peut porter sur tout point jugé utile par le pouvoir adjudicateur pour obtenir l'offre économiquement la plus avantageuse et peut concerner notamment :

- **Les conditions financières** : prix, clauses de révision, délais de paiement plus favorables aux délais maximum de paiement, pénalités, etc.
- **Les aspects techniques** : quantités, qualité des prestations, etc.
- **Les modalités d'exécution** : délais de livraison, garanties, etc.

Toutefois, l'article 66 du code précise que la négociation « ne peut porter sur l'objet du marché ni modifier substantiellement les caractéristiques et les conditions d'exécution du marché telles qu'elles sont définies dans les documents de la consultation ». Elle ne doit donc **pas avoir pour effet de modifier l'objet du marché ou les caractéristiques de la mise en concurrence**. Notamment, la négociation ne peut pas aboutir à l'abandon d'un critère en cours de procédure (CE, 27 avril 2011, Président du Sénat, n° 344244).

À l'issue de la négociation le candidat doit formaliser sa nouvelle offre, comportant les éléments négociés dans le cadre d'une offre dite « finale ».

Repères

- Les possibilités de recours aux marchés négociés dans le cadre des procédures formalisées sont limitativement énumérées par l'article 35 du code des marchés publics.
- Les dispositions de l'article 35-I du code des marchés publics prévoient les hypothèses de marchés négociés après publicité et mise en concurrence.
- Les dispositions de l'article 35 II du code des marchés publics prévoient les hypothèses de marchés négociés sans publicité ni mise en concurrence.
- Les conditions des négociations sont strictement encadrées par les articles 65 et 66 du code des marchés publics.
- Le recours à la négociation est toujours possible et plus souple dans le cadre des marchés à procédure adaptée.

Pour gagner des points

Les auditions dans le cadre de la négociation

La négociation peut être menée par tous moyens. Elle peut se faire par échange de courriers, de mails, de télécopies et / ou par une audition des candidats. Dans ce dernier cas, l'audition doit avoir été expressément prévue dans les documents de la consultation.

Si le pouvoir adjudicateur envisage une audition, il lui revient d'apporter une attention particulière à la traçabilité des séances, une liste de questions pourra ainsi être préétablie et communiquée aux candidats. L'acheteur gagnera à la rédaction de comptes rendus exhaustifs, reprenant les points évoqués, contresignés par les candidats auditionnés. Il devra veiller à accorder le même temps d'audition pour chaque candidat et s'abstenir de mener les négociations avec plus d'un candidat par séance.

Leçon 9

Le dialogue compétitif et les marchés de conception-réalisation

I. Le dialogue compétitif
II. Les marchés de conception-réalisation

Sous l'impulsion des directives communautaires, des exigences croissantes en matière environnementales et des évolutions technologiques et juridiques, le code des marchés publics s'est vu enrichi de nouvelles procédures.

Ne seront étudiées ici de manière approfondie que les procédures les plus utilisées que sont le dialogue compétitif (article 36 du code des marchés publics) (I) pour faire face aux opérations complexes, et la procédure du marché de conception réalisation qui lie maîtrise d'œuvre et travaux (article 37 du code des marchés publics) (II).

Il convient de garder à l'esprit qu'il existe également d'autres procédures, peu usitées, notamment **la procédure des contrats globaux sur performance**, prévus par l'article 73 du Code des marchés publics dans le cadre de la mise en œuvre de l'article 5 de la loi « Grenelle I » du 3 août 2009. Dans l'objectif de réduire les consommations d'énergie peuvent être conclus des marchés de réalisation et d'exploitation ou de maintenance voire des marchés englobant conception, réalisation et exploitation ou maintenance.

L'article 74 du code des marchés publics prévoit également une procédure spécifique pour les **marchés de maîtrise d'œuvre**. Il s'agit des marchés qui ont pour objet, en vue de la réalisation d'un ouvrage ou d'un projet urbain ou paysager, l'exécution d'un ou plusieurs missions d'études ou de pilotage du chantier, les missions d'architecte. Les marchés de maîtrise d'œuvre d'un montant égal ou supérieur aux seuils de procédure formalisée sont passés selon la procédure du **concours**.

Les directives européennes du 26 février 2014 créent la procédure de **partenariat d'innovation** ayant pour objet la recherche et le développement ainsi que l'acquisition de fournitures, services et travaux innovants.

I. Le dialogue compétitif

Le dialogue compétitif est une procédure récente de passation des marchés publics. Cette procédure d'origine communautaire a été introduite par la directive 2004/18/CE du 31 mars 2004. Lors de la réforme de 2004, elle est venue remplacer la procédure dite « d'appel d'offres sur performances ».

La définition du dialogue compétitif (A) illustre que cette procédure se révèle particulièrement appropriée pour des achats particulièrement complexes (B) grâce aux différentes phases prévues dans le cadre de sa passation (C).

A. La définition du dialogue compétitif

L'article 36 du code des marchés publics définit le dialogue compétitif comme : « une procédure dans laquelle le pouvoir adjudicateur conduit un dialogue avec les candidats admis à y participer en vue de définir ou de développer une ou plusieurs solutions de nature à répondre à ses besoins et sur la base de laquelle ou desquelles les participants au dialogue seront invités à remettre une offre. »

Le dialogue compétitif va donc plus loin que la procédure de marché négocié en offrant la possibilité pour l'acheteur de **co-élaborer avec des opérateurs** économiques des solutions qui peuvent répondre à ses besoins et qu'il n'avait pas initialement envisagées.

B. Les domaines les plus adaptés aux dialogues compétitifs

Le recours à la procédure de dialogue compétitif est possible lorsqu'un marché public est considéré comme **complexe**.

En vertu du code, un marché peut être considéré comme « complexe » lorsqu'au moins l'une des conditions suivantes est remplie :

- Le pouvoir adjudicateur n'est objectivement pas en mesure de définir seul et à l'avance les moyens techniques pouvant répondre à ses besoins ;
- Le pouvoir adjudicateur n'est objectivement pas en mesure d'établir le montage juridique ou financier d'un projet.

La directive 2004/18/CE donne quant à elle la même définition de la complexité d'une opération justifiant le recours à cette procédure.

En pratique, le dialogue compétitif est souvent utilisé pour les **projets informatiques** ou pour des **projets artistiques ou de communication** pour lesquels l'acheteur ne dispose pas, *ab initio* d'une visibilité suffisante.

L'intérêt d'une telle procédure par rapport à un appel d'offres est de ne pas circonscrire les offres dans des spécifications techniques précises et de permettre une prise en compte plus complète des possibilités techniques, financières ou juridiques, existantes. Surtout, elle permet de **favoriser l'innovation** dans les solutions proposées.

La procédure de dialogue compétitif peut également être utilisée pour des contrats de partenariat, des baux emphytéotiques hospitaliers, etc.

C. La procédure du dialogue compétitif

Le dialogue compétitif se déroule en trois phases décrites par les dispositions de **l'article 67** du code des marchés publics.

1. La sélection des candidatures

Le pouvoir adjudicateur fixe dans l'avis de publicité **le nombre de candidats** qui seront admis au dialogue. Les candidatures sont sélectionnées en fonction des garanties et des capacités techniques et financières, ainsi que les références professionnelles des candidats.

Le nombre minimal de candidats admis à présenter une offre ne peut être inférieur à **trois**. Si le nombre de candidats satisfaisant aux critères de sélection des candidatures est inférieur à ce minimum, la procédure peut néanmoins continuer.

Au stade la publicité, l'acheteur établit un **programme fonctionnel** qui définit les grandes orientations de son projet. Il doit y décrire ses attentes et les résultats qu'il veut atteindre.

2. Le dialogue et la présentation des offres par les entreprises

L'acheteur invite par écrit les candidats sélectionnés à participer au dialogue. Ceux-ci présentent des solutions qui leur paraissent le mieux répondre au programme fonctionnel. Ces propositions peuvent être modifiées ou améliorées en fonction des demandes de l'acheteur ou des propositions du candidat.

À l'issue de chaque phase, l'acheteur public peut écarter les propositions des candidats qui se révèlent inadaptées à son besoin en fonction des critères fixés dans la publicité. Il en informe alors le ou les candidats concernés et poursuit le dialogue avec les candidats restants.

Le pouvoir adjudicateur peut organiser autant de **phases de dialogue** successives qu'il l'estime nécessaire. Celles-ci devront toutefois respecter les règles d'égalité de traitement, de traçabilité et de transparence, de confidentialité et de respect du secret professionnel et commercial prévues notamment dans le cadre des marchés négociés.

3. Le choix des offres

Lorsque le pouvoir adjudicateur estime que le dialogue est arrivé à son terme il invite les candidats à proposer une **offre finale** qui devra correspondre à ses attentes. Seule cette offre définitive engage juridiquement le candidat.

L'offre qui présentera le plus d'avantages économiques pour le pouvoir adjudicateur sera retenue sur la base des critères de sélections annoncés en début de procédure.

Lorsque la conception de propositions occasionne d'importantes dépenses pour les candidats, le pouvoir adjudicateur peut prévoir des primes ou le paiement d'indemnités pour les candidats afin d'encourager la concurrence (article 29 de la directive 2004/18/CE).

II. Les marchés de conception-réalisation

La loi n° 85-704 du 12 juillet 1985 relative à la maîtrise d'ouvrage publique, dite loi MOP, interdit en principe d'attribuer un marché comportant à la fois des missions de maîtrise d'œuvre, soit des missions de conception, concomitamment à des missions portant la réalisation des équipements publics.

Le recours à des marchés de conception-réalisation, tels que définis par le code des marchés publics (A) constitue donc une dérogation, possible sous certaines conditions (B) et selon certaines règles de procédure (C).

A. La définition des marchés de conception-réalisation

La procédure de conception-réalisation est définie par l'article 37 du code des marchés publics. Il s'agit d'une procédure dérogatoire de marché public, strictement encadrée, et par laquelle la conception, c'est-à-dire les études, et la réalisation, soit l'exécution d'un projet, sont confiées à un seul et même groupement d'opérateurs économiques.

Le marché de conception-réalisation est **un marché de travaux**, dans la mesure où il a pour objet principal la réalisation d'un ouvrage d'infrastructure.

B. Les conditions de recours à la procédure de conception-réalisation

Le recours à la conception-réalisation doit répondre à certaines conditions.

De façon générale, le pouvoir adjudicateur soumis à la loi du 12 juillet 1985 précitée ne peut recourir à un marché de conception-réalisation que **pour des raisons techniques** ou si les objectifs **d'amélioration des performances énergétiques** nécessitent que l'entrepreneur soit associé aux études du projet et cela quel que soit le montant du marché.

1. Les motifs techniques

Les justifications techniques liées à la destination ou à la mise en œuvre technique du projet peuvent porter sur deux types d'opérations :

- les opérations présentant des caractéristiques intrinsèques (dimensions exceptionnelles, difficultés techniques particulières) nécessitant une exécution exigeant des

moyens et une technicité particulière de la part des entreprises ;
- les opérations ayant une production dont le processus conditionne la conception, la réalisation et la mise en œuvre de l'ouvrage.

Peut par exemple faire l'objet d'un marché de conception-réalisation la construction d'un parking souterrain entraînant d'importantes difficultés, liées à la grande profondeur de l'ouvrage, à la proximité de nappes phréatiques et à l'utilisation éventuelle d'explosifs (TA Lyon, 14 juin 1996, M. Chamberlain c/conseil régional de l'ordre des architectes de Rhône-Alpes, n° 9602420).

Ne peuvent, en revanche, pas faire l'objet d'un tel marché la réalisation d'un complexe sportif qui, malgré une superficie très importante, « ne présente toutefois pas des dimensions exceptionnelles pouvant être regardées comme constituant un motif d'ordre technique au sens des dispositions du code des marchés publics » (CAA Nancy, 5 août 2004, M. Delrez c/commune de Metz, n° 01NC00110). Il en va de même pour les travaux d'extension et de restructuration d'un collège (CE, 28 décembre 2001, conseil régional de l'ordre des architectes c/département du Puy-de-Dôme, n° 221649).

L'interprétation de cette dérogation est donc strictement encadrée par le juge pour qui **l'urgence n'est jamais un motif justifiant le recours au marché de conception-réalisation** (CE, 17 mars 1997, Syndicat national du béton armé, des techniques industrialisées et de l'entreprise générale, n° s 155573, 155574 et 155575.)

2. Les motifs liés à des objectifs d'amélioration de l'efficacité énergétique d'un ouvrage

L'engagement contractuel sur un niveau d'amélioration de l'efficacité énergétique rendant nécessaire l'association de l'entrepreneur aux études de l'ouvrage peut justifier le recours à la conception-réalisation en vertu des dispositions de la loi « Grenelle II » du 12 juillet 2010.

Ce cas de recours au marché de conception-réalisation ne concerne que les opérations de travaux **sur des bâtiments existants**

3. Des dérogations pour certains marchés

De façon dérogatoire, il peut directement être fait recours à la procédure de conception-réalisation sans justification de buts de performances énergétiques ou techniques considérables. Toutefois, cette exception se limite à des marchés clairement définis.

Il s'agit des marchés du ministère de l'Intérieur pour la **police et/ou la gendarmerie nationales** (article 3 de la loi n° 2002-1094 du 29 août 2002 d'orientation et de programmation pour la sécurité intérieure, dite LOPSI) ; du ministère de la Justice pour la construction **d'infrastructures judiciaires et pénitentiaires** (article 3 de la loi n° 2002-1138 du 9 septembre 2002 d'orientation et de programmation pour la justice). Cette mesure concerne en outre les marchés pour la **construction de logements sociaux** aidés par l'État (article 110 de la loi n° 2009-323 du 25 mars 2009 de mobilisation pour le logement et la lutte contre l'exclusion) et les marchés des **établissements publics de santé** (article L6148-7 du code de la santé publique).

4. Le titulaire du marché de conception-réalisation doit être un groupement d'opérateurs économiques

L'article 37 du code des marchés publics (et l'article 18 de la loi MOP) précise que le titulaire du marché de conception-réalisation d'un bâtiment doit être un groupement d'opérateurs économiques alors que celui d'un marché pour un ouvrage d'infrastructures peut être un seul opérateur économique.

En effet, en vertu de la loi n° 77-2 du 3 janvier 1977 sur l'architecture, seul un architecte peut élaborer le projet architectural d'un ouvrage soumis à la législation du permis de construire. Dès lors, le marché de conception-réalisation pour un ouvrage de bâtiment devra être confié à un groupement comprenant nécessairement et au minimum **un architecte et un entrepreneur**.

C. La procédure de passation des marchés de conception-réalisation

Le déroulement des procédures de passation des marchés de conception-réalisation est prévu à l'article 69 du code des marchés publics.

Au-dessus du seuil communautaire applicable aux marchés de travaux, le marché de conception-réalisation doit faire l'objet d'une **procédure d'appel d'offres restreint** (article 69-I) (cf. Leçon 5. Les appels d'offres). Au-delà de 5 000 000 € HT, les marchés de conception-réalisation sont passés selon la procédure de l'appel d'offres restreint sous réserve de l'organisation de deux dispositions dérogatoires : l'intervention d'un jury et l'audition des candidats.

Pour les opérations de réhabilitation, les marchés de conception-réalisation peuvent être passés selon la procédure du **dialogue compétitif** si les conditions de recours à cette procédure sont remplies (cf. supra).

En dessous du seuil communautaire le marché est passé selon une procédure adaptée (article 69-III).

Quelle que soit la procédure utilisée, si les documents de la consultation ont prévu la remise de prestations, une **prime doit être accordée aux candidats**.

Repères

- Le dialogue compétitif est une procédure prévue depuis 2004 dans le code des marchés publics.
- L'article 36 du code des marchés publics définit la notion de dialogue compétitif.
- La procédure du dialogue compétitif est régie par l'article 67 du code des marchés publics.
- La procédure de dialogue compétitif est décrite par une fiche explicative de la Direction générale « Marchés intérieur et Service » de la commission européenne (CC/2005/04) du 5 octobre 2005.
- Les marchés de conception réalisation sont prévus par l'article 37 du code des marchés publics par dérogation à la loi n° 85-704 du 12 juillet 1985 relative à la maîtrise d'ouvrage publique, dite loi MOP.
- Le déroulement de la procédure relative aux marchés de conception réalisation figure à l'article 69 du code des marchés publics.
- Le ministère de l'économie met à disposition des acheteurs sur le site de la Direction des affaires juridiques une fiche de procédure relative à la procédure de conception réalisation (mise à jour le 17/09/2012).

Pour gagner des points

Un exemple concret : le recours au dialogue compétitif pour mettre en place un « musée passager »

La région Île-de France souhaitait passer un marché de « conception, réalisation et suivi d'une manifestation culturelle éphémère et itinérante, constituée d'expositions d'art contemporain dans l'espace public en Ile-de-France ». Initialement, les services régionaux ne savaient précisément ni où allaient se tenir les manifestations ni quelle forme exacte celles-ci allaient prendre.

Le recours à la variante pour la réalisation d'un espace de présentation des œuvres, modulable et mobile, n'apparaissait pas opportun et adapté à leurs attentes. En effet, il leur était délicat de définir dès le début de la procédure leur besoin avec précision (présentation des œuvres sur les 8 départements en simultané ? présentation itinérante ? volume des structures ? capacité d'accueil ?). Il paraissait dès lors impossible que les candidats puissent dans un délai relativement court établir des propositions pertinentes et clairement définies techniquement.

Par ailleurs, si le recours au marché négocié permettait de faire évoluer les offres des candidats, il ne pouvait les autoriser à modifier celles-ci de manière substantielle ; ce qui leur laissait une marge de manœuvre relativement faible pour adapter au mieux ces propositions afin de disposer d'un dispositif original et spécifique propre à la Région.

Le recours au dialogue compétitif a donc été retenu comme la solution la plus intéressante. Le dialogue avec les candidats a permis de définir et préciser les attentes du pouvoir adjudicateur et de co-élaborer un cahier des clauses techniques particulières définitif.

Partie 3

La passation des marchés publics

Cette partie a pour objet de présenter les différentes étapes nécessaires à la passation des marchés publics.

Réussir la passation d'un marché public, c'est-à-dire choisir le bon attributaire et s'assurer d'une exécution conforme aux besoins de l'acheteur public nécessite au préalable de bien définir son besoin (leçon 10). Cette étape cruciale, trop souvent sous-estimée permet de définir quelle publicité et mise en concurrence mettre en place (leçon 11). Par la suite, elle permet à l'acheteur de se livrer à une analyse pertinente des candidatures et des offres (leçon 12) afin d'attribuer le marché au meilleur opérateur économique (leçon 13).

Leçon 10
La définition du besoin

Une définition précise du besoin est une étape préalable et primordiale de la passation d'un marché. Cette évaluation qui doit permettre de définir de la manière la plus fine possible les caractéristiques et le montant du marché détermine d'abord le choix de la procédure à mettre en œuvre.

Cette phase de définition des besoins entraîne également la description précise des prestations attendues dans les documents de publicité ; il s'agit donc d'un élément clef de comparaison des offres et de traitement égalitaire des candidats. Enfin cette description préalable détaillée permet la bonne exécution du marché et partant la réussite ultérieure de celui-ci.

En outre et depuis 2006, la définition des besoins doit prendre en compte les exigences du **développement durable** et, en particulier, les exigences sociales et environnementales (cf. Partie 7. Les marchés publics responsables). Ces exigences peuvent être appréhendées par référence à des labels ou à leur équivalent.

La bonne définition des besoins en amont n'est par conséquent pas uniquement une exigence juridique. Souvent minorée par les acheteurs par manque de temps cette étape préalable obéit à des modalités précises (I), elle peut néanmoins être contournée en cas de réelle impossibilité de définir préalablement son besoin (II).

I. Les modalités de définition du besoin

Pour être efficace, la définition par l'acheteur de son besoin doit être précise (A), en se référant par exemple à des spécifications techniques (B). Enfin, l'acheteur doit correctement déterminer le niveau et la quantité des besoins à satisfaire (C).

A. La définition du besoin doit être précise

Le I de l'article 5 du code des marchés publics prévoit que « **La nature et l'étendue des besoins à satisfaire sont déterminées avec précision** avant tout appel à la concurrence ou toute négociation non précédée d'un appel à la concurrence en prenant en compte des objectifs de développement durable. Le ou les marchés ou accords-cadres conclus par le pouvoir adjudicateur ont pour objet exclusif de répondre à ces besoins. »

L'étape de définition des besoins constitue donc le préalable nécessaire à la passation de tout marché public. Elle permet d'élaborer les documents de publicité et de consultation des entreprises.

Hormis certains cas traités infra, les procédures formalisées imposent la rédaction d'un **cahier des charges** avant le lancement de la procédure de passation. C'est dans ce document que l'acheteur formalise la nature et l'étendue des besoins qu'il cherche à satisfaire.

En procédure adaptée (MAPA), la rédaction d'un cahier des charges n'est pas obligatoire, mais les besoins doivent avoir été définis avec suffisamment de précision. Ce qui se traduit, en pratique, par la **rédaction d'un descriptif** qui, le cas échéant, pourra être succinct.

Pour être efficace, l'expression des besoins nécessite :

- l'analyse des besoins fonctionnels des services ou des travaux à réaliser sur la base, par exemple, d'états de consommation antérieure ou d'opération similaires ;
- la bonne connaissance du marché et des fournisseurs, qui peut s'appuyer, par exemple, sur la participation de l'acheteur à des salons professionnels ou sur de la documentation technique ;
- dans la mesure du possible, l'adoption d'une démarche en coût global prenant en compte, non seulement le prix à l'achat, mais aussi les coûts de fonctionnement et de maintenance associés à l'usage du bien ou de l'équipement acheté.

Ainsi, la réflexion sur le besoin doit elle être précise et fait l'objet d'un contrôle par le juge. À ce titre, la sous-estimation des quantités du marché a pu être considérée comme un manquement à la définition des besoins (CE, 29 juillet 1998, commune de Léognan, n° 190452).

Par conséquent, il ne saurait être renvoyé à un dispositif ultérieur pour la définition de certains besoins (CE, 8 août 2008, région Bourgogne, n° 307143) ni à la possibilité pour les candidats de proposer des « services annexes » non définis (CE, 15 décembre 2008, communauté urbaine de Dunkerque, n° 310380).

Les directives européennes de 2014 encouragent le « **sourcing** » en autorisant des consultations préalables, par les acheteurs publics, auprès des acteurs économiques qui les aideront à définir plus efficacement leurs besoins.

B. La référence à des spécifications techniques

1. Les techniques de description des prestations attendues

Le pouvoir adjudicateur doit définir ses besoins en recourant à des spécifications précises. Ces spécifications sont des prescriptions techniques, qui décrivent les caractéristiques d'un produit, d'un ouvrage ou d'un service.

Pour ce faire, l'acheteur a le choix entre :

- **se référer à des normes** ou à d'autres documents préétablis approuvés par des organismes reconnus, notamment par des instances professionnelles en concertation avec les autorités publiques nationales ou communautaires. Il peut s'agir d'un **agrément technique européen**, d'une spécification technique commune ou d'un **référentiel technique**.
- exprimer les spécifications techniques, en termes de **performances à atteindre** ou **d'exigences fonctionnelles**. Par exemple, pour un marché de vêtements de pompiers, le pouvoir adjudicateur peut exiger, au titre des spécifications techniques, un tissu résistant à un degré très élevé de chaleur ou résistant à une pression d'eau particulière, avec un poids maximal.

L'acheteur peut combiner les deux catégories de spécifications techniques. Ainsi, pour un même produit, service ou type de travaux, il peut faire référence à des normes pour certaines caractéristiques et à des performances ou exigences fonctionnelles pour d'autres. Il peut également définir ses spécifications techniques en prenant en compte les exigences de protection de l'environnement, notamment en se référant à des écolabels.

2. Ces spécifications techniques ne doivent pas porter atteinte à l'égalité des candidats

L'acheteur peut demander des informations sur les conditions de fabrication des produits. Il peut notamment, afin de mieux connaître ces conditions, demander des informations sur l'origine des produits. Toutefois, les grands principes de la commande publique s'opposent à ce qu'il exige un mode de fabrication particulier ou une origine déterminée.

Les spécifications techniques ne peuvent pas non plus mentionner **une marque, un brevet ou un type**, qui auraient pour objet ou pour effet de favoriser ou d'écarter certains produits ou productions et de rompre l'égalité d'accès à la commande publique. L'acheteur peut toutefois y recourir à titre exceptionnel lorsqu'il lui est impossible de donner autrement une description technique précise de l'objet du marché et à la condition expresse que ces références soient accompagnées de la mention « ou équivalent » (CE, 11 septembre 2006, commune de Saran, n° 257545).

C. Le niveau de détermination des besoins

1. Les acheteurs sont libres de différencier le niveau de leurs besoins

Il appartient à chaque personne publique de choisir dans le cadre de sa politique d'achat à quel niveau ses besoins doivent être appréciés. Ce choix du niveau de détermination des besoins est **libre** et résulte des textes d'organisation internes. Il est distinct du niveau auquel les seuils de déclenchement des procédures sont appréciés (cf. Leçon 4 : Les MAPA sur la computation des seuils).

Un ministère, une collectivité territoriale ou un établissement public peuvent ainsi décider que leurs besoins sont définis au niveau des directions ou des services qui les composent. Par conséquent, il peut y avoir plusieurs pouvoirs adjudicateurs au sein d'une même collectivité publique. La notion de pouvoir adjudicateur est distincte de celle de personne morale.

Pour l'État, par exemple, plusieurs autorités administratives agissant en son nom peuvent avoir la qualité de pouvoir adjudicateur : assemblées parlementaires, autorités administratives indépendantes, ministères, juridictions... (CJCE, 17 septembre 1998, Commission c/Royaume de Belgique, aff. C-323/96, CE Ass., 5 mars 1999, président de l'Assemblée nationale, n° 163328). Pour les collectivités territoriales, il relève de la responsabilité de l'exécutif local de définir le niveau auquel les besoins sont appréciés. Le recensement des besoins dépend alors du statut juridique de chaque entité.

2. Les acheteurs publics peuvent regrouper leurs besoins

À l'inverse, **la coordination de commandes** prévue par l'article 7 du code des marchés publics permet à un pouvoir adjudicateur de coordonner les achats de ses différents services. Un ministère peut donc passer un marché ou un accord-cadre au niveau central, pour son compte et celui d'autres services de l'État. Afin de faciliter la coordination des achats entre une administration centrale et ses services déconcentrés, il est possible par exemple de conclure **un marché à bons de commande** passé au niveau central et exécuté (par émission des bons de commande) au niveau déconcentré (cf. Leçon 6. les marchés à bons de commande).

Les groupements de commandes prévus par les dispositions de l'article 8 du code des marchés publics sont dépourvus de personnalité morale et permettent aux acheteurs publics de coordonner et de regrouper leurs achats. Ceci leur permet notamment de réaliser des économies d'échelle et obtenir des prix plus compétitifs. Ils leur permettent également de se regrouper, pour choisir le ou les mêmes prestataires. Ils peuvent concerner tous les types de marchés (cf. Leçon 7. Les accords-cadre).

L'acheteur peut également recourir à une **centrale d'achat**, au lieu de lancer lui-même une procédure de passation. Le recours direct à une centrale d'achat est prévu par l'article 9 du code des marchés publics, à la condition que la centrale d'achat respecte elle-même les règles de publicité et de mise en concurrence imposées par le code ou par l'ordonnance n° 2005-649 du 6 juin 2005. Un pouvoir adjudicateur, tel qu'un établissement public ou une collectivité territoriale, peut décider de se constituer en centrale d'achat et passer des marchés pour le compte d'autres organismes publics.

II. Les solutions en cas d'impossibilité de définition précise du besoin

L'exigence de définition des besoins peut être plus ou moins facile à satisfaire, selon la visibilité et la capacité d'anticipation dont dispose l'acheteur lors du lancement du marché sur la prestation qu'il attend.

Face aux incertitudes qui pèsent sur les acheteurs publics quant à l'étendue de leur besoin ou à la difficulté technique de les définir avec précision en avance, le code des marchés publics prévoit un certain nombre de procédures qui laissent à l'acheteur de la souplesse soit dans l'exécution du marché, soit dans la phase de passation et de définition des offres (A). Le code permet également d'intégrer quelques marges d'incertitudes dans les procédures de droit commun (B).

A. Les procédures qui prennent en compte l'incapacité de l'acheteur à définir précisément son besoin

1. Les marchés à bons de commande

Cette procédure permet à l'acheteur de faire face aux **incertitudes** pesant sur l'étendue exacte de ses besoins, notamment **en matière de quantité**. Prévue par les dispositions de l'article 76 du code des marchés publics, elle permet à l'acheteur d'émettre des bons de commande au fur et à mesure de la survenance de ses besoins. Pour donner encore plus de souplesse, ces contrats peuvent être conclus sans minimum ni maximum (cf. Leçon 6. Les marchés à bons de commande).

2. Les accords-cadre

Ils sont également prévus par les dispositions de l'article 76 du code des marchés publics et autorisent l'acheteur à ajuster la réponse aux besoins, à mesure de l'apparition de ceux-ci. Lors de remises en concurrence régulières entre des opérateurs pré-sélectionnés, l'acheteur peut procéder à un ajustement **quantitatif mais également technique de son besoin**, notamment dans le cas d'évolution technologique. Là encore, ces contrats peuvent être conclus sans minimum ni maximum (cf. Leçon 7. Les accords-cadres).

3. Le dialogue compétitif

Lorsque l'acheteur n'est pas capable de définir préalablement et précisément les moyens propres à satisfaire ses besoins, il peut recourir à la procédure du dialogue compétitif. Il n'est pas tenu de rédiger un cahier des charges complet, ni définitif. La consultation est alors lancée sur la base du **projet partiellement défini** ou du programme fonctionnel (article 67 du code des marchés publics). En dialogue compétitif, le besoin est co-défini avec les candidats et tous les éléments du contrat peuvent faire l'objet d'une négociation (cf. Leçon 9. Le dialogue compétitif et les marchés de conception réalisation).

4. Les marchés négociés

Enfin pour certains marchés et accords-cadres de services, si la prestation à effectuer est d'une nature telle que les spécifications du marché ne peuvent être établies préalablement avec une précision suffisante pour permettre le recours à l'appel d'offres, le marché peut aussi, en application de l'article 35-I (2°), être passé selon la procédure négociée avec publicité et mise en concurrence, **sur la base d'un cahier des charges ou d'un projet partiellement définis** (cf. Leçon 8. Les marchés négociés).

B. La possibilité d'intégrer une marge d'incertitude dans les procédures de droit commun.

1. La possibilité de demander des prestations supplémentaires

Le pouvoir adjudicateur peut demander aux candidats de proposer, dans leur offre, des prestations supplémentaires, qu'il se réserve le droit de commander ou non lors de la signature du contrat. Ces prestations doivent être en rapport direct avec l'objet du marché et le cahier des charges doit définir leurs spécifications techniques avec précision. Elles ne doivent être confondues ni avec les options, ni avec les variantes.

La commission consultative des marchés publics a formulé des conseils en matière de gestion des prestations supplémentaires :

– elles doivent être en **nombre limité**,
– elles doivent être de **faible montant**,
– il est indispensable que les modalités de jugement des offres ainsi complétées et le choix des prestations soient précisés dans le règlement de la consultation afin d'assurer la transparence et l'égalité de traitement des candidats.

Lorsque le pouvoir adjudicateur impose aux candidats de fournir ces prestations en complément de l'offre de base, elles sont prises en compte lors de l'évaluation comparative des offres. Le pouvoir adjudicateur doit alors évaluer et classer les offres, en tenant compte de l'offre de base et des prestations supplémentaires réunies.

À l'inverse, lorsque le pouvoir adjudicateur n'impose pas aux candidats de fournir ces prestations, il ne peut prendre en compte que l'offre de base dans son évaluation comparative, à l'exclusion des prestations supplémentaires (CE, 15 juin 2007, ministre de la défense, n° 299391).

2. L'utilisation des variantes

Les variantes sont définies comme « des modifications, à l'initiative des candidats, de spécifications prévues dans la solution de base décrite dans les documents de la consultation » (CE, 5 janvier 2011, société Technologie alpine sécurité et commune de Bonneval-sur-Arc, n° 343206 et 343214).

Le régime des variantes est défini à **l'article 50 du code des marchés publics**. Il est plus restrictif dans les procédures formalisées, encadrées par le droit communautaire, que dans les procédures adaptées.

Dans les procédures formalisées, les variantes doivent être expressément autorisées par le pouvoir adjudicateur dans l'avis de publicité ou dans les documents de la consultation. À défaut, elles sont interdites.

En revanche, pour les **marchés à procédure adaptée** (MAPA), les variantes sont, en principe, autorisées, sauf si le pouvoir adjudicateur les a expressément interdites.

L'introduction de variantes rend plus complexe l'analyse des offres et notamment leur comparaison. Pour cette raison, l'article 50 du code des marchés publics impose, en procédure formalisée, que les documents de la consultation mentionnent les **exigences minimales** que les variantes devront respecter, ainsi que les modalités de leur présentation. Il s'agit de définir les éléments sur lesquels elles peuvent porter ou bien de préciser les éléments du cahier des charges qu'elles doivent nécessairement respecter. En procédure adaptée, ces mentions ne sont pas obligatoires. Elles sont, cependant, recommandées, afin de faciliter la comparaison des offres et de garantir la transparence des procédures.

L'acheteur peut décider de **limiter le nombre de variantes autorisées**. Dans ce cas, le dépôt d'un nombre supérieur rend toutes les variantes irrégulières et doit conduire à leur rejet en bloc, sans qu'il soit procédé à leur examen. En effet, il n'appartient pas au pouvoir adjudicateur de se substituer au candidat pour déterminer, parmi toutes les variantes proposées, celles qui devraient être retenues ou écartées, afin de se conformer au nombre maximal des variantes autorisées.

Elles permettent aux candidats de proposer au pouvoir adjudicateur une solution ou des moyens autres que ceux fixés dans le dossier de consultation pour effectuer les prestations du marché. Il peut, par exemple, s'agir d'une **solution différente** de celle prévue par le pouvoir adjudicateur, **innovante** le cas échéant, ou de moyens inconnus du pouvoir adjudicateur, qui permettent au candidat de remettre une offre moins chère ou techniquement supérieure.

Elles permettent ainsi de ne pas figer les modalités de réalisation des projets complexes, dès le stade de la consultation. Elles peuvent, aussi, consister en un aménagement des conditions financières du marché. Par exemple, un prix dégressif à partir du moment où le minimum du marché a été atteint (CE, 8 mars 1999, M. Pelte, n° 133198) ou un prix réduit si le pouvoir adjudicateur s'engage à respecter un délai de paiement plus court que le délai maximal prévu par la réglementation.

Le pouvoir adjudicateur aura donc tout intérêt, notamment dans les domaines techniques ou à évolution rapide, à autoriser les variantes. Toutefois, il doit veiller à ce que les variantes proposées ne portent pas sur des éléments du cahier des charges identifiés par lui comme ne pouvant pas faire l'objet d'une variante et ne remettent pas en cause le projet de base. Par exemple, proposer la construction d'un catamaran alors que la mise en concurrence portait sur celle d'un monocoque (CE, 28 juillet 1999, Institut français de recherche scientifique pour le développement en coopération et société Océa, n° 186051 et 186219).

Repères

- La circulaire du 14 février 2012 relative au Guide de bonnes pratiques en matière de marchés publics décrit : « Comment l'acheteur doit-il déterminer ses besoins ? ».
- L'article 5 du code des marchés publics impose aux acheteurs de définir préalablement leurs besoins.
- Les articles 7, 8 et 9 du code des marchés publics définissent respectivement la coordination des commandes, les groupements de commandes et les centrales d'achat.
- L'article 50 du code des marchés publics définit les variantes.

Pour gagner des points

L'allotissement

En vertu de l'article 10 du code des marchés publics l'acheteur public doit par principe « allotir » son besoin, c'est-à-dire le diviser en lots distincts. L'objectif est de susciter la plus large concurrence entre les entreprises et de leur permettre, quelle que soit leur taille, d'accéder à la commande publique. Cela signifie que tous les marchés doivent être passés en lots séparés, lorsque leur objet permet l'identification de prestations distinctes. Toutefois, rien n'interdit d'attribuer tous les lots à un même candidat. Le pouvoir adjudicateur peut toutefois interdire, dans l'avis d'appel public à la concurrence ou dans les documents de la consultation, à un même candidat de présenter une offre sur plusieurs lots. Une telle interdiction doit être justifiée et proportionnée au but poursuivi. Il est en revanche illégal d'exiger d'un candidat qu'il soumissionne à tous les lots.

L'article 10 du code autorise le pouvoir adjudicateur à recourir à un marché global, dans des conditions très restrictives et lorsque l'allotissement est rendu difficile par des motifs :

- techniques, liés à des difficultés tenant, par exemple, à la nécessité de maintenir la cohérence des prestations ou à l'incapacité de l'acheteur public à assurer lui-même les missions d'organisation, de pilotage et de coordination ;
- économiques, lorsque l'allotissement est susceptible de restreindre la concurrence
- financiers, lorsqu'il est de nature à renchérir de manière significative (CE, 11 août 2009, communauté urbaine Nantes Métropole, n° 319949 le coût de la prestation).

C'est au pouvoir adjudicateur de prouver que les conditions du recours au marché global sont remplies, même si le contrôle du juge se limite à celui de l'erreur manifeste d'appréciation (CE, 21 mai 2010, commune d'Ajaccio, n° 333737).

Leçon 11
La publicité et la mise en concurrence

I. La publicité
II. La procédure de mise en concurrence

Une fois son besoin bien défini, l'acheteur est en mesure d'évaluer le montant approximatif des prestations attendues. Ce montant permet de déterminer quelles sont les mesures de publicité et la procédure de mise en concurrence qu'il lui faudra ensuite mettre en place pour satisfaire son besoin.

La publicité est l'action par laquelle l'entité publique **porte à la connaissance** du secteur économique, et partant des candidats potentiels, son intention de passer une commande particulière en en fixant les grandes lignes (nature et étendue du besoin). Elle permet également d'informer les futurs candidats sur la procédure qui sera mise en œuvre pour les sélectionner (délais, critères de choix et pondération de ces critères).

La mise en concurrence est la procédure plus large, qui permet au pouvoir adjudicateur d'informer, d'identifier, de sélectionner et enfin de choisir l'acteur économique le plus adapté pour satisfaire son besoin.

Les mesures de publicité (I) et de mise en concurrence (II) garantissent le respect des principes rappelés à l'article 1er du code : liberté d'accès à la commande publique, égalité de traitement des candidats et transparence des procédures garantis par le Conseil Constitutionnel (cf. Leçon 3. Les grands principes des marchés publics).

I. La publicité

La publicité présente un intérêt à deux égards, pour les acteurs économiques et pour les acheteurs. D'une part, elle **garantit une liberté d'accès à la commande publique** de l'ensemble des prestataires potentiellement intéressés en les informant du lancement d'une procédure d'achat. D'autre part, en générant un maximum d'offres, elle permet d'accroître les chances pour l'acheteur d'obtenir l'offre économiquement la plus avantageuse garantissant une **utilisation optimale des deniers publics**.

La procédure diffère selon qu'il s'agit de MAPA (A) ou de procédures formalisées (B). Toutefois, s'il hésite sur le support de publicité le plus approprié, l'acheteur a toujours intérêt à procéder à la publicité la plus large possible.

A. La publicité à mettre en œuvre pour les MAPA

Les marchés dont le montant est inférieur aux seuils fixés à l'article 26 du code des marchés publics peuvent être passés selon une procédure dite « adaptée » (cf. Leçon 4. Les MAPA). Cela signifie que les acheteurs sont libres de définir eux-mêmes les règles de publicité en fonction de l'objet, des caractéristiques, des conditions dans lesquelles l'achat est réalisé et du degré de concurrence existant dans le secteur économique concerné (article 28 du même code).

Toutefois, c'est encore une fois le montant estimé du marché qui détermine avec plus de précision la réelle marge de manœuvre laissée à l'acheteur.

1. En dessous de 15 000 euros HT le marché peut être passé sans publicité

Cette règle, ou cette absence de règle, ne dispense pas l'acheteur public, responsable des deniers publics, de choisir une offre financièrement raisonnable et cohérente avec la nature de la prestation.

Par conséquent, s'il connaît suffisamment le secteur économique concerné, il peut effectuer son achat sans démarches préalables en adressant directement sa demande à un ou plusieurs prestataires. S'il ne possède pas de connaissances particulières du secteur économique, l'acheteur doit effectuer son achat comme tout particulier avisé, c'est-à-dire après s'être renseigné et avoir procédé à des comparaisons.

La démarche la plus souvent utilisée est la demande de devis à quelques fournisseurs présélectionnés. Cela permet, en effet, de mettre en concurrence même de manière sommaire, plusieurs fournisseurs potentiels.

2. Entre 15 000 et 90 000 euros HT, les modalités de publicité dépendent du montant, des caractéristiques et du secteur économique concerné

Ces règles sont également les règles applicables pour les **marchés relevant des dispositions de l'article 30** du code des marchés publics supérieurs à 15 000 euros.

En vertu des dispositions des articles 28 et 40-I du code des marchés publics, tout achat d'un montant supérieur à 15 000 euros HT doit faire l'objet d'une publicité. Toutefois, il appartient à l'acheteur de déterminer les modalités de publicité « appropriées aux caractéristiques de ce marché, et notamment à son objet, à son montant, au degré de concurrence entre les entreprises concernées et aux conditions dans lesquelles il est passé » (CE, 7 octobre 2005, région Nord-Pas-de-Calais, n° 278732).

Il est courant de dire qu'il faut assurer une **« publicité suffisante ».** Ce terme présente l'avantage de laisser à l'acheteur une grande marge d'appréciation mais induit en lui-même un « flou juridique » qui n'est pas de nature à rassurer les acheteurs.

Tout d'abord, il convient de souligner que **la publicité ne signifie pas nécessairement publication** (CJCE, 21 juillet 2005, Consorzio Aziende Metano CONAME, aff. C-231/03) notamment pour les achats de faible montant. Il conviendra toutefois de démontrer, en l'absence de publication, que les entreprises susceptibles d'être intéressées ont été contactées par tout moyen utile, notamment par voie dématérialisée. Ainsi, pour un marché de faible montant, une demande de devis à quelques entreprises locales susceptibles de fournir la prestation, dont il faudra garder la trace, pourra être considérée comme suffisante (conclusions N. Boulouis sur CE, 10 février 2010, M. Perez, n° 329100).

Une publication peut néanmoins s'avérer nécessaire, compte tenu de l'objet du marché, de son montant, de ses caractéristiques ou du secteur économique concerné. Dans ce cas, **si le support de publicité est lié au montant du marché, ce dernier n'est pas le seul critère pour déterminer quelle est la publicité la plus appropriée**. Elle doit aussi être adaptée à l'objet, à la nature, à la complexité, au degré de concurrence entre les entreprises concernées et à l'urgence du besoin, et assurer une audience suffisante.

L'important est que la publicité choisie garantisse **une concurrence réelle**, c'est-à-dire qu'elle permette aux prestataires potentiels, sans considération de nationalité ou de taille, d'être informés de l'intention d'acheter et de la description précise du besoin. Dès lors, il incombe à l'acheteur d'apprécier si le marché qu'il entend passer est un marché d'intérêt local, national ou européen et de réaliser une publicité appropriée.

L'information des candidats potentiels peut alors faire l'objet d'une **publicité dans la presse**. Lorsque la publication d'une annonce détaillée dans la presse spécialisée ou au Bulletin officiel d'annonces des marchés publics (BOAMP) apparaît d'un coût disproportionné par rapport au montant et aux circonstances de l'achat, d'autres moyens de publicité sont disponibles : l'utilisation du profil d'acheteur, soit le « site dématérialisé auquel le pouvoir adjudicateur a recours pour ses achats » (art 39 du code des marchés publics), la communication dans la presse renvoyant au profil d'acheteur ou à son site internet ; l'utilisation du bulletin municipal ou l'affichage en mairie par exemple.

La publicité adaptée est appréciée au regard d'un **faisceau d'indices appliqué** à la procédure examinée. Par exemple pour la construction d'une antenne du Louvre à Lens le Conseil d'État a estimé que la publication d'un avis de publicité dans La Voix du Nord, journal d'annonces légales (JAL), doublée d'une publication sur le site internet de la collectivité, pour un marché à procédure adaptée de 35 000 euros HT était insuffisante, compte tenu de l'objet du marché et malgré son montant limité. Le constat de l'insuffisance de la publicité était dû au fait que le marché concerné exigeait des candidats la présentation de références récentes de prestations faites dans de grands musées. En outre, un tel marché, de par sa spécificité et le prestige s'attachant à sa réalisation, était susceptible d'intéresser des opérateurs économiques autres que locaux (CE, 7 octobre 2005, Région-Nord-Pas-de-Calais, n° 278732).

Le contenu de la publicité doit être précis. Quel que soit le support de publicité choisi, certaines informations minimales doivent obligatoirement être portées à la connaissance des acteurs économiques susceptibles de se porter candidats. Doivent toujours être mentionnés : l'identité et les coordonnées de l'acheteur, l'objet des prestations envisagées, les critères d'attribution du marché et, lorsque le prix n'est pas l'unique critère de choix, les conditions de mise en œuvre de ces critères (CE Sect., 30 janvier 2009, ANPE, n° 290236).

3. Entre 90 000 euros HT et les seuils de procédure formalisée, la publicité est réglementée.

Conformément aux dispositions de l'article 40 du code des marchés publics, au-dessus d'un montant de 90 000 euros HT, les avis d'appel public à la concurrence doivent être publiés soit dans le Bulletin officiel des annonces des marchés publics (**BOAMP**), soit dans un journal habilité à recevoir des annonces légales (**JAL**). Dans les deux cas, ils doivent également être publiés **sur le profil d'acheteur**. Le modèle en est établi par un arrêté du ministre chargé de l'économie.

Ainsi, le code impose, en outre, aux acheteurs de compléter ces avis, s'ils estiment que cela est nécessaire pour garantir un degré de publicité adéquat, par une publicité supplémentaire dans un **organe de presse spécialisée**. Les avis publiés à titre complémentaire peuvent ne pas reprendre la totalité des informations, qui figurent dans l'avis publié à titre principal, à la condition qu'ils mentionnent les références précises de cet avis. Là encore, le montant estimé du marché, sa complexité, ses caractéristiques techniques et le secteur économique concernés sont autant de critères qui guident l'acheteur dans le choix de la publicité.

Par exemple, la publicité opérée dans un journal d'annonces légales local, pour la rénovation d'orgues d'église, n'apparaît pas suffisante et nécessitera, par exemple, une publication dans une revue spécialisée.

Récapitulatif des règles de publicité			
Champ d'application	**Montant**	**Objet du marché : services, fournitures, travaux**	**Articles**
Tous les marchés	X < 15 000 euros HT	Publicité non obligatoire	28-al 4
Marchés relevant de l'article 28 CMP	15 000 < X < 90 000 euros HT	Publicité adaptée : libre choix des supports	40-II
	90 000 < X < seuils des procédures formalisées	JAL ou BOAMP et Publicité obligatoire sur le profil d'acheteur Éventuellement, publicité complémentaire dans une publication spécialisée correspondant au secteur économique	40-III-1°
Marchés de services relevant de l'article 30 CMP	Quel que soit le montant du marché	Publicité adaptée : libre choix des supports	40-II

B. La publicité à mettre en œuvre au-dessus des seuils de procédure formalisée

Sauf s'ils relèvent de l'article 30 du code des marchés publics, les marchés dont le montant est supérieur ou égal aux seuils fixés à l'article 26 doivent être passés selon une procédure « formalisée » précisée par le code.

Au-dessus de ces seuils, les avis d'appel public à la concurrence sont obligatoirement publiés au Bulletin officiel des annonces des marchés publics (BOAMP), au Journal officiel de l'Union européenne (JOUE) et sur le profil d'acheteur. Les acheteurs publics peuvent, en outre, publier un avis de préinformation et procéder à des publicités complémentaires.

1. La publication obligatoire au BOAMP et au JOUE

Les avis publiés au BOAMP et au JOUE sont établis conformément à des formulaires établis par règlement communautaire (actuellement règlement CE n° 842/2011 de la Commission du 19 août 2011 établissant les formulaires standards pour la publication d'avis dans le cadre de la passation de marchés publics). Les acheteurs publics ont le choix entre une publication papier ou dématérialisée mais cette dernière est toujours plus intéressante dans la mesure où elle ne comporte aucune limitation du nombre de mots et où les délais de publication sont plus courts.

Dans ces avis, le pouvoir adjudicateur est tenu de faire référence à un numéro de nomenclature établie par règlement européen qui classe les activités économiques selon un **référentiel unique et partagé**. Il s'agit du code dit CPV (Common Procurement Vocabulary). L'utilisation de cette nomenclature garantit la transparence de l'information et l'ouverture des marchés publics européens, en traduisant l'objet du marché par des codes communs qui permettent de lever les barrières linguistiques.

Les avis publiés au JOUE et au BOAMP doivent avoir un contenu identique.

Les rubriques du modèle d'avis doivent être remplies avec la plus grande précision. La jurisprudence administrative est particulièrement abondante sur les modalités d'utilisation de ces formulaires. Elle précise par exemple que :

- la **quantité ou l'étendue globale du marché** doit être mentionnée, y compris en cas d'accord-cadre ou de marché à bons de commande sans minimum ni maximum. Dans ce cas, les acheteurs publics doivent renseigner la rubrique en indiquant, à titre indicatif et prévisionnel, les quantités à fournir ou des éléments permettant d'apprécier l'étendue du marché (CE, 20 mai 2009, ministre de la Défense, n° 316601) ;
- les modalités essentielles de financement imposent à l'acheteur d'indiquer, même de manière succincte, **la nature des ressources qu'elle entend mobiliser pour financer l'opération** faisant l'objet du marché, qui peuvent être ses ressources propres, des ressources extérieures publiques ou privées, ou des contributions des usagers (CE, 17 novembre 2006, ANPE, n° 290712) ;
- l'avis de marché doit énoncer les **documents ou renseignements**, à partir desquels le pouvoir adjudicateur entend contrôler les garanties professionnelles, techniques et financières des candidats (CE, 26 mars 2008, Communauté urbaine de Lyon, n° 303779) ;
- l'absence d'indication sur **la ou les langues dans lesquelles l'offre peut être rédigée** constitue un manquement aux obligations de publicité (CE, 27 juillet 2001, Compagnie générale des eaux, n° 229566) ;
- plusieurs possibilités s'offrent à l'acheteur pour remplir la rubrique relative aux **procédures de recours** (CE, 3 octobre 2008, Syndicat mixte intercommunal de réalisation et de gestion pour l'élimination des ordures ménagères du secteur Est de la Sarthe (SMIRGEOMES), n° 305420 et CE, 22 décembre 2008, communauté d'agglomération Salon-Etang de Berre-Durance, n° 311268) (cf. Leçon 21. Le contentieux de la passation).

Cette étape est donc particulièrement sensible et importante pour l'acheteur. En effet, les omissions ou erreurs dans le remplissage de ces rubriques peuvent entraîner **l'annulation de la procédure** dès lors qu'un candidat non retenu sera capable de démontrer au juge que ces manquements, eu « égard à leur portée et au stade de la procédure sont susceptibles de l'avoir lésé ou risque de le léser » (CE, 3 octobre 2008, SMIRGEOMES et Leçon 21 sur le contentieux de la passation).

Toutefois, s'il se rend compte d'une erreur affectant un avis d'appel public à la concurrence, l'acheteur public peut publier un **avis rectificatif**. Si cette rectification apporte une modification substantielle au marché, il est alors nécessaire de reporter la date limite de dépôt des candidatures, pour respecter à nouveau le délai minimum fixé par le code (CE, 16 novembre 2005, ville de Paris, n° 278646).

2. La publication obligatoire sur le profil d'acheteur

Le pouvoir adjudicateur doit publier les avis d'appel public à la concurrence, ainsi que les documents de la consultation, sur son **profil d'acheteur**. Le profil d'acheteur est « le site dématérialisé auquel le pouvoir adjudicateur a recours pour ses achats » (article 39 du code des marchés publics).

Il s'agit d'un site, généralement une « plateforme », accessible en ligne, qui offre toutes les fonctionnalités nécessaires à la dématérialisation des procédures. Il doit permettre, au minimum, de mettre en ligne les avis de publicité et les DCE, de recevoir des candidatures et des offres électroniques de manière sécurisée et confidentielle et de gérer les échanges d'informations entre le pouvoir adjudicateur et les candidats pendant la procédure de passation de marché.

C'est souvent le site internet d'une collectivité qui tient lieu de profil d'acheteur si elle offre l'accès à ces fonctionnalités. Ces dernières années, on note un regroupement des différents profils acheteurs sur des plateformes mutualisées (cf. pour gagner des points).

3. La publication facultative d'un avis de préinformation

L'article 39 du code prévoit que les marchés de fournitures ou de services d'un montant supérieur à 750 000 euros HT et les marchés de travaux supérieurs au seuil de procédure formalisée peuvent donner lieu à la publication, soit au JOUE, soit sur le profil d'acheteur, d'un avis de préinformation, qui doit être là encore conforme au modèle établi par un règlement communautaire.

La publication de cet avis de préinformation présente pour la suite l'avantage de **réduire les délais** de réception des offres des candidats (art. 57-II [2°] et 62-II [2°] du code des marchés publics). Il permet également aux entreprises de se préparer en amont à répondre aux marchés et ainsi de mieux anticiper leur plan de charge.

4. La publicité complémentaire

Le pouvoir adjudicateur peut toujours utiliser, s'il le juge nécessaire et afin de diversifier les candidatures, des supports de publicité supplémentaires, tels qu'une publication dans la **presse quotidienne régionale** ou la **presse spécialisée**, ou la publication par affichage.

De nombreux domaines économiques sont couverts par des revues spécialisées qui sont lues par les entreprises du secteur (comme par exemple le secteur des bâtiments et travaux publics, informatique, équipements, etc.). La publication d'un avis dans cette presse constitue un moyen efficace pour toucher un lectorat ciblé.

D'autres moyens complémentaires peuvent être utilisés aux fins de publicité. Ainsi, par exemple, une **annonce par voix radiophonique** est prévue par le code dans certaines collectivités d'outre-mer. Le contenu des avis de publicité complémentaires est laissé à l'appréciation de l'acheteur public, qui peut se contenter d'informations minimales, à la condition expresse qu'il renvoie aux insertions faites dans le cadre des publications obligatoires et qui contiennent la totalité des renseignements publiés.

II. La procédure de mise en concurrence

Grâce aux différentes mesures de publicité décrites ci-avant, les opérateurs économiques candidats sont mis en concurrence et sélectionnés au terme d'une procédure là encore plus ou moins encadrée en fonction des montants et de la nature des achats réalisés.

Là encore, il existe des cas de dispense totale de procédure (A), des procédures simplifiées pour les MAPA (B) et des procédures encadrées pour les procédures formalisées (C).

A. Les cas de dispense totale de procédure

Pour rappel en deçà du seuil de 15 000 euros HT, les marchés sont dispensés de mesures de publicité et de mise en concurrence, dans la mesure où, en raison notamment de leur enjeu économique réduit, ils ne présentent un intérêt transfrontalier, qui rendrait nécessaire une publicité « insusceptible d'échapper à l'attention des opérateurs raisonnablement vigilants pouvant être intéressés par le marché, y compris ceux implantés dans d'autres États membres de l'Union européenne » (CE, 1er avril 2009, communauté urbaine de Bordeaux et société KEOLIS, n° s 323585 et 323593 (à propos d'une DSP)).

Au-delà de ce seuil de dispense de procédure, le pouvoir adjudicateur peut également décider que le marché sera passé sans publicité ni mise en concurrence préalables, dans les deux cas précisés au **II de l'article 28** du code des marchés publics.

Un marché pourra être ainsi dispensé de procédure lorsque « ces formalités sont impossibles ou manifestement inutiles au regard de l'objet du marché, de son montant ou du faible degré de concurrence dans le secteur considéré » (CE, 10 février 2010, M. Pérez, n° 329100). Ces circonstances s'apprécient au cas par cas. Ainsi, par exemple, lorsque le marché concerne **l'achat d'un produit ou d'un service très spécifique** pour lequel il n'existe aucune concurrence ou bien dans le cas d'un achat à faire dans **l'urgence** pour un montant peu supérieur à 15 000 euros et qu'un seul fournisseur est en mesure de satisfaire dans les délais nécessaires.

Récemment et pour la première fois, le Conseil d'État a illustré cette hypothèse dans le cas de l'achat **de places pour les matchs de football**. En effet, s'il a estimé que l'acquisition de places par le conseil général du Rhône pour assister à des matchs de l'Olympique Lyonnais constitue un marché public, il a néanmoins considéré que ces prestations ont un caractère unique : une mise en concurrence pour l'achat spécifique de ces billets, dont seul le club de football est le distributeur, s'avérait impossible au sens des dispositions précitées (CE, 28 janvier 2013, Département du Rhône, n° 356670).

Les procédures ne trouvent pas non plus à s'appliquer dans les situations décrites au II de **l'article 35**, c'est-à-dire, notamment, en cas **d'urgence impérieuse, d'absence d'offres appropriées**, pour les **marchés complémentaires** et les **marchés similaires** ou encore lorsque le marché ne peut être confié qu'à un opérateur économique déterminé (cf. Leçon 8. Les marchés négociés).

B. La liberté laissée dans le cadre des MAPA

Sous les seuils des procédures formalisées, la mise en concurrence relève de la responsabilité de l'acheteur et doit être adaptée en fonction du marché envisagé. Néanmoins, l'acheteur est tenu de respecter les principes à valeur constitutionnelle rappelés à l'article 1er du code : liberté d'accès à la commande, égalité de traitement des candidats, transparence de la procédure.

Cela signifie que l'acheteur doit être en mesure, à tout moment, de justifier les raisons des choix qui ont librement été faits. La spécificité de la procédure adaptée tient au fait que l'on ne peut se retrancher derrière le simple respect d'une procédure, mais qu'il convient au contraire d'être en mesure de justifier ses choix. Il est donc indispensable de conserver tout document permettant de démontrer que les choix faits ont été rationnels. C'est le **principe de traçabilité et de transparence**. Il est en particulier recommandé aux acheteurs publics de conserver l'historique des différentes étapes suivies pour procéder au choix du titulaire et d'être en mesure de le communiquer. Il est également vivement conseillé aux acheteurs d'écrire et de formaliser les procédures qu'ils entendent mettre en œuvre pour leur propre compte.

Ces choix doivent en tout état de cause permettre tout au long de la procédure de garantir le respect du **principe d'égalité de traitement** entre les candidats, dans l'expression des besoins et dans la communication de leurs modifications éventuelles, dans les délais, dans les relations entretenues avec chacun des candidats, dans les critères de choix etc.

Il est évident que plus les montants sont élevés, plus l'exigence de respect de ces principes est importante et plus les procédures doivent être formalisées.

Ces choix peuvent porter notamment sur :

– les délais de procédure

La détermination des délais de remise des candidatures ou des offres est laissée à la libre appréciation du pouvoir adjudicateur. L'efficacité de la mise en concurrence suppose, toutefois, de laisser aux opérateurs économiques intéressés **un délai suffisant** pour concevoir leur dossier de candidature et leur offre, au regard notamment du montant du marché envisagé, de l'urgence à le conclure, de la nature des prestations, de la facilité d'accès aux documents de la consultation, de la nécessité éventuelle d'une visite des lieux et de l'importance des pièces exigées des candidats.

– les modalités de la mise en concurrence

Les modalités de transmission des candidatures ou des offres sont également librement définies par l'acheteur public. Il peut, notamment, prévoir que cette transmission devra être effectuée uniquement par voie électronique.

– Le recours à la négociation

Si l'acheteur décide de **recourir à la négociation**, il doit en informer les candidats potentiels dès le début de la procédure, dans l'avis public d'appel à la concurrence ou dans les documents de la consultation. En outre, dès lors qu'il a expressément prévu le recours à la négociation, il est obligé de négocier et ne peut y renoncer en cours de procédure.

C. Le formalisme prévu au-dessus des seuils de procédures formalisées

Au-dessus des seuils de procédure fixés à l'article 26, les modalités de la mise en concurrence sont définies par le code.

Lorsque le montant des marchés atteint les seuils fixés à l'article 26 du code, ces marchés sont, en principe, passés sur **appel d'offres** (cf. Leçon 5. Les appels d'offres). Toutefois si les conditions en sont réunies, il est possible de recourir à d'autres types de procédures telles que les **marchés négociés** (art. 35 du code et Leçon 8. Les marchés négociés), ou la procédure de **dialogue compétitif** (art. 36 du code et Leçon 9. Le dialogue compétitif et les marchés de conception-réalisation).

En tout état de cause les règles de procédures sont très strictes pour offrir une totale garantie, compte tenu des enjeux financiers, de respect des principes fondamentaux de la commande publique et notamment l'égalité de traitement des candidats.

Il est notamment indispensable de respecter l'ensemble des **délais** de procédure prescrits. Ces délais sont toujours des délais minima, que l'acheteur a la faculté d'augmenter. Comme tous les délais mentionnés dans le code, il s'agit de délais calendaires incluant les jours chômés et fériés.

L'emploi par l'acheteur de moyens électroniques lui offre, toutefois, la faculté, dans certains cas, de réduire les délais de présentation des candidatures et des offres. Les acheteurs peuvent également bénéficier d'une réduction des délais, soit en cas d'urgence ne résultant pas du fait de la personne publique, soit lorsqu'ils ont publié un avis de préinformation.

La procédure doit être transparente. Pour cela les règles fixées donnent toutes les **garanties en matière de traçabilité**. Les critères de sélections notamment doivent être limitativement et préalablement définis. Ils doivent être clairement énoncés et de la même manière à tous les candidats. La procédure est ainsi **quasi-totalement écrite** pour éviter les risques de disparités peuvent entraîner le recours à des échanges oraux.

Les entreprises candidates ne peuvent procéder à la modification (lors d'une phase de négociation) de leur offre après le dépôt du dossier de candidature. Hormis quelques cas prévus par le code (cf. Leçon 8. Les marchés négociés) l'acheteur quant à lui n'est pas admis à entreprendre une quelconque négociation avec les entreprises candidates.

Repères

- L'article 26 du code des marchés publics fixe les seuils des procédures formalisées.
- L'article 28 du code des marchés publics établit les règles de procédures applicables aux MAPA.
- L'article 30 du code des marchés publics assimile certains marchés de service à des MAPA.
- Les articles 28 II et 35 II du code des marchés publics prévoient certains cas de marchés dispensés de procédures de publicité et de mise en concurrence.
- L'article 40 du code des marchés publics fixe les règles de publicité à mettre en œuvre.
- Des formulaires français et européens établissent des cadres de publicité pour les marchés passés selon des procédures formalisées.

Pour gagner des points

les plateformes mutualisées de publication des avis

Pour donner plus d'audience à la publication de leurs avis, et partant attester d'une « publicité suffisante » pour leurs MAPA, on observe une tendance récente des acheteurs publics à se regrouper pour publier sur un site unique leurs avis de publicité. Ces plateformes offrent également des fonctionnalités utiles aux entreprises qui n'ont plus forcément besoin de rendre sur les différents profils acheteur des pouvoirs adjudicateurs. Ainsi l'État regroupe l'ensemble des achats de ses services centraux et déconcentrés sur une plate-forme unique appelée la PLACE (www.marches-publics.gouv.fr). Les collectivités locales regroupent également leurs commandes sur des portails territoriaux comme ce fut le cas en Bourgogne avec le site e-Bourgogne ou plus récemment en Ile-de-France avec le portail Maximilien (www.maximilien.fr). Ces plateformes gratuites permettent également aux opérateurs économiques d'avoir une meilleure visibilité sur les marchés publics en cours ou à venir dans leurs secteurs d'activité.

Leçon 12
L'analyse des candidatures et des offres

I. L'analyse des candidatures
II. L'analyse des offres

L'analyse des réponses faites par les opérateurs économiques aux marchés publics est une étape clef qui permet de déterminer qui sera attributaire. Elle permet de **sélectionner l'offre économiquement la plus avantageuse**. Cette sélection se déroule en deux étapes. Dans un premier temps, l'acheteur sélectionne les candidatures puis les offres.

L'analyse de la candidature permet à l'acheteur de déterminer si un opérateur économique présente les garanties suffisantes pour pouvoir répondre à la commande passée.

C'est seulement si la candidature est recevable que l'offre pourra être examinée selon des critères préalablement déterminés et affichés par le pouvoir adjudicateur. Cette étape permet de sélectionner la meilleure offre.

En procédure adaptée, la sélection des candidatures, puis celle des offres peuvent être effectuées au cours d'une phase unique (CE, 2 août 2011, Parc naturel régional des Grands Causses, n° 348254). En revanche, dans le cadre des procédures formalisées elles sont strictement séparées.

En résumé l'analyse des candidatures (I) porte sur les qualités intrinsèques de l'entreprise tandis que celle des offres (II) concerne la réponse spécifique apportée à la commande.

I. L'analyse des candidatures

L'acheteur public apprécie les candidatures sur la base des documents demandés dans le règlement de consultation et fournis par les soumissionnaires à l'appui de leur candidature. L'examen de ces documents conduit l'acheteur à établir la liste des entreprises dont l'offre sera analysée. Seules pourront être examinées les offres émanant d'entreprises dont la candidature aura été jugée recevable.

Pour ce faire, l'acheteur public doit analyser les candidatures en deux temps : une fois la recevabilité administrative des candidatures admise (A), l'acheteur public analyse la capacité technique et professionnelle des candidats à exécuter le marché au regard des exigences minimales énoncées dans le règlement de consultation (B).

L'article 52 du code des marchés publics prévoit qu'en cas de transmission de pièces incomplètes ou de non transmission, le pouvoir adjudicateur peut demander aux candidats concernés de **compléter leur dossier de candidature** dans un délai fixé qui ne saurait être supérieur à dix jours. Tous les candidats sont invités également à compléter leur candidature dans le même délai pour assurer l'égalité de traitement.

Pour les candidats étrangers, le pouvoir adjudicateur peut exiger que ces documents soient accompagnés d'une traduction en français certifiée conforme à l'original, par un traducteur assermenté (CAA Douai, 13 février 2014, Sté Inaer Helicopter, n° 12DA00188).

A. La recevabilité administrative des candidatures

Préalablement, et pour être recevable, une candidature doit avoir été déposée **dans le délai de réception** prévu et annoncé dans l'avis de publicité conformément aux dispositions des articles 58-I et 61-I du code des marchés publics.

Ensuite, l'acheteur public vérifie que les candidats peuvent accéder à la commande publique en examinant l'ensemble des pièces demandées dans le règlement de consultation et dont la liste limitative est mentionnée aux articles 43 et 44 du code des marchés publics. Il s'agit de déclarations sur l'honneur.

1. Les candidatures exclues

Ne peuvent soumissionner les candidats dont la liste est fixée par l'article 8 de l'ordonnance n° 2005-649 du 6 juin 2005 relative aux marchés passés par certaines personnes publiques ou privées non soumises au code des marchés publics.

Il s'agit :

- des entreprises ayant fait l'objet, depuis moins de cinq ans, d'une **condamnation définitive pour certaines infractions** :
  - au code pénal, notamment délits d'escroquerie (articles 313-1 à 313-3) ; d'abus de confiance (articles 314-1 à 314-3) ; de blanchiment (articles 324-1 à 324-6) ; de trafic d'influence actif (articles 433-2 al. 2, 434-9-1 al.2, 435-4 et 435-10) ; de faux et d'usage de faux (articles 441-1 à 441-7) ;
  - au code général des impôts (article 1741 relatif à la fraude fiscale) ;
  - au code de la défense (articles L.2339-2 à L. 2339-4, L. 2339-9, L. 2339-11-1 à L. 2339-11-3, relatifs à la fabrication, au commerce, au port ou au transport illégitime d'armes).
- des entreprises ayant fait l'objet, depuis moins de cinq ans, d'une **condamnation inscrite au bulletin n° 2 du casier judiciaire** pour certaines infractions au code du travail : délits relatifs au travail dissimulé (articles L. 8221-1, L. 8221-3 et L. 8221-5), au marchandage (article L. 8231-1), au prêt illicite de main d'œuvre (article L. 8241-1) et à l'emploi d'étranger sans titre (article L. 8251-2) ;
- des entreprises en état de **liquidation judiciaire** ou les personnes physiques dont la **faillite personnelle** a été prononcée ;
- des entreprises admises au **redressement judiciaire** en cours de période d'observation. Aucune attestation de régularité de situation sociale et fiscale ne peut leur être délivrée pendant cette période ;
- **des personnes exclues de la commande publique par décision expresse de justice** au titre d'une peine complémentaire, sur le fondement du 5° de l'article 131-39 du code pénal ;
- des entreprises se trouvant dans une **situation sociale ou fiscale irrégulière.**

Le projet de loi pour l'égalité entre les femmes et les hommes prévoit d'ajouter à ces cas d'interdiction de soumissionner aux marchés publics, les personnes qui ont été condamnées pour des motifs liés à la discrimination et le non-respect des dispositions prévues par le code du travail en matière d'égalité professionnelle entre les femmes et les hommes.

Aucun texte ni aucun principe n'interdit, en raison de sa nature, à une personne publique de se porter candidate à un marché, pour peu qu'elle respecte le jeu normal de la concurrence. Le prix proposé par la personne publique doit prendre en compte l'ensemble des coûts directs et indirects concourant à la formation du prix de la prestation et ne doit pas résulter d'un avantage découlant des ressources ou moyens qui lui sont attribués au titre de sa mission de service public (CE Avis, 8 novembre 2000 Société Jean-Louis Bernard Consultants, n° 222208).

De la même manière, un prestataire qui a participé aux travaux préparatoires d'un marché public peut par principe s'y porter candidat s'il est en mesure de prouver que la connaissance du besoin acquise dans la phase préparatoire n'est pas de nature à fausser la concurrence (CJCE, 3 mars 2005, Fabricom SA, aff. C-21/03 et C-34/03 ou CE, 29 juillet 1998, Société Genicorp, n° 177952).

2. Les obligations administratives à remplir

Pour soumissionner les candidats doivent respecter **l'obligation d'emploi de travailleurs handicapés** prévue par la loi n° 2005-102 du 11 février 2005 pour l'égalité des droits et des chances, la participation et la citoyenneté des personnes handicapées. L'acheteur public vérifie ainsi que l'opérateur candidat employant au moins 20 salariés recrute des handicapés dans la proportion de 6 % de l'effectif total ou qu'il verse une contribution annuelle au fonds de développement pour l'insertion professionnelle des handicapés pour chacun des bénéficiaires qu'il aurait dû employer.

Les candidats doivent être en règle par rapport à la réglementation en matière sociale et fiscale. Pour en attester ils doivent remplir une attestation sur l'honneur. Les candidats ne sont pas à ce stade tenus de produire les certificats attestant qu'ils **satisfont aux obligations fiscales et sociales**. Seul l'attributaire retenu est tenu de transmettre ces certificats, après attribution du marché (article 46 du code des marchés publics) sous peine de s'exposer à des sanctions dans le cas où il produirait des renseignements inexacts.

Enfin la personne habilitée à engager la personne morale candidate doit apporter la preuve de sa capacité à engager juridiquement la société.

B. L'analyse de la capacité professionnelle et technique des candidats

L'acheteur analyse dans un deuxième temps les capacités techniques et professionnelles des entreprises dont la candidature est recevable administrativement.

Cette étape est particulièrement importante dans le cadre des procédures d'appel d'offres restreint (cf. Leçon 5. Les appels d'offres) qui limitent le nombre de candidats admis à présenter une offre en fonction d'un classement effectué à partir de critères, mentionnés dans l'avis de publicité, liés à leurs capacités professionnelles, techniques et financières.

1. Les documents et renseignements exigibles

La liste de ces documents et renseignements est **limitativement** établie par les dispositions des articles 44 et 45 du code des marchés publics. Ce dernier renvoie à un arrêté du ministre chargé de l'économie (arrêté du 28 août 2006) fixant la liste des renseignements et des documents pouvant être demandés aux candidats aux marchés passés par les pouvoirs adjudicateurs.

L'acheteur n'est pas obligé d'exiger tous les renseignements visés par ces textes mais il n'est pas autorisé à en demander d'autres (CE, 21 novembre 2007, Département de l'Orne, n° 291411). En tout état de cause, il lui appartient de définir précisément les documents exigés.

Dans le cadre de la **réflexion du comité interministériel de modernisation de l'action publique (CIMAP)** et notamment de ses conclusions rendues le 17 juillet 2013, il a été envisagé qu'à partir du premier semestre 2014, la constitution des dossiers de candidature soit facilitée pour les très petites entreprises (TPE) et les petites et moyennes entreprises (PME) sur la base des conclusions de l'expérimentation menée par le préfet de la région Midi-Pyrénées.

De plus, les mesures de **simplification** que comportent les directives européennes du 26 février 2014 devraient être transposées de façon accélérée. L'objectif est que les exigences des acheteurs publics relatives à la capacité financière des candidats soient limitées ; qu'un certain nombre de justificatifs soient remplacés par des déclarations sur l'honneur regroupées dans le cadre d'un DUME « document unique du marché européen » ; que le titulaire pressenti soit dispensé de produire à nouveau un document fourni lors d'une précédente consultation et toujours valable, ainsi que les pièces accessibles gratuitement en ligne.

2. L'appréciation des références et des capacités professionnelles, techniques et financières des candidats

Le pouvoir adjudicateur doit contrôler les garanties professionnelles, techniques et financières des candidats à l'attribution d'un marché public (CE, 29 avril 2011, Garde des Sceaux, n° 344617). Ces garanties portent sur la capacité technique et professionnelle (descriptif des moyens humains et matériels, compétences...) et financière (chiffre d'affaires, déclaration appropriée d'une banque,...) de l'opérateur économique. Des garanties et capacités insuffisantes entraînent l'élimination du candidat.

L'acheteur public ne peut exiger que des niveaux de garanties et de capacité qui sont **liés et proportionnés à l'objet du marché**. Cette règle est encore plus stricte en procédure adaptée : le pouvoir adjudicateur doit veiller à ne pas demander aux entreprises, et notamment aux PME, des pièces excessives qui s'avèrent superflues.

Un acheteur public peut exiger des candidats qu'ils justifient de leur **capacité technique** au moyen d'un certificat de qualification professionnelle. L'exigence d'un tel certificat ne doit pas avoir pour effet de limiter arbitrairement l'accès à la commande publique des opérateurs économiques. L'acheteur public doit donc permettre aux candidats d'apporter tout moyen de preuve équivalent à ces certificats (CE, 28 avril 2003, Fédération française du bâtiment c/ association Qualibat, n° 241896).

En ce qui concerne **les capacités financières,** les entreprises nouvellement créées peuvent se voir demander des pièces dont elles ne disposent pas. C'est notamment le cas du chiffre d'affaires réalisé au cours des trois dernières années. Facteur d'innovation et de croissance économique, il est pourtant important que les sociétés créées récemment puissent accéder aux marchés publics. Le pouvoir adjudicateur devra donc veiller à autoriser les candidats, de manière systématique, à prouver leurs capacités financières par tout autre moyen qu'il juge équivalent à ceux listés par l'arrêté du 28 août 2006 (CE, 9 mai 2012, Commune de Saint Benoît, n° 356455). Il peut ainsi être demandé aux candidats de fournir, en remplacement des bilans, une déclaration appropriée de banque.

L'acheteur public n'est pas tenu de préciser les niveaux minimaux de capacité techniques, professionnelles et financières exigés des candidats dans les avis d'appel public à la concurrence et les règlements de consultation (CE, 8 août 2008, Région de Bourgogne, n° 307143). Toutefois, lorsqu'il les précise, il doit indiquer les critères de sélection et les porter à la connaissance des candidats (CE, 24 février 2010, Communauté de communes l'Enclave des Papes, n° 333569).

Ainsi le pouvoir adjudicateur pourra exiger un niveau minimal de chiffre d'affaires ou, en matière d'effectifs, un seuil minimum de personnels employés ou de qualifications professionnelles. La directive de février 2014 limite le minimum de chiffre d'affaires exigible au double du montant du marché.

L'article 52-I du code des marchés publics prévoit expressément qu'un candidat ne peut être écarté en raison de l'absence de références relatives à l'exécution de marchés de même nature, mais ne fait pas obstacle à ce que l'acheteur demande des références nominatives liées à des missions antérieures (CE, 6 mars 2009, commune d'Aix-en-Provence, n° 314610). Il convient alors néanmoins de laisser aux candidats la possibilité de « prouver par tout autre moyen » autre que des références antérieures, leur capacité à exécuter le marché (CE, 14 décembre 2009, Commune de La-Roche-sur-Yon, n° 325830).

Les références demandées doivent toutefois elles aussi être nécessaires, en rapport et proportionnées avec l'objet du marché. Le candidat présente celles qui lui semblent les plus appropriées. À l'acheteur public de vérifier leur réalité en respectant le principe du secret en matière industrielle et commerciale.

En cas de groupement, l'appréciation des capacités professionnelles techniques et financières des membres de celui-ci est globale. Il n'est pas possible d'exiger que chaque entreprise ait la totalité des compétences techniques requises pour exécuter le marché (article 52-I alinéa 5 du code des marchés publics). **En cas de sous-traitance**, l'acheteur public doit tenir compte des documents produits par les sous-traitants pour apprécier la capacité de l'ensemble des opérateurs économiques à exécuter le marché.

Il convient enfin de souligner que les références et les capacités techniques, professionnelles et financières d'un opérateur économique ne peuvent pas constituer un critère de sélection au stade de l'analyse des offres.

II. L'analyse des offres

L'offre est constituée de « **l'acte d'engagement** ». Il s'agit de la pièce signée par un candidat et par laquelle celui-ci présente son offre et accepte les clauses du cahier des charges qui déterminent les conditions dans lesquelles le marché est exécuté (article 11 du code des marchés publics).

Les offres irrecevables sont immédiatement écartées par le pouvoir adjudicateur (A), les autres sont analysées au regard de critères prédéfinis (B). Les variantes font l'objet d'un traitement particulier (C).

A. Les offres éliminées

Seules sont recevables et examinées les offres complètes et conformes (CE, 9 mai 2008, Agence de maîtrise d'ouvrage des travaux du ministère de la Justice, n° 308911). Par conséquent, le pouvoir adjudicateur est tenu d'éliminer :

– Les offres inappropriées

En vertu des dispositions de l'article 35 du code des marchés publics, est considérée comme inappropriée une offre qui apporte une réponse **sans rapport avec le besoin** qui a été défini par le pouvoir adjudicateur et qui peut par conséquent être assimilée à une **absence d'offre**. C'est le cas si par exemple le candidat se propose une fourniture ou un matériel différent de celui demandé par l'acheteur.

– Les offres irrégulières

Le même article définit l'offre irrégulière comme une offre qui, tout en apportant une réponse au besoin de l'acheteur, est **incomplète** (CE, 12 janvier 2011, Département du Doubs, n° 343324) ou **ne respecte pas les exigences** formulées dans l'avis de publicité ou dans les documents de la consultation (CE, 30 novembre 2011, ministre de la Défense et des Anciens Combattants c/ EURL Qualitech, n° 353121).

Par exemple en proposant un produit qui ne respecte pas une exigence minimale de qualité prévue par le cahier des charges ou en proposant une variante alors que celles-ci n'étaient pas prévues par le document de consultation des entreprises, une offre sera qualifiée d'irrégulière.

– Les offres inacceptables

Une offre est inacceptable si les conditions qui sont prévues pour son exécution **méconnaissent la législation en vigueur**, ou si les crédits budgétaires alloués au marché après évaluation du besoin à satisfaire ne permettent pas au pouvoir adjudicateur de la financer (article 35 du code des marchés publics). Ce sera le cas d'une **offre très supérieure à l'estimation**, si le pouvoir adjudicateur est en mesure de démontrer qu'il n'avait affecté à cette opération qu'un montant de crédit égal à cette estimation (CE, 30 septembre 2011, Département de la Haute-Savoie, Société GTS, n° 350153).

Dès lors qu'aucune offre n'a été reçue ou bien dans le cas où il n'a été proposé que des offres inappropriées ou des offres irrégulières ou inacceptables **le marché pourra être déclaré sans suite ou infructueux**. Cette déclaration est effectuée par la commission d'appel d'offres pour les collectivités territoriales.

Dans le cas d'un appel d'offres infructueux, l'acheteur peut recourir à une **procédure négociée**, soit avec publicité et mise en concurrence si les offres étaient irrégulières ou inacceptables, soit sans publicité ni mise en concurrence en cas d'absence d'offres ou d'offres inappropriées (cf. Leçon 8. Les marchés négociés). Cette possibilité n'est permise que dans le respect des conditions initiales du marché, ce qui signifie que ni son objet, ni ses modalités de passation ne peuvent être modifiés. Si tel n'est pas le cas, un nouvel appel d'offres est obligatoire (CE, 8 avril 1998, Préfet de la Sarthe c/ commune de la Ferté-Bernard, n° 146002).

Si un seul lot, inférieur au montant des procédures formalisées, est déclaré infructueux, il peut être relancé selon une procédure adaptée.

B. Les critères d'analyse des offres

L'objectif est pour le pouvoir adjudicateur de sélectionner **l'offre économiquement la plus avantageuse**, ce qui ne se résume pas à choisir l'offre la moins chère. Aussi, et alors même que le critère du prix est un élément de sélection commun à tous les marchés, il est combiné à d'autres critères plus qualitatifs, qui notés et pondérés génèrent un classement permettant de choisir la meilleure offre.

1. Le critère prix : un critère obligatoire

Le critère du prix est un critère présent **dans tous les marchés publics**. Si les directives et le code incitent les acheteurs à utiliser d'autres critères d'évaluation, il est toutefois précisé par les dispositions de l'article 53 I que si un seul critère doit être retenu pour l'analyse d'une offre, cela ne pourra être que le prix. Il s'agit d'alors d'appliquer le système dit de **l'adjudication**, c'est-à-dire l'attribution au « moins disant ».

Cette pratique a néanmoins tendance à disparaître dans la mesure où elle doit être dûment justifiée par l'objet du marché (CE, 6 avril 2007, Département de l'Isère, n° 298584).

2. Les autres critères possibles

L'article 53 I du code des marchés publics dresse une liste indicative et non limitative d'autres critères pouvant permettre à l'acheteur de sélectionner l'offre économiquement la plus avantageuse.

Les critères doivent avoir été **définis et annoncés à l'avance** dans l'avis de publicité et le règlement de consultation (CE, 28 juillet 2000, commune de Villefranche-de Rouergue, n° 199549). Ils sont ensuite intangibles, et l'acheteur est tenu de prendre en compte tous les critères annoncés.

Les critères les plus fréquemment utilisés sont ceux relatifs à :

- la qualité,
- la valeur technique,
- le caractère esthétique et fonctionnel, si celui-ci est suffisamment précis et objectif (CE, 5 novembre 2008, Commune de Saint-Nazaire, n° 310484),
- les performances en matière de protection de l'environnement,
- les performances en matière de développement des approvisionnements directs de produits de l'agriculture,
- les performances en matière d'insertion professionnelle des publics en difficulté,
- le coût global d'utilisation,
- les coûts tout au long du cycle de vie,
- la rentabilité,
- le caractère innovant,
- le service après-vente et l'assistance technique,
- la date de livraison,
- le délai de livraison ou d'exécution,
- la sécurité d'approvisionnement,
- l'interopérabilité et les caractéristiques opérationnelles.

D'autres critères peuvent être pris en compte mais ils doivent être justifiés par l'objet du marché (CE, 25 juillet 2001, Commune de Gravelines, n° 229666).

L'acheteur peut également demander que les offres soient accompagnées **d'échantillons, de maquettes ou de prototypes** concernant l'objet du marché ainsi que d'un devis descriptif et estimatif détaillé comportant toutes indications permettant d'apprécier les propositions de prix (article 49 du code des marchés publics).

3. Les critères interdits

Les critères retenus par le pouvoir adjudicateur ne doivent pas être **discriminatoires**, notamment au regard du droit communautaire et ils doivent être liés à l'objet du marché. Ils doivent donc être objectifs et opérationnels.

Des critères peuvent être regardés comme discriminatoires notamment en ce qui concerne un **critère géographique** ou le **critère de la préférence nationale** (CJCE, 22 juin 1993, commission contre Danemark) ou des **critères favorisant les TPE et PME**, entraînant une rupture d'égalité entre les candidats (CE, 9 juillet 2007, EGF-BTP).

Les critères qui sont liés à la candidature et notamment à la capacité professionnelle des candidats sont eux aussi prohibés (CE, 29 décembre 2005, Société Bertele SNC, n° 273783). Toutefois, le Conseil d'État a récemment jugé, dans le cadre d'un MAPA, que le pouvoir adjudicateur pouvait retenir, pour choisir l'offre économiquement la plus avantageuse, un critère reposant sur l'expérience des candidats et partant sur leurs références portant sur l'exécution d'autres marchés antérieurs (CE, 2 août 2011, Parc National des Grands Causses, n° 348254). La frontière entre les deux analyses est alors très ténue.

4. La notation et la pondération des critères

La pondération des critères vise à obtenir un classement final des offres acceptables, le moins contestable et le plus transparent possible. Il s'agit d'une technique d'analyse des offres qui repose sur la **valorisation chiffrée des offres les unes par rapport aux autres**. Cette pondération prend le plus souvent la forme d'un coefficient ou d'un pourcentage (par exemple l'offre sera analysée pour 40 % sur la base du prix, pour 50 % sur la base de la valeur technique et pour 10 % sur la base de critères environnementaux).

Dans le cadre des procédures formalisées, les critères doivent être pondérés et la pondération de ceux-ci doit être **annoncée dans le règlement de consultation ou dans l'avis de publicité**. Si la pondération s'avère impossible (ce qui est particulièrement difficile à démontrer) les critères ne pourront qu'être **« hiérarchisés »** (article 53 II du code des marchés publics).

En revanche, la pondération n'est pas obligatoire dans le cadre des procédures adaptées (CE, 26 septembre 2012, GIE Groupement des poursuites extérieures, n° 359389), elle est toutefois vivement recommandée.

Si l'acheteur souhaite décliner ces critères en **sous-critères** (comme c'est souvent le cas pour la valeur technique), il devra porter à la connaissance des candidats la pondération de ces sous-critères dès lors qu'ils sont susceptibles d'exercer une influence sur la présentation des offres et doivent par conséquent, être regardés comme des critères de sélection. À l'inverse, la méthode de notation des offres n'a pas à être rendue publique (CE, 23 mai 2011, Commune d'Ajaccio, n° 339406).

L'application d'une note à chacune des offres est le préalable incontournable à l'application de la pondération. Les notes obtenues sont ensuite pondérées : il s'agit d'appliquer à chacune des notes le poids relatif de chacun des critères annoncés dès le lancement de la consultation pour obtenir une note finale.

Les techniques de notation sont multiples mais deux catégories se distinguent : celles qui relèvent d'un **barème préétabli** et celles issues d'un **calcul mathématique**.

– La notation en fonction d'un barème préétabli de points

Cette notation concerne principalement les critères dont l'appréciation relève d'une analyse subjective et dont la note ne peut reposer sur aucune formule mathématique. La note reflète l'analyse littéraire de l'offre. Le critère « valeur technique » relève généralement de cette catégorie.

L'établissement d'une grille d'évaluation peut apparaître comme un moyen simple et pratique de tendre vers cette objectivité. Par exemple sur une échelle de 1 à 10, l'acheteur pourra décider d'attribuer 1 à 2 points pour un standard très faible, de 3 à 4 pour un standard faible, de 5 à 6 pour un standard correct, de 7 à 8 pour un standard élevé et de 9 à 10 pour un standard très élevé.

– La notation par application d'une formule mathématique

Cette méthodologie concerne principalement les critères relatifs à des éléments de l'offre quantifiables numériquement comme le critère prix ou le critère délais. Elle consiste, non pas à apprécier l'offre selon un barème d'appréciation, mais à appliquer une formule mathématique reflétant l'écart existant entre les offres.

La formule la plus simple préconisée pour convertir un prix en note est la suivante :

> Note de l'offre à noter = (Prix de l'offre la moins élevée / Prix de l'offre à noter) x Note maximale
> Soit, pour une offre de 113 000 € confrontée à une offre à 100 000 € en tant que moins disante acceptable : (100 000/113 000) x 40 = 35,4 points sur 40

Il est à noter que cette formule implique d'attribuer la note maximale à la meilleure offre sur le critère analysé. Aussi pour ne pas surpondérer le prix par rapport à la valeur technique, l'analyse de cette dernière pourra également être « corrigée » pour attribuer la note maximale à l'offre présentant la meilleure valeur technique.

C. L'analyse des variantes

Les variantes sont des modifications proposées par le candidat pour optimiser techniquement ou financièrement le projet tel que décrit dans le cahier des charges (cf. Leçon 10. La définition du besoin). Le pouvoir adjudicateur devra mentionner dans les documents de la consultation, de manière succincte, les exigences minimales, ainsi que les modalités de leur présentation. Les variantes permettent d'éviter que les acheteurs soient contraints de proposer un cahier des charges intangible et ouvrent la possibilité pour l'acheteur de bénéficier d'une prestation innovante, éventuellement à un meilleur prix.

Pour les procédures formalisées, elles doivent avoir été autorisées par l'acheteur dans le règlement de consultation ou l'avis de publicité. Elles sont donc en principe interdites sauf si elles sont expressément prévues. Dans les procédures adaptées, la situation est inverse : les candidats peuvent proposer des variantes sauf si l'acheteur les a expressément interdites dans les documents de consultations.

Depuis l'adoption du décret n° 2011-1000 du 25 août 2011, dans le cas où les variantes sont autorisées, les candidats ne sont plus tenus de déposer une offre de base. Ils peuvent ne déposer qu'une ou plusieurs variantes.

S'il existe une offre de base, l'acheteur devra d'abord analyser les différentes offres de base, puis les variantes pour choisir la meilleure offre. S'il n'y a que des variantes, elles sont alors comparées entre elles.

Repères

- Les dispositions des articles 58-I et 61-I du code des marchés publics fixe le délai minimal de réception des offres.
- Les articles 43 et 44 du code des marchés publics établissent la liste limitative des pièces exigibles en matière de candidature.
- L'article 52 du code des marchés publics fixe les règles en matière d'analyse des candidatures.
- L'article 8 de l'ordonnance n° 2005-649 du 6 juin 2005 fixe la liste des candidats interdits de soumissionner à des marchés publics.
- L'article 35 du code des marchés publics définit quelles sont les offres qui doivent être éliminées.
- L'article 53 du code des marchés publics encadre les règles relatives aux critères de sélection des offres.

Pour gagner des points

L'offre anormalement basse

L'article 55 du code des marchés publics permet à l'acheteur de rejeter une « offre anormalement basse », c'est-à-dire une offre dont « le prix ne correspond pas à une réalité économique » (circulaire du 29 décembre 2009 relative au guide de bonnes pratiques en matière de marchés publics). L'appréciation du caractère anormalement bas d'une offre doit être effectuée par l'acheteur au cas par cas. Dans un premier temps l'acheteur est alerté par le faible prix de l'offre et son écart important par rapport à l'offre immédiatement supérieure. Il soupçonne que cette offre ne pourra être maintenue au(x) niveau(x) de prix et/ou de qualité tel(s) que présenté(s) lors de son analyse pour une exécution sans difficulté des prestations (CE, 29 janvier 2003, Département d'Ille-et-Vilaine, n° 208096). Il doit alors vérifier si l'ensemble des prestations demandées dans le cahier des charges a bien été pris en compte par le candidat. S'il s'avère que l'offre ne prend pas en compte tous les éléments constitutifs du besoin de l'acheteur, ce dernier doit la déclarer irrégulière, conformément à l'article 53 du code des marchés publics (CAA Bordeaux, 3 avril 2009, SARL See Medina JC, n° 04BX02106). Par ailleurs, s'il est établi qu'une offre ne respecte pas la législation en vigueur, par exemple en termes de rémunération des personnels chargés de l'exécution des prestations objet du marché, il conviendra de l'écarter, au titre de l'offre inacceptable, et non de l'offre anormalement basse.

Toutefois, une offre peut être basse pour de bonnes raisons : le coût a été mal évalué, le prestataire bénéficie d'une aide publique légalement accordée, l'entreprise dispose de modes de production plus compétitifs, ou bien elle a consenti à réduire significativement sa marge bénéficiaire pour s'introduire sur un nouveau secteur. C'est pour cette raison, qu'avant de déclarer une offre anormalement basse, l'acheteur doit se livrer à une investigation, en interrogeant par écrit le candidat dont l'offre est suspectée (CE, 5 mars 1999, Président de l'Assemblée Nationale, n° 163328). L'enquête, menée par l'acheteur, doit porter sur l'ensemble des éléments ayant une influence sur l'offre de prix du candidat. L'acheteur précise sur quels éléments constitutifs du prix porte sa demande. L'acheteur précise également les pièces dont il entend avoir communication. La réponse de l'entreprise doit comprendre l'ensemble des justifications et documents demandés. En l'absence de réponse, l'offre est écartée (CAA Bordeaux, 17 novembre 2009, SICTOM NORD, n° 08BX01571).

Leçon 13
L'attribution

Une fois que l'acheteur a fait son choix entre les différentes offres acceptables, il lui reste à conclure formellement le marché avec le candidat retenu. Il s'agit de la phase d'attribution qui clôt le processus de passation.

L'acheteur peut toutefois pour diverses raisons décider de ne pas attribuer le marché ou de le déclarer sans suite, il doit en informer les candidats dans les plus brefs délais (article 80-II du code des marchés publics).

Pour procéder à l'attribution d'un marché, le pouvoir adjudicateur doit, dans un premier temps informer les candidats dont l'offre n'a pas été retenue (I). À l'issue du délai de recours figurant dans ces lettres de rejet, l'acheteur doit réaliser un certain nombre d'actes qui permettront de conférer à l'accord entre lui et le candidat retenu le caractère d'un contrat (II). Pour que celui-ci devienne réellement exécutoire, il faut encore réaliser une série de formalités (III).

I. Les étapes préalables à la conclusion formelle du marché

Avant de pouvoir conclure le marché public, l'acheteur doit veiller à régulariser l'offre choisie (A) puis informer les candidats dont l'offre n'a pas été retenue (B).

A. La transmission des certificats fiscaux et sociaux par l'attributaire

L'acheteur doit commencer par demander au candidat retenu de **fournir les attestations fiscales et sociales** mentionnées à l'article 46 du code des marchés publics. Cette vérification permet l'attribution définitive du marché. Si l'acheteur informe les candidats évincés du rejet de leur offre avant de vérifier ces éléments, il ne pourra plus attribuer, en cas de carence du candidat arrivé en tête, le marché au candidat placé en seconde position (CE, 31 mai 2012, Cassan, n° 315851).

B. L'information des candidats évincés

Dès que ces formalités sont accomplies, tous **les candidats évincés sont informés, sans délai, du rejet de leur candidature ou de leur offre** en vertu des dispositions de l'article 80 du code des marchés publics.

Bien que cette formalité ne vise pas expressément les marchés passés selon une procédure formalisée autre que les marchés négociés sans publicité préalable ni mise en concurrence, le juge administratif considère qu'elle doit être remplie **quelque soit la nature de la consultation** (CAA Bordeaux, 7 juin 2011, Association collectif citoyens Breuil-Coiffault et autres, n° 09BX02775). En effet, l'obligation d'information des candidats évincés relève de l'article 1 du code des marchés publics, et a donc vocation à s'appliquer à tous les types de marchés, y compris les MAPA. Cette information permet aux candidats évincés de saisir le tribunal administratif d'un éventuel recours (cf. Leçon 21. Le contentieux de la passation).

Toutefois l'article 80 I 2° du code des marchés publics précise qu'il n'est **pas nécessaire** de prévoir de courrier de rejet dans le cas d'attribution du marché au seul opérateur ayant participé à la consultation. Il en va de même pour les marchés subséquents d'un accord-cadre ou d'un système d'acquisition dynamique.

1. Le contenu du courrier de rejet

Le courrier d'information doit être **motivé**.

Ce la signifie qu'après avoir rappelé les critères d'attribution, l'acheteur doit indiquer à chaque candidat évincé de la consultation :

- son classement,
- ses notes par critères,
- la motivation détaillée de ces notes,
- le nom de l'attributaire et le montant de son offre,
- la motivation ayant conduit au choix de l'offre, dans le respect des intérêts commerciaux de la société, couverts par le secret, notamment en matière industrielle et commerciale,
- les voies et délais de recours : référé précontractuel, référé contractuel, recours de plein contentieux, recours pour excès de pouvoir (cf. Leçon 21. Le contentieux de la passation).

Le juge vérifie que les motifs de rejet indiqués dans le courrier correspondent bien aux éléments de notation indiqués initialement dans le règlement de consultation (TA Montreuil 11 mars 2011, Société Bouygues Telecom, n° 1101567).

La notification des rejets peut se faire par courrier ou par voie électronique. Il convient de conserver une trace de l'envoi du courrier de rejet et de sa réception.

2. Les délais à respecter

À compter de la date d'envoi du courrier de rejet il convient d'attendre un délai d'au moins **16 jours** en cas de transmission du courrier par voie postale, ou **11** en cas d'envoi par fax ou courrier électronique pour procéder à la signature du marché. Ce délai permet à l'intéressé de contester le rejet qui lui est opposé.

Pour les MAPA, le respect de ce délai dit de « standstill » n'est pas obligatoire, cependant, afin de fermer la voie à tout recours contractuel, il convient de respecter un délai « raisonnable » entre le moment où les candidats non retenus sont informés du rejet de leur offre et la date de signature du marché. À titre d'exemple, le juge a récemment considéré un délai de 9 jours comme raisonnable (CAA Nantes, 28 mars 2013, Établissement public du domaine national de Chambord, n° 11NT03159).

Ce délai consacre une véritable garantie pour les candidats évincés et permet **l'exercice effectif d'un droit de recours**. Toutefois, cette garantie n'est pas absolue dans la mesure où la méconnaissance de ce délai n'entraîne pas la nullité du contrat mais entache sa signature d'une simple illégalité (CE, 7 mars 2005, Société Granjouan-Saco, n° 270778).

II. Les formalités de fin de procédure

Un marché public ou accord-cadre d'un montant supérieur au seuil des procédures formalisées et leurs avenants, acquièrent un caractère exécutoire lorsque les deux formalités suivantes sont accomplies :

- la signature (A),
- la notification (C).

Pour les collectivités territoriales, une formalité supplémentaire vient s'insérer entre ces deux étapes : la transmission au contrôle de légalité (B).

A. La signature

1. La mise au point du marché avant signature

Avant la signature, l'acheteur peut, en accord avec le candidat retenu procéder à une **mise au point du marché**, dans un délai raisonnable, mais qui ne doit pas aboutir à une modification des caractéristiques substantielles de l'offre, ni du classement des offres.

Elle peut par exemple permettre de rectifier des erreurs matérielles ou des adaptations de calendrier (CE, 10 janvier 1986, Société des travaux du midi) ou encore une substitution de matériaux (CE, 15 janvier 1986, Sté l'Habitat moderne).

2. Les modalités de signature

C'est la signature de **l'acte d'engagement** par l'autorité compétente pour engager l'acheteur qui constitue la conclusion formelle du marché public. Une signature du cahier des charges ne saurait suffire (CE, 26 février 1988, OPHLM de Villeneuve Saint-Georges, n° 78530).

Pour les marchés de l'État cette signature est précédée d'un contrôle financier, afin de vérifier la régularité financière de la dépense.

Pour les collectivités territoriales, c'est l'assemblée délibérante (conseil municipal, conseil général ou conseil régional) qui est compétente pour autoriser la signature du marché. Compte tenu des contraintes d'organisation de ces réunions, l'assemblée délègue cette compétence à l'exécutif (Maire, Président de conseil général ou conseil régional). Cette délégation peut revêtir plusieurs formes.

Il peut s'agir d'une **délégation générale à l'exécutif**, quelque soit le montant du marché depuis la loi n° 2009-179 d'accélération des programmes de constructions et d'investissements publics et privés modifiant le CGCT. Cette délégation générale nécessite néanmoins de rendre compte régulièrement à l'assemblée des marchés ainsi passés.

En cas d'absence de délégation générale, **l'autorisation ponctuelle** pour signer un marché doit être éclairée et fondée sur une information suffisante des élus (CE, 23 avril 1997, Ville de Caen, n° 151852). Cette autorisation nécessite une seule délibération qui peut intervenir à deux moments de la procédure :

- depuis l'ordonnance n° 2005-645 du 6 juin 2005 revenant sur la décision du Conseil d'État du 13 octobre 2004, Commune de Montélimar, les élus peuvent autoriser la signature du marché **dès le lancement de la procédure de passation** dès lors que celle-ci définit le besoin à satisfaire et fixe le montant prévisionnel du marché à passer (article L. 2122-21-1 du CGCT) ;
- autorisation **en fin de procédure**, soit après le choix de l'attributaire et juste avant la signature du contrat.

Le plus souvent cette délégation à l'exécutif est subdéléguée aux directeurs de l'administration.

B. La transmission au contrôle de légalité des marchés publics des collectivités territoriales

Pour les marchés des collectivités territoriales passés selon une procédure formalisée et leurs avenants, la notification ne peut intervenir qu'après la transmission au contrôle de légalité du marché signé (article 82 du code des marchés publics).

1. Définition et rôle du contrôle de légalité

Le contrôle de légalité est un contrôle *a posteriori* effectué par les services préfectoraux qui s'exerce sur la légalité interne (respect des dispositions législatives et réglementaires en vigueur) et sur la légalité externe (compétence de l'auteur de l'acte, respect des règles de forme...) du marché.

À compter de la date de réception du dossier complet par les services préfectoraux, le Préfet dispose d'un **délai de deux mois** pour exercer ses recours gracieux ou contentieux. Le recours contentieux consiste, pour le Préfet, à déférer le marché, l'accord-cadre ou les avenants, qui lui paraissent contraires à la légalité, devant le tribunal administratif. Il doit alors en informer sans délai la collectivité et lui communiquer toutes précisions sur les illégalités invoquées à l'encontre de l'acte concerné.

Avant d'introduire un recours contentieux, le Préfet a la possibilité :

- **d'exiger la production de pièces supplémentaires ou d'explications** sur les points qui lui semblent « litigieux ». Ces demandes ont pour effet de reporter le déclenchement du délai jusqu'à la date de transmission des pièces exigées si ces demandes visent des informations nécessaires à l'appréciation de la portée et de la légalité de l'acte (CE, 26 juillet 1991, commune de Sainte-Marie de la Réunion, n° 117717) ;
- **de demander à la collectivité la modification ou l'annulation du marché**, accord-cadre ou avenant transmis. Il s'agit alors d'un recours gracieux. Ce recours aura pour effet de proroger le délai du recours contentieux de deux mois à compter de la réception de la réponse faite par le pouvoir adjudicateur.

2. Les marchés, accords-cadres et avenants soumis au contrôle de légalité

Conformément aux dispositions du CGCT, l'obligation de transmission concerne les marchés et accords-cadres dont le montant est supérieur à celui défini par décret ainsi que leurs avenants.

Certains marchés ne sont pas soumis à cette obligation de transmission ; c'est le cas des contrats ayant pour objet la représentation d'une personne publique en vue du règlement d'un litige.

3. Les modalités de transmission

Les articles R. 2131-5 et R. 2131-6 du CGCT précisent la liste des pièces à transmettre au titre du contrôle de légalité.

Les dispositions du CGCT prévoient un **délai maximum de 15 jours** entre la signature de l'acte d'engagement ou de l'avenant par le représentant du pouvoir adjudicateur et la transmission à la préfecture. Il doit être transmis avant la notification du marché.

C. La notification

1. Formalités de la notification

La notification s'impose quel que soit le montant du marché. Cette formalité consiste en la **remise au titulaire du marché de la copie de l'acte d'engagement signé des deux parties**. Cette remise peut s'effectuer en main propre contre récépissé ou par envoi en lettre recommandée avec accusé réception. Il convient dans tous les cas de pouvoir justifier d'une date certaine de transmission. C'est en effet la date de réception par le titulaire du marché qui vaut date de notification (article 81 du code des marchés publics).

Si le marché n'est pas notifié, il ne pourra pas prendre effet, même si le titulaire reste lié jusqu'à la date de validité de son offre. Au-delà il peut renoncer au marché. Au contraire, dès lors que le marché est notifié, il ne peut plus y renoncer (CE, 12 octobre 1984, chambre syndicale des agents d'assurances des Hautes Pyrénées, n° 34671).

2. Effets de la notification

La notification confère au contrat son **caractère opposable** au titulaire du marché, qui peut dès lors s'en prévaloir tout comme l'acheteur peut se prévaloir des engagements pris par le titulaire (exécution des prestations).

La notification peut aussi valoir, si le contrat le prévoit ainsi, ordre de commencement d'exécution du marché, de l'accord-cadre ou de l'avenant. Néanmoins, le contrat peut aussi prévoir que ce commencement d'exécution sera conditionné par l'envoi d'un ordre de service de la part du pouvoir adjudicateur.

III. Les formalités postérieures à l'attribution

Il convient de respecter une autre formalité en fin de procédure afin de rendre l'attribution du marché opposable aux tiers : la publication de l'avis d'attribution (article 85 du code des marchés publics) (A). Ils peuvent alors demander communication de tous les documents constituant les pièces du marché, conformément à la loi du 17 juillet 1978 relative au droit d'accès aux documents administratifs (dite loi CADA) (B).

A. La publicité en fin de procédure

1. La publication de l'avis d'attribution en cas de procédure formalisée

Le pouvoir adjudicateur est tenu de le faire publier dans un **délai de 48 jours** maximum suivant la notification du marché l'avis d'attribution de celui-ci sur les mêmes supports que ceux ayant servis à la diffusion de l'AAPC. Cette obligation s'impose pour les marchés et accords-cadres passés selon une procédure formalisée soumis à publicité et mise en concurrence et les marchés de l'article 30 supérieurs à 200 000 euros HT.

Il n'existe pas de modèle précis pour ces avis mais il convient d'indiquer clairement dans les avis d'attribution les voies de recours et les coordonnées des instances chargées des procédures de recours, auprès desquelles des renseignements peuvent être obtenus concernant l'introduction de ces recours.

2. La publicité du marché en fin de procédure dans le cadre des MAPA

Les marchés passés selon une procédure adaptée ne sont **pas soumis à l'obligation de publication** d'un avis d'attribution dans les conditions mentionnées ci-dessus. Toutefois, pour ces marchés, la publication d'un avis d'intention de conclure le marché et l'observation d'un délai de 11 jours à compter de cette publication avant de signer le marché a pour effet de rendre irrecevable les référés contractuels.

L'absence d'une telle publication n'est pas constitutive d'une illégalité. Elle aura seulement pour conséquence de rendre recevable les référés contractuels pendant un délai de 6 mois à compter du lendemain de la conclusion du contrat (article R. 551-7 du CJA).

3. Les recensements obligatoires

Trois recensements doivent être effectués :

- Le **recensement économique de l'achat public**, (article 131 du code des marchés publics), est destiné à l'Observatoire Économique de l'Achat Public (OEAP). Il permet d'assurer au niveau national le recueil et l'exploitation de données statistiques relatives à la passation, à la notification et à l'exécution pour les marchés supérieurs à 90 000 HT et de leurs avenants.
- **La publication des marchés conclus l'année précédente** (article 133 du CMP). La liste de ces marchés, distinguant travaux, fournitures et services, puis entre montants (entre 20 000 et 90 000 HT, puis entre 90 000 HT et le seuil de déclenchement des procédures formalisées, enfin ceux dont le montant est supérieur à ces procédures), doit être arrêtée au premier trimestre de chaque année et publiée sur un support au choix de l'acheteur. Selon l'arrêté du 21 juillet 2011, cette liste doit comporter le nom, l'objet, la date et le nom de l'attributaire de chaque contrat.
- Le **recensement des marchés publics de haute technologie passés avec des PME innovantes**, prévu par l'arrêté du 26 février 2009 pris pour l'application de l'article 5 du décret n° 2009-193 du 18 février 2009 relatif aux modalités d'application de l'article 26 de la loi n° 2008-776 du 4 août 2008 de modernisation de l'économie pour la passation des marchés publics de haute technologie avec des PME innovantes.

B. La communication des éléments du marché

En plus de l'obligation d'information spontanée du pouvoir adjudicateur prévue dans le cadre de l'envoi des courriers de rejet, il doit également communiquer à tout candidat écarté qui en fait la demande les **motifs du rejet de sa candidature ou de son offre** dans les 15 jours de la réception d'une demande écrite à cette fin (article 83 du code des marchés publics). Cette demande peut intervenir lorsque le candidat estime que les motifs indiqués dans son courrier de rejet sont insuffisants ou pour demander la communication de documents ayant trait à la procédure d'attribution.

Cette demande n'a pas pour effet de repousser le délai de signature. En effet, les dispositions de la loi du 17 juillet 1978 relative au droit d'accès aux documents administratifs et les dispositions du code des marchés publics, précisent que de tels documents sont communicables dès lors que le marché a été notifié. Ce droit à la communication peut également être utilisé par n'importe quel tiers, même si celui-ci n'a pas candidaté au marché.

Sont communicables dès qu'ils n'ont plus de caractère de documents préparatoires :

- les documents de mise en concurrence (AAPC, DCE) ;
- les procès verbaux des commissions d'appel d'offres ;
- le rapport d'analyse des offres sous réserve de veiller au respect du secret industriel et commercial (certaines mentions techniques relatives aux offres analysées et non retenues doivent être occultées avant transmission) ;
- les pièces contractuelles et les documents financiers et techniques du marché conclu ;
- certains documents relatifs à l'exécution du marché (ordres de service, procès-verbaux des réunions de chantiers, décomptes…).

La réponse à une demande de motivation du rejet d'une candidature constitue une obligation dont le non-respect constitue une atteinte aux obligations de publicité et de mise en concurrence (CE, 9 août 2006, Sté Hairis SAS, n° 284577).

Repères

- L'article 80 du code des marchés publics oblige le pouvoir adjudicateur à informer les candidats non retenus du rejet de leur candidature ou de leur offre.
- L'article 81 du code des marchés publics encadre les règles de notification des marchés.
- L'article 82 du code des marchés publics prévoit la transmission au contrôle de légalité du marché signé des marchés des collectivités territoriales.
- L'article 85 du code des marchés publics prévoit la publication d'avis d'attribution après la notification du marché.
- Les articles 131 et 133 du code des marchés publics prévoient les recensements à effectuer pour les marchés publics passés par les pouvoir adjudicateurs.

Pour gagner des points

La déclaration sans suite ou la faculté de renonciation

Le pouvoir adjudicateur peut à tout moment déclarer sans suite la procédure de passation d'un marché public (articles 59 et 64 du code des marchés publics). Il s'agit d'un pouvoir totalement discrétionnaire. Le pouvoir adjudicateur peut par exemple renoncer à attribuer un marché alors même que l'analyse des offres a été menée jusqu'à son terme et que l'attributaire était choisi. Le motif le plus souvent invoqué est alors celui de la déclaration sans suite « pour motif d'intérêt général ». Cette décision est prise sans formalité par le pouvoir adjudicateur et pour les collectivités territoriales en l'absence même de décision de la commission d'appel d'offres (à l'inverse de la décision d'infructuosité). Le juge s'attachera tout de même à vérifier que cette faculté n'a pas été utilisée par l'acheteur pour contourner les principes fondamentaux de la commande publique et notamment pour écarter certaines entreprises (CE, 18 mars 2005, société Cyclergie, n° 238752) ce qui pourrait in fine constituer un délit de favoritisme. Le pouvoir adjudicateur est ensuite libre de relancer à tout moment une nouvelle procédure de marché public.

Partie 4

L'EXÉCUTION DES MARCHÉS PUBLICS

Après l'attribution d'un marché public, celui-ci entre dans sa phase d'exécution. Si les étapes précédentes, notamment de définition du besoin et choix de la meilleure offre ont un impact sur la réalisation des prestations attendues, d'autres événements peuvent survenir au cours de la vie du contrat.

L'exécution elle-même recouvre des aspects techniques (Leçon 14) mais également comptables et financiers (Leçon 15) qui sont pour l'essentiel prévus dans le contrat initial. La survenance de différents événements peut toutefois avoir pour effet de modifier ce contrat, par le biais d'un avenant (Leçon 16) ou d'un marché complémentaire (Leçon 17).

L'exécution ne concerne en principe que deux acteurs : l'acheteur et l'attributaire sauf en cas de sous ou de co-traitance par l'attributaire (Leçon 18).

Leçon 14
L'exécution technique

I. L'exécution par l'acheteur public
II. L'exécution par le titulaire du marché

Les marchés publics sont avant tout des **contrats**. Cela signifie que leur exécution est régie par les grands principes inhérents à tous les contrats et qui figurent à l'article 1134 du code civil : « Les conventions légalement formées tiennent lieu de loi à ceux qui les ont faites. »

Mais les marchés publics sont des contrats **administratifs** en vertu des dispositions de la loi n° 2001-1168 du 11 décembre 2001, portant mesures urgentes de réformes à caractère économique et financier (dite loi MURCEF). S'appliquent donc également les règles générales des contrats administratifs, et notamment celles relatives aux **prérogatives de puissance publique** détenues par l'administration, qui n'est pas un cocontractant comme les autres.

Bien qu'il s'agisse ici, comme dans tout contrat, de la rencontre de deux volontés, il n'existe pas à proprement parler d'égalité dans les obligations respectives des parties. L'acheteur public dispose de pouvoirs dans l'exécution des marchés qui excèdent les droits de parties à un contrat de droit privé.

Il convient par conséquent d'examiner dans un premier temps les pouvoirs et obligations qui incombent à l'acheteur public dans le cadre de l'exécution du marché (I) puis dans un second temps quelles sont les règles qui pèsent sur son titulaire (II).

I. L'exécution par l'acheteur public

Dans le cadre de l'exécution d'un marché public, l'acheteur, donneur d'ordre et bénéficiant de prérogatives de puissance publique dispose d'un pouvoir de contrôle et de direction (A) mais doit également se conformer à certaines obligations notamment financières (B).

A. Le pouvoir de contrôle et de direction

En tant qu'acheteur, l'administration est le co-contractant qui décide du commencement d'exécution du marché, par l'émission d'ordres de service pour les marchés de travaux ou par l'envoi de bons de commande.

Mais le pouvoir de contrôle et de direction, qui existe en dehors de toute disposition contractuelle expresse signifie également que le pouvoir adjudicateur **peut imposer des modalités d'exécution** qui n'ont pas été prévues au contrat, déterminer l'ordre de réalisation des prestations, ordonner l'exécution de travaux ou de prestations supplémentaires. Dès lors que l'exercice de ce pouvoir génère un coût supplémentaire pour le titulaire, celui-ci doit toutefois être indemnisé (CAA Bordeaux, 31 juillet 2003, Ville de Biarritz).

Par ailleurs, le pouvoir adjudicateur dispose de la possibilité de **vérifier à tout moment que le titulaire respecte bien les obligations** qui sont prévues dans le cadre du marché. Il peut à cette fin exiger tous les renseignements ou les prestations nécessaires pour exercer ce contrôle.

Les sanctions dont dispose l'acheteur pour exercer ce pouvoir de direction et de contrôle sont multiples. Il peut s'agir de pénalités financières, mais également du **pouvoir de résiliation**. De manière générale et même en l'absence de dispositions expresses dans le contrat, l'administration peut résilier unilatéralement et à tout moment le marché pour un motif d'intérêt général (cf. Leçon 20. la résiliation), et ce même si le titulaire n'a commis aucune faute. Cette résiliation ouvre droit à une indemnisation (CE, Ass., 2 mai 1958, Distillerie de Magnac-Laval).

B. Les obligations financières

1. L'obligation de payer le prix prévu au contrat

En vertu des dispositions du code des marchés publics relatives au prix du marché (article 17 et suivants), l'administration est tenue de payer le prix prévu au contrat selon les modalités prévues dans le cadre de son exécution financière (cf. Leçon 15. L'exécution financière et comptable).

En principe, les prix sont conclus à titre **définitif** (article 18-I du Code des marchés publics). Cela signifie qu'il est impossible pour les parties de modifier ce prix, sauf à corriger des erreurs matérielles. Le prix, bien que définitif peut toutefois être **« ferme »**, c'est-à-dire qu'il ne pourra être révisé, même par voix d'avenant ou **« révisable »**, c'est-à-dire qu'il évolue, selon des modalités définies dans le contrat au fur et à mesure de l'exécution de la prestation.

Le recours à des **prix provisoires** est exceptionnel et encadré par les dispositions de l'article 19 du code des marchés publics. L'acheteur peut y recourir en cas de prestations complexes ou faisant appel à une technique nouvelle et présentant soit un caractère d'urgence impérieuse, soit des aléas techniques importants. Il peut également l'utiliser lorsque les résultats d'une enquête de coût de revient portant sur des prestations comparables commandées au titulaire d'un marché antérieur ne sont pas encore connus. Ce procédé est également prévu pour les marchés de maîtrise d'œuvre.

Les prix des prestations sont soit des **prix unitaires** appliqués aux quantités livrées ou réalisées, soit des **prix forfaitaires** appliqués à tout ou partie du marché, quelles que soient les quantités. Les prix unitaires sont notamment très utiles pour les marchés de fournitures. Le candidat s'engage sur un « bordereau de prix unitaires » pour tel ou tel produit. Le prix du marché sera alors le prix unitaire multiplié par le nombre de produits commandés. Il s'adapte également aux marchés de prestations intellectuelles basés sur un tarif horaire. Les prix forfaitaires pourront en revanche trouver à s'appliquer pour des marchés de travaux.

2. L'obligation d'indemnisation en cas d'aggravation des charges

Le titulaire du marché est tenu de se limiter à exécuter les prestations prévues dans le contrat. Néanmoins, il peut être indemnisé pour la réalisation de **prestations complémentaires** dès lors qu'il a averti l'acheteur et que celui-ci ne s'y est pas opposé. Notamment peuvent être indemnisés les travaux « indispensables à la bonne exécution des ouvrages compris dans les prévisions du marché » (CE, 1er janvier 2007, Société routière Perez, n° 280314).

L'aggravation des charges peut aussi résulter de **sujétions imprévues**, le prix devra être modifié pour compenser les surcoûts liés à des difficultés techniques, des intempéries ou un fait extérieur aux parties. Les cas plus théoriques de « fait du prince », d'imprévision ou de force majeure peuvent également donner lieu à une indemnisation.

II. L'exécution par le titulaire du marché

Les obligations qui pèsent sur le titulaire du marché sont plus importantes que pour l'administration. Il est tenu de l'exécuter personnellement (A), de respecter les délais (B) et de se conformer aux prescriptions du cahier des charges (C).

A. L'exécution personnelle

1. Le principe

Les marchés publics sont conclus *intuitu personae* et partant doivent faire l'objet d'une exécution personnelle par le cocontractant qui s'y est engagé par la signature de la pièce principale du marché : l'acte d'engagement.

Aussi et y compris dans les cas de sous-traitance prévus par les dispositions de l'article 112 du code des marchés publics (cf. Leçon 18. La sous-traitance), le titulaire du marché demeure « personnellement responsable de toutes les obligations résultant du marché » (article 113 du code des marchés publics). Le titulaire ne peut d'ailleurs pas sous-traiter l'intégralité du marché et doit toujours en exécuter une part personnellement.

2. L'impossibilité d'exécution personnelle

Cette exécution personnelle par le titulaire peut être rendue impossible dans certaines circonstances précises et il pourra par conséquent y être dérogé.

– **Les cas de cession**

Le titulaire initial peut disparaître au cours de la durée du marché, pour être remplacé par une autre entité. La situation est alors celle de la cession du marché public, c'est-à-dire par le remplacement du titulaire par un tiers, au cours de l'exécution de ce contrat. La notion de tiers devant s'entendre comme une personne morale distincte du titulaire initial du contrat. C'est le cas dans les situations de scission ou de fusion d'entreprise mais pas en ce qui concerne les transformations de société ni leur filialisation. Le Conseil d'État définit dans un avis du 8 juin 2000 (avis du CE du 8 juin 2000 sur les cessions de contrats de marchés publics ou de délégation de service public, n° 364803) la notion de cession en matière de marchés publics ainsi que le régime qui lui est applicable.

La cession consiste en une reprise « pure et simple » par le nouveau titulaire de l'ensemble des droits et obligations résultant du contrat initial. Les éléments essentiels du contrat que sont la durée, le prix, la nature des prestations doivent être maintenus sauf au fausser la mise en concurrence initiale.

Cette cession ne peut avoir lieu qu'après **l'autorisation expresse** de l'acheteur (CE, 20 janvier 1905, Compagnie départementale des eaux). En vertu du droit français, cette autorisation n'a pas à être précédée d'une formalité de publicité ou de mise en concurrence, mais la CJCE (CJCE, 19 juin 2008, Pressetext Nachrichten Agentur GmbH, aff n° C-454/06) considère quant à elle que la cession doit d'une part avoir été prévue au contrat et d'autre part être précédée de telles formalités.

Le pouvoir adjudicateur peut refuser une cession soit dans l'intérêt du service (CE, 9 février 1933, Mélon) soit pour défaut des garanties techniques, professionnelles et financières apportées par le nouvel attributaire (CE, 5 juillet 1935, commune de Reuilly).

– Les **entreprises en redressement ou en liquidation judiciaire**

Les titulaires de marché publics peuvent également faire face au cours de l'exécution à des difficultés telles qu'elles se trouvent en situation de redressement ou de liquidation judiciaire.

La seule situation de placement en **redressement judicaire** d'une entreprise ne saurait justifier la résiliation par l'administration du marché en cours. Cela ne peut être le cas que si cette situation empêche le titulaire de respecter ses obligations contractuelles ou met en péril la continuité du service public (CE 21 septembre 1990, Pernot, SA des établissements Biliard, n° 36520).

La **liquidation judiciaire** a quant à elle pour effet d'interrompre automatiquement les activités de l'entreprise et entraîne par voie de conséquence la résiliation unilatérale du contrat par l'administration.

B. L'exécution dans le respect des délais

Il convient de distinguer deux délais : le délai du marché, c'est-à-dire, la durée de vie de l'acte contractuel, de la durée d'exécution des prestations prévue par ce contrat.

Par exemple les marchés à bons de commandes prévoient une durée de marché (inférieure à quatre ans) et des délais d'exécution dans le cadre de l'émission de chaque bon de commande. Le délai d'exécution, notamment des derniers bons, peut ainsi dépasser la durée du marché.

1. Le délai du marché

L'article 81 du code des marchés publics précise que la durée du marché commence à courir à compter de la **notification** de celui-ci. Il s'agit donc de la date de **début** du marché.

L'article 16 du code des marchés publics n'établit **pas de durée maximale** des marchés qui doit être fixée en fonction de « la nature des prestations et de la nécessité d'une remise en concurrence périodique ». Il existe cependant des durées maximales fixées par le code pour certains types de marché. Ainsi les marchés de communication passés selon une procédure de dialogue compétitif ne peuvent excéder quatre ans (article 68) tout comme les accords-cadres et les marchés à bons de commande (articles 76 et 77 et sauf cas exceptionnels dûment justifiés). Les marchés négociés de l'article 35-II-4° sont limités à trois ans.

La notion de durée du marché s'entend comme la durée totale de celui-ci c'est-à-dire qu'elle inclut les différentes **reconductions**.

La reconduction du marché qui est par principe **tacite** en vertu de l'article 16 du code des marchés publics est possible sous quatre conditions.

- les caractéristiques du marché doivent être inchangées,
- la mise en concurrence initiale doit avoir été calculée en prenant en compte la durée totale du marché, c'est-à-dire incluant les reconductions,
- le nombre de reconduction doit avoir été expressément indiqué dans le marché,
- le nombre de reconductions doit tenir compte de la nature des prestations et de la nécessité d'une remis en concurrence périodique.

2. Les délais d'exécution

En principe, la date de début du délai d'exécution est également celle de la **notification** du marché, mais elle peut être différente. Ainsi, pour les marchés de travaux le début du délai d'exécution est celui de l'émission du **premier ordre de service**, voire du commencement effectif des travaux (CE, 3 janvier 1958, commune de Bourg Saint Léonard).

La durée prévisionnelle d'exécution du marché est en général prévue dans le cahier des clauses administratives particulières. Ils peuvent prendre la forme de plannings. Si aucun délai n'est prévu expressément, sera pris en pris en compte la « durée normale d'exécution » évaluée en fonction de l'importance des travaux (CE, 7 février 1951, Ville de Paris).

Ce délai peut être prolongé à la demande de l'acheteur, en fonction d'une évolution de programme par exemple. Mais des retards peuvent également résulter d'événements extérieurs, soit du fait de tiers, de sujétions imprévues ou de cas de force majeure (intempéries par exemple).

Le troisième cas de **modification** peut être celui lié à une carence de la part du titulaire du marché. L'acheteur peut dans ce cas le sanctionner en lui appliquant des **pénalités de retard** prévues au contrat. L'acheteur n'est jamais tenu d'appliquer ces pénalités (CE, 17 mars 2010, commune d'Issy les Moulineaux, n° 308676). Le juge administratif peut également décider de moduler ces pénalités si elles s'avèrent manifestement excessives ou, au contraire dérisoires (CE, 29 décembre 2008, OPHLM de Puteaux, n° 296930).

C. L'exécution conforme aux prescriptions du marché

Une fois que le marché est devenu exécutoire, le titulaire doit respecter les obligations et dispositions prévues au contrat et ce, quand bien même ce dernier aurait commis une erreur dans son offre (CAA, Marseille, 21 février 2008, SA Cassan, n° 05MA02082).

1. Les modifications apportées aux prescriptions du marché

Les prescriptions du marché qui tiennent lieu de loi aux parties peuvent néanmoins évoluer en cours d'exécution de celui-ci soit par le biais de l'émission, par l'acheteur d'un ordre de service, soit par la conclusion d'un avenant (cf. Leçon 16. L'avenant).

L'ordre de service est un acte administratif unilatéral, le plus souvent écrit, signé et daté et qui permet au pouvoir adjudicateur de modifier certaines prestations à réaliser, d'autoriser le titulaire de changer de procédé ou de matériau, de décider de poursuivre ou même de prononcer des sanctions. Le titulaire est tenu de respecter cet ordre de service au risque de voir sa responsabilité contractuelle engagée (CE, 17 février 1978, Sté Compagnie française d'entreprise). L'ordre de service ne peut toutefois pas avoir pour objet de modifier substantiellement le marché et si tel était le cas le titulaire est fondé à refuser de l'exécuter.

2. Les sanctions de l'inexécution

Dans le cas d'une mauvaise exécution de ses obligations ou d'une exécution défaillante, le titulaire s'expose à des sanctions. Le pouvoir adjudicateur dispose d'un panel de mesures pour faire face à ces difficultés. Il peut mettre en œuvre des **pénalités** de retard ou des pénalités pour exécution défaillante. Ces pénalités doivent être prévues par le contrat.

Mais l'acheteur dispose également du pouvoir de sanction inhérent à tous les contrats administratifs en dehors de toute disposition contractuelle. En cas de méconnaissance durable des obligations contractuelles ou de refus d'exécuter un ordre de service, l'acheteur pourra par exemple obtenir la condamnation du titulaire au versement de **dommages et intérêts** sur le fondement de la **responsabilité contractuelle** (CE, 31 mai 1907, Deplanque) (cf. Leçon 22. Le contentieux de l'exécution). Il pourra également procéder à titre provisoire à la **mise en régie** du marché (cf. pour gagner des points).

Enfin, et en plus de la recherche de la responsabilité contractuelle du titulaire, le pouvoir adjudicateur peut en cas de manquement grave prononcer la **résiliation** du marché pour faute. Il s'agit alors d'une sanction résolutoire définitive (cf. Leçon 20. La résiliation).

Repères

- L'article 113 du code des marchés publics prévoit que le titulaire du marché est personnellement responsable de toutes les obligations résultant du marché.
- Dans un avis du 8 juin 2000 (n° 364803) le Conseil d'État définit la notion de cession en matière de marchés publics ainsi que le régime qui lui est applicable.
- L'article 81 du code des marchés publics précise que la durée du marché commence à courir à compter de la notification de celui-ci.
- L'article 16 du code des marchés publics n'établit pas de durée maximale des marchés qui doit être fixée en fonction de la nature des prestations et de la nécessité d'une remise en concurrence périodique.

Pour gagner des points

La mise en régie du marché

La mise en régie permet à l'administration, lorsqu'une entreprise titulaire d'un contrat public est défaillante dans l'exécution des prestations, de procéder à son remplacement par une autre entreprise ou d'effectuer la prestation directement par ses services. Cette mise en régie est une mesure provisoire et à l'inverse de la résiliation, elle n'a pas pour effet de rompre les liens contractuels entre l'entreprise défaillante et le maître d'ouvrage. Elle est expressément prévue par le cahier des clauses administratives générales « travaux » mais peut également s'appliquer à des marchés de services ou aux marchés de fourniture. Les conditions de sa mise en œuvre sont strictement encadrées : elle doit être précédée d'une mise en demeure (CE, 21 mars 1986, Meyrignac) qui doit préciser les manquements reprochés au titulaire. Les conséquences onéreuses qui ont résulté de la mise en régie ne peuvent être mises à la charge du titulaire du marché.

Leçon 15 L'exécution financière et comptable

L'exécution financière et comptable du marché consiste principalement en le paiement du prix du marché.

L'enjeu est particulièrement important pour le pouvoir adjudicateur qui doit assurer un suivi précis et rigoureux de l'exécution des marchés afin d'éviter toute dérive financière. Aussi, après le début d'exécution du marché, et avant le mandatement des paiements, les cocontractants déterminent les sommes dues par l'établissement de décomptes qui peuvent être périodiques, finaux ou généraux.

L'intérêt des entreprises titulaires de marché est tout aussi prégnant dans la mesure où celles-ci doivent engager des moyens matériels et humains pour commencer d'exécuter les prestations commandées. Il s'agit donc pour elle d'être payé rapidement.

C'est pourquoi, le titre IV du code des marchés publics énumère différentes mesures facilitant le paiement des opérateurs économiques, tout en assurant la protection des intérêts financiers des pouvoirs adjudicateurs, c'est-à-dire des deniers publics.

Il convient que les modalités de financement du marché soient assurées (I) afin de pouvoir procéder à l'exécution comptable, c'est-à-dire au règlement du prix du marché (II).

I. L'exécution financière

Le financement d'un marché signifie à la fois que l'acheteur s'est assuré qu'il dispose bien des crédits nécessaires pour payer les prestations qu'il a commandées (A) mais également que le prestataire est capable de mobiliser les fonds nécessaires pour exécuter correctement le marché (B).

A. Le financement du marché par l'acheteur public

Préalablement à toute passation d'un marché public, l'acheteur doit s'assurer qu'il dispose des moyens financiers pour exécuter le marché. En ce sens, il faut systématiquement que l'engagement comptable précède l'engagement juridique. Un pouvoir adjudicateur ne peut pas conclure un marché, s'il ne dispose pas des crédits nécessaires pour le payer.

Pour financer le marché, l'acheteur peut soit mobiliser ses **ressources propres** ou bien recourir à **l'emprunt**.

B. Le financement par le titulaire

1. Les modalités de financement par le titulaire

Pour dégager les capacités financières nécessaires pour faire face aux dépenses induites par le marché (acquisition de matériel notamment), et s'il ne dispose pas des ressources propres suffisantes, l'opérateur économique titulaire du marché peut recourir à la **cession et au nantissement de créances**.

Le titulaire du marché (ou tout sous-traitant qui bénéficie du paiement direct) peut en effet céder ou nantir à des **établissements de crédit** ou à une **autre entreprise** leur créance, dans les conditions prévues aux articles 106 à 110 du code des marchés publics.

Pour ce faire, l'acheteur public remet au titulaire du marché, à sa demande, soit une copie de l'original du marché, soit un **certificat de cessibilité** conforme à un modèle défini par l'arrêté du 28 août 2006 relatif au certificat de cessibilité des créances issues de marchés publics. Le dispositif de l'exemplaire unique (certificat de cessibilité) empêche que la même créance soit cédée plusieurs fois ou qu'une entreprise cède la créance d'une autre.

Le titulaire du marché remet cet exemplaire unique ou ce certificat de cessibilité à son cessionnaire (ou au bénéficiaire du nantissement), lequel notifie la cession au comptable assignataire de l'acheteur et lui fait parvenir l'exemplaire unique ou le certificat de cessibilité.

La notification d'une **cession consentie à une banque**, issue de la loi n° 81-1 du 2 janvier 1981 modifiée, dite « loi Dailly », dont les dispositions sont reprises dans le code monétaire et financier, doit être faite par lettre recommandée avec accusé de réception ou par tout autre moyen permettant de donner date certaine.

L'entreprise titulaire d'un marché public et notamment les PME peuvent également avoir recours au soutien de la **banque publique d'investissement** (BPI) pour financer les investissements nécessaires. Mise en place en juillet 2013, la BPI peut intervenir de différentes façons, en octroyant des avances de trésorerie, en accordant des garanties d'emprunt ou en prêtant elle-même les sommes.

2. Les garanties financières exigées auprès des titulaires de marchés publics

Les marchés publics peuvent prévoir s'il y a lieu, à la charge du titulaire, une **retenue de garantie** dont le montant ne peut être supérieur à 5 % du montant initial du marché augmenté, le cas échéant, du montant des avenants. La retenue de garantie est prélevée par fractions sur chacun des versements, hormis lorsque ces versements présentent le caractère d'une avance, dont la base de calcul est différente. Cette retenue de garantie est destinée à couvrir les réserves à la réception des prestations.

À défaut de la formulation de telles réserves dans le délai de garantie, cette retenue de garantie doit être remboursée un mois, au plus tard, après l'expiration du délai de garantie.

Le titulaire peut, pendant toute la durée du marché, substituer à la retenue de garantie une garantie à première demande ou, si le pouvoir adjudicateur ne s'y oppose pas, une **caution personnelle et solidaire**. Cette possibilité donne aux entreprises une plus grande marge de manœuvre pour gérer leur marché. Ainsi, un titulaire de marché peut, par exemple, à la réception des travaux, fournir une caution « papier », valable jusqu'à la fin du délai de garantie, et récupérer la retenue de garantie.

II. L'exécution comptable

Le règlement des marchés publics est encadré par les règles de la comptabilité publique précisées par les dispositions du code des marchés publics. Celui-ci prévoit notamment des cas de règlement anticipés (A), l'encadrement du paiement dans des délais relativement courts (B) eu égard notamment aux différentes étapes à respecter pour procéder au paiement (C).

A. Les paiements anticipés

1. Les avances

L'octroi d'avances a pour objet de faciliter l'exécution des marchés et d'assurer l'égalité d'accès aux marchés entre les entreprises qui disposent d'une trésorerie suffisante pour démarrer l'exécution des prestations et celles qui n'en disposent pas (les PME et les associations notamment).

Le montant à partir duquel une avance est obligatoirement accordée au titulaire ou au sous-traitant d'un marché est de **50 000 euros HT** (article 87 du code des marchés publics) et si le délai d'exécution du marché est supérieur à **deux mois**. Le montant minimum de l'avance est fixé à **5 %**. L'avance constitue un droit pour les entreprises, qui peuvent toutefois y renoncer.

Le calcul du montant de l'avance se fait sur la base du montant des prestations **exécutées en propre** par le titulaire. L'assiette de l'avance ne comprend donc pas le montant des prestations sous-traitées qui font l'objet d'un paiement direct. En revanche, le montant des prestations sous-traitées qui ne font pas l'objet d'un paiement direct au sous-traitant est inclus pour le calcul de l'avance versée au titulaire.

Si la durée d'exécution est inférieure ou égale à douze mois, le montant de l'avance est de 5 % du montant TTC (hors sous-traitance) du marché ou de la tranche affermie, ou du montant minimum du bon de commande ou, à défaut, du bon de commande.

Si cette durée est supérieure à douze mois, l'avance est égale à 5 % d'une somme égale à douze fois le montant TTC (hors sous-traitance) du marché ou de la tranche affermie ou du montant minimum du bon de commande ou, à défaut, du bon de commande, divisé par cette durée exprimée en mois.

Pour les **marchés à bons de commandes**, le calcul est différent, selon que le marché comporte ou non un montant minimum.

Dans le cas où le marché prévoit **un montant minimum** :

- si la durée du marché est inférieure à douze mois, le montant de l'avance est fixé à 5 % du montant minimum, toutes taxes comprises, du marché ;
- si la durée du marché est supérieure à douze mois, le montant de l'avance est fixé à 5 % d'une somme égale à douze fois le montant minimum du marché, divisé par la durée du marché exprimée en mois.

Dans le cas où le marché ne prévoit **pas de minimum**, ni de maximum ou comporte un minimum et un maximum fixés en quantité :

- si la durée du bon de commande est inférieure à douze mois, le montant de l'avance est fixé à 5 % du montant, toutes taxes comprises, du bon de commande ;
- si la durée du bon de commande est supérieure à douze mois, le montant de l'avance est fixé à 5 % d'une somme égale à douze fois le montant du bon de commande, divisé par la durée du bon de commande exprimée en mois.

Les montants fixés par le code sont des minima. **L'acheteur public peut toujours décider de verser des avances d'un montant plus élevé**, notamment en période de crise économique pour aider les entreprises à exécuter le marché dans de bonnes conditions. Le montant de l'avance ne peut toutefois **pas excéder 30 %** du montant du marché ou 60 % si l'entreprise qui en bénéficie (titulaire ou sous-traitant) constitue une garantie à première demande.

2. Les acomptes

À la différence des avances, les acomptes sont versés pour des prestations effectuées en cours d'exécution du marché : l'acompte rémunère un service fait. Le versement d'acomptes est **un droit**. Ils sont versés même en cas de silence du marché. L'acheteur doit vérifier que la prestation a été effectuée. Cette vérification est constatée par un document écrit qu'il établit lui-même ou vérifie et déclare accepter.

La périodicité de versement des acomptes est de **trois mois maximum** ; dans certains cas prévus par le code, elle peut être ramenée à un mois.

Le dernier acompte ne doit pas être confondu avec le solde, qui, pour les marchés de travaux, ne peut être déterminé que lors de l'établissement du décompte général.

3. Les primes de réalisation anticipée

L'article 17 du code des marchés publics prévoit que des clauses incitatives peuvent être insérées dans les marchés, afin d'améliorer les délais d'exécution, de rechercher une meilleure qualité des prestations ou de réduire les coûts de production.

Les dispositions cahier des clauses administratives générales des marchés publics de travaux précisent que : « Si les documents particuliers du marché prévoient des primes d'avance, leur attribution est faite sans que le titulaire soit tenu de les demander, qu'il s'agisse de primes relatives à l'exécution de l'ensemble des travaux ou de primes concernant certains ouvrages, parties d'ouvrages ou ensembles de prestations faisant l'objet de délais particuliers ou de dates limites fixés dans le marché ». Des dispositions équivalentes figurent dans tous les CCAG.

B. Le délai de paiement

1. L'obligation pour l'acheteur de respecter un délai global de paiement

Le pouvoir adjudicateur est tenu de respecter les délais de paiement prévus par les dispositions de l'article 98 du code des marchés publics. Le délai maximum de paiement de l'État, de ses établissements publics administratifs, des collectivités territoriales et de leurs établissements publics est de **trente jours**.

Les établissements publics de santé et les établissements du service de santé des armées bénéficient d'un délai de **cinquante jours**. Les établissements sociaux et médico-sociaux ne bénéficient pas de ce délai spécifique, le délai de trente jours leur est donc applicable.

La personne publique contractante peut, quel que soit le montant du marché, s'engager, si elle l'estime nécessaire, sur un délai global maximum inférieur au délai global maximum réglementaire. Toute clause stipulant un délai supérieur à ce dernier serait nulle.

2. La sanction du non respect des délais

Le décret n° 2013-269 du 29 mars 2013 relatif à la lutte contre les retards de paiement dans les contrats de la commande publique prévoit que si l'entité publique paye son fournisseur avec retard, elle lui doit :

- **des intérêts moratoires**, calculés en fonction du nombre de jours de retard. Le taux des intérêts moratoires correspond au taux directeur de la Banque centrale européenne (BCE), en vigueur au premier jour du semestre au cours duquel les intérêts moratoires ont commencé à courir, majoré de 8 points de pourcentage ;
- **une indemnité de 40 €** pour frais de recouvrement, montant forfaitaire dû dès le 1er jour de retard. Ce montant forfaitaire doit s'ajouter systématiquement aux pénalités de retard dues au créancier, mais n'est pas inclus dans la base de calcul des intérêts moratoires.

Les intérêts moratoires et l'indemnité forfaitaire sont exigibles sans qu'un rappel ne soit nécessaire, c'est-à-dire sans qu'il soit nécessaire d'envoyer une lettre recommandée afin de déclencher le droit de percevoir des pénalités de retard.

Ils doivent être payés dans les 45 jours suivant la mise en paiement du principal.

Les intérêts moratoires sont de droit, sans formalité, dès lors que le délai maximum de paiement est dépassé.

C. Les modalités de règlement

- Afin de pouvoir payer les prestations, il convient dans un premier temps d'établir des **décomptes**. Ceux-ci peuvent être périodiques et donnent lieu au versement d'acomptes (au maximum tous les trois mois).

- À la fin du marché, le titulaire établit un projet de décompte final qu'il transmet à l'acheteur. Ce dernier émet toutes les observations et corrections qui lui paraissent nécessaires et le projet devient ainsi le « **décompte final** » renvoyé au titulaire.
- L'opérateur économique dispose alors d'un délai de 45 jours pour contester ou émettre des réserves sur ce décompte. En cas d'acceptation expresse ou tacite le décompte devient le **décompte général et définitif** qui permet de solder définitivement le marché et d'arrêter les comptes.

Afin de régler les sommes dues, l'ordonnateur adresse au comptable un **mandat**, après avoir vérifié que les crédits sont bien disponibles et après avoir attesté la réalité du service fait. Le comptable public quant à lui, au vu du mandat et des pièces justificatives contrôle la légalité externe de la dépense et procède au paiement.

Repères

- Les articles 106 à 110 du code des marchés publics prévoient les règles relatives à la cession et au nantissement de créances.
- L'article 87 du code des marchés publics fixe le régime des avances.
- L'article 17 du code des marchés publics prévoit que des clauses incitatives peuvent être insérées dans les marchés.
- L'article 98 du code des marchés publics fixe les délais paiement des marchés publics.
- La circulaire du 14 février 2012 relative au Guide de bonnes pratiques en matière de marchés publics émet des recommandations pour « contribuer à la bonne exécution des marchés publics ».

Pour gagner des points

Le paiement direct du sous traitant

Les conditions dans lesquelles l'entrepreneur peut faire appel à un ou plusieurs sous-traitants, leur acceptation et l'agrément de leurs conditions de paiement ainsi que les modalités de règlement de leurs prestations sont décrits dans la leçon 18.

Le sous-traitant de premier rang a droit au paiement direct, si les conditions d'acceptation et d'agrément sont satisfaites et que le montant de sa créance est d'au moins 600 euros TTC (articles 115 à 117 du code des marchés publics). Toute renonciation au paiement direct est réputée non écrite. Sont nuls et de nul effet, quelle qu'en soit la forme, les clauses, stipulations et arrangements qui auraient pour effet de faire échec aux dispositions de la loi.

Le sous-traitant ne bénéficie pas de l'ensemble des dispositions financières du marché, mais uniquement de celles figurant à l'acte spécial de sous-traitance. Il ne bénéficie donc pas de droit des clauses de variation des prix inscrites dans le marché liant la personne publique au titulaire. Il ne peut prétendre qu'à l'application du contrat de sous-traitance et de ses éventuelles clauses de variation de prix.

Les sous-traitants peuvent être réglés rapidement, grâce à la simplification de la procédure de paiement. Ils doivent adresser leur demande de paiement au titulaire du marché ainsi qu'au pouvoir adjudicateur ou à la personne désignée par lui dans le marché. Le titulaire dispose d'un délai de quinze jours pour donner son accord ou notifier son refus au sous-traitant ainsi qu'au pouvoir adjudicateur ou à la personne désignée par lui dans le marché. Le pouvoir adjudicateur procède au paiement du sous-traitant, dans le délai prévu à l'article 98 du code des marchés publics.

LEÇON 16
LES AVENANTS

En cours d'exécution, le contenu d'un marché public peut être modifié par la passation, entre les deux parties, d'un avenant au contrat initial. L'avenant est l'acte par lequel les parties à un contrat modifient ou complètent une ou plusieurs de ses clauses.

Cette modification ne peut avoir ni pour objet ni pour effet de substituer au contrat initial un autre contrat, soit parce que son économie en serait bouleversée, soit parce que son objet ne serait plus le même.

Cette possibilité, ouverte par le code des marchés publics est par conséquent strictement encadrée. Une nouvelle fois, la préoccupation principale qui guide les règles applicables aux avenants est que la modification apportée par ce dernier ne vienne pas *a posteriori* remettre en cause la mise en concurrence initiale et ainsi permettre à l'acheteur de détourner les grands principes de la commande publique (cf. Leçon 3. Les grands principes de la commande publique).

Le champs des modifications pouvant donner lieu à un avenant est donc limité (I) et conditionne la légalité de celui-ci (II).

I. Les conditions générales applicables à tous les types d'avenants

Tel que défini par le code des marchés publics (A), un avenant ne peut être passé que dans certaines conditions (B) et selon une procédure spécifique (C).

A. La définition de l'avenant

L'avenant est un **contrat écrit**, constatant un accord de volonté des parties contractantes et ayant pour **objet de modifier une ou plusieurs dispositions de l'accord antérieur ou du marché initial**. La signature d'un avenant ne doit pas remettre en cause les conditions de la mise en concurrence initiale, c'est pourquoi il ne doit ni bouleverser l'économie du marché (sauf en cas de sujétions imprévues) ni en changer l'objet.

La légalité d'un avenant s'apprécie au regard de l'importance de l'écart constaté entre le coût initial du marché et le nouveau coût après prise en compte de l'avenant (c'est l'équilibre financier du contrat), mais aussi en fonction de la nature des modifications apportées par l'avenant au regard de la consistance du marché qui ne doivent pas en changer l'objet. Les modifications apportées doivent être indissociables des prestations prévues dans le marché initial.

B. Les principaux motifs de passation d'un avenant

1. Les avenants pour prestations complémentaires

Ce type d'avenant est prévu par les dispositions de l'article 118 du code des marchés publics.

Si le montant des prestations exécutées **atteint le montant prévu par le marché**, il est possible de poursuivre l'exécution du marché avec des **prestations complémentaires**. Cependant, l'exécution de ces prestations complémentaires est subordonnée à la conclusion préalable d'un avenant, que les prix indiqués au marché soient forfaitaires ou unitaires.

Les prestations ou travaux complémentaires ne doivent, en aucun cas, recevoir un début d'exécution avant la notification de l'avenant au titulaire du marché. Pour les acheteurs, il importe par conséquent d'anticiper au maximum la date à laquelle les prestations exécutées atteindront le montant fixé par le marché.

2. Les avenants pour sujétions imprévues

Ce type d'avenant est prévu par les dispositions de **l'article 20** du code des marchés publics.

La notion de sujétions techniques imprévues est d'interprétation stricte : ce sont des **difficultés matérielles rencontrées lors de l'exécution du marché** qui rendent nécessaires la passation de l'avenant. Les sujétions techniques imprévues recouvrent soit l'utilisation de techniques plus onéreuses soit des travaux de même nature que ceux initialement engagés mais en masse plus importante.

Ces aléas techniques ou sujétions techniques imprévues doivent pour ouvrir droit à réparation supplémentaire, revêtir l'ensemble des caractéristiques suivantes (CE, 30 juillet 2003, commune de Lens, n° 223445) :

- **imprévisibles** lors de la conclusion du contrat,
- **extérieures** aux parties,
- **exceptionnelles**.

Il s'agit du seul cas rendant possible le bouleversement de l'économie du contrat.

L'usage est de fixer **à 5 %** de la masse initiale des travaux le seuil au-delà duquel la collectivité doit rémunérer l'entreprise au prix coûtant (soit à l'exclusion de tout bénéfice) pour la réalisation des travaux supplémentaires nécessaires à la réalisation de l'ouvrage et résultant de sujétions imprévisibles et extérieures aux parties. Dans cette hypothèse, il est admis que « les travaux supplémentaires » puissent augmenter significativement et même bouleverser les montants prévus au marché, dont l'objet n'est pas cependant pas modifié.

La jurisprudence délimite les contours de cette notion de sujétions techniques imprévues, en précisant notamment que :

- Ne sont pas considérées comme étant imprévisibles des travaux supplémentaires pour permettre **l'accueil d'effectifs supplémentaires** ; le juge a considéré que ces travaux auraient pu être anticipés et ne constituaient donc pas des sujétions techniques imprévues (TA de Cergy-Pontoise, 12 février 2002, Préfet de le Seine Saint-Denis).
- Ne sont pas considérées comme étant extérieures aux parties contractantes justifiant la passation d'un avenant, **les demandes et exigences émises par des organismes extérieurs** (CE, 30 juillet 2003, Commune de Lens, n° 223445). Il en va autrement lorsque ces demandes doivent être obligatoirement prises en compte par le maître d'ouvrage en vertu d'un texte (prescription de la commission de sécurité, etc.).
- Ne sont pas considérées comme étant des sujétions techniques imprévues des « difficultés imprévisibles provoquées par la présence d'une poche d'argile nécessitant

notamment une modification des fondations » au motif que le préjudice financier, estimé à 3,39 % du prix du marché, ne bouleverse pas l'économie du contrat (CAA Marseille, 5 octobre 2009, Société Campenon Bernard Méditerranée, n° 07MA00647).

3. Les avenants de transfert sans incidence financière

Dès lors que la cession du marché est prévue dans les pièces contractuelles, la collectivité publique doit autoriser la cession du marché (avis du CE du 8 juin 2000 de la section des finances du Conseil d'État sur les cessions de contrats de marchés publics ou de délégation de service public, n° 364803 et CJCE 19 juin 2008 Pressetext Nachrichtenagentur Gmbh, aff n° C-454/06) :

- lorsqu'il y a **changement de personne morale** (fusion, absorption, scission emportant création d'une entreprise nouvelle, cession de fonds de commerce ou d'une branche, adhésion à un groupement d'intérêt économique avec apport du marché) ;
- lorsqu'un **tribunal de commerce** décide une cession de l'actif du titulaire du marché.

Pour rappel, la passation d'un avenant n'est pas obligatoire lorsque des changements dans la structure de l'entreprise n'entraînent pas la création d'une nouvelle personne morale, n'affectent pas sa forme juridique mais sa raison sociale ou sa domiciliation. La production d'un certificat administratif, accompagné d'une lettre d'information signée du titulaire du marché, suffit alors pour poursuivre l'exécution du marché.

4. Les avenants pour prolongation de délais

La prolongation du délai d'exécution ou de livraison des prestations doit faire l'objet d'un avenant. **La prolongation de délai peut générer ou non des incidences financières**. Il convient alors de distinguer les deux cas :

- s'il y a prolongation des délais d'exécution du marché initial **sans modification du volume des prestations** à réaliser par le prestataire, il s'agira d'un avenant de prolongation de délais sans incidence financière ;
- si la prolongation de délai entraîne l'exécution de **prestations supplémentaires**, il s'agira d'un avenant de prolongation de délais avec incidence financière. Dans les collectivités territoriales, selon le montant de l'écart constaté entre le montant de l'avenant et le montant initial, il doit être soumis à l'avis de la commission d'appel d'offres et sa signature doit être autorisée par l'assemblée délibérante le cas échéant.

C. Les modalités de passation des avenants

1. Les modes de calcul du pourcentage d'augmentation

En cas de pluralité d'avenants passés successivement, le pourcentage d'augmentation du dernier avenant, s'apprécie au regard du **cumul des montants du marché initial et des avenants passés précédemment**.

En cas de **marché à bons de commandes**, le pourcentage d'augmentation s'apprécie au regard du montant maximum de prestations prévu au marché initial et sur sa durée totale.

En cas de **marché à tranches**, le pourcentage d'augmentation s'apprécie au regard du montant de la tranche ferme auquel est ajouté le montant de chacune des tranches conditionnelles affermies.

En cas de **marché reconductible**, le pourcentage d'augmentation s'apprécie au regard du montant de l'ensemble des périodes exécutées.

Pour les marchés lancés en procédure adaptée (**MAPA**), le montant global du marché et de ses avenants doit dans tous les cas demeurer inférieur au seuil qui a déterminé le choix de la procédure initiale.

2. Les procédures de passation des avenants

Tout projet d'avenant à un marché d'une collectivité territoriale, d'un établissement public local autre qu'un établissement public de santé et un établissement public social et médico-social entraînant une augmentation du montant global du marché supérieure à 5 % doit être soumis pour avis à la **commission d'appel d'offres** lorsque le marché initial avait été lui-même soumis à la commission d'appel d'offres. L'assemblée délibérante qui statue le cas échéant est préalablement informée de cet avis.

3. La notification des avenants

Tous les avenants doivent être notifiés **avant tout commencement d'exécution**. Il est impératif de notifier les avenants dès que possible après leur signature par la personne ayant reçu délégation et leur transmission au contrôle de légalité le cas échéant.

Un maître d'ouvrage ne saurait invoquer à l'encontre d'une entreprise cessionnaire d'un marché l'effet rétroactif d'un avenant de régularisation (CE, 26 mai 1989, ministre délégué au Temps libre, à la Jeunesse et aux Sports, n° 54531).

II. La régularité des avenants

Les avenants ayant pour effet d'entraîner le dépassement des seuils de mise en concurrence prévus au code des marchés publics peuvent revêtir un caractère irrégulier.

L'appréciation de la validité des avenants doit être effectuée, au cas par cas, en fonction du montant (A), de l'objet (B) et de la date (C) de celui-ci.

A. La légalité de l'avenant est appréciée au regard de son montant

Sans qu'il existe de règle précise, le taux d'augmentation **de 15 % ou 20 %** est communément retenu par la jurisprudence comme le niveau au-delà duquel l'économie initiale du marché serait bouleversée. Le montant de l'avenant devra en conséquence être justifié.

Ainsi le juge a considéré comme bouleversant l'économie du contrat, une augmentation de 15 % du montant d'un marché de travaux (TA Rennes, 9 juin 1993, Préfet du Morbihan, n° 93265), une hausse de 24 % du montant d'un marché de fourniture de papeterie (CAA Paris, 21 septembre 2004, Préfet du val d'Oise, n° 00PA00172) ou encore une augmentation de 56 % du montant d'un marché de contrôle technique (CAA Douai, 17 mai 2000, Commune de Lens, n° 98-1231).

Il a également été jugé qu'une collectivité bouleverse l'économie du marché lorsqu'elle majore par voie d'avenant le prix initial du marché de 43 % faute d'avoir déterminé suffisamment la consistance des travaux : la collectivité n'avait pas réalisé les études nécessaires à la préparation du marché initial (CE, 8 mars 1996, Commune de Petit-Bourg, n° 3165075).

Il convient de noter que la circulaire n° IOCB1006399C du 10 septembre 2010 relative au **contrôle de légalité** des actes des collectivités territoriales et de leurs établissements publics en matière de commande publique définit des priorités de contrôle en matière d'actes de commande publique. Elle indique par exemple qu'« une attention soutenue sera portée sur les avenants supérieurs à 5 % »

B. La légalité de l'avenant est appréciée au regard de son objet.

Dans un arrêt du 19 juin 2008 (*CJCE, 19 juin 2008, Presstext Nachrichtenagentur, aff. C-454/06.*), la Cour de Justice des Communautés européennes a précisé que la modification d'un marché public en cours de validité doit être considérée comme substantielle et ne peut donc être effectuée par avenant :

– lorsqu'elle **introduit des conditions** qui, si elles avaient figuré dans la procédure de passation initiale, auraient permis l'admission de soumissionnaires autres que ceux initialement admis ou auraient permis de

retenir une offre autre que celle initialement retenue ;
- lorsqu'elle étend le marché, dans une mesure importante, à des **services non initialement prévus** ;
- lorsqu'elle **change l'équilibre économique du contrat en faveur de l'adjudicataire du marché**, d'une manière qui n'était pas prévue dans les termes du marché initial.

La seule exception à cette règle concerne les sujétions techniques imprévues rencontrées au cours de l'exécution du contrat, c'est-à-dire des obstacles non imputables aux parties et constitutifs de difficultés imprévues et exceptionnelles. Un avenant peut alors être conclu pour y faire face, sans limite de montant. Cette exception est applicable à toutes les catégories de marchés : travaux, fournitures et services.

Sous les réserves précédentes, la modification résultant d'un avenant peut porter sur tous les engagements des parties au contrat : prestations à exécuter, calendrier d'exécution ou règlement financier du marché.

La légalité de l'avenant est appréciée au vu du degré de prévoyance exigé des contractants. Le recours à l'avenant doit être justifié.

Ainsi, une insuffisance connue du cahier des charges d'un marché de travaux ne peut être considérée comme une sujétion imprévue justifiant la passation d'un avenant. Plus les stipulations du marché sont précises, et moins la survenance de circonstances nouvelles est susceptible de remettre en cause l'équilibre du contrat. Il convient donc de veiller attentivement à ce que la définition du besoin et les conditions de réalisation des prestations (nature des sols, histoire et état du bâtiment à rénover...) soient préalablement bien étudiées (CAA Paris, 13 mars 2003, Sté Campenon Bernard et autres).

C. La légalité de l'avenant est appréciée au regard de sa date de passation

Un avenant ne peut être conclu que dans la mesure où le marché initial n'est pas exécuté. **Les avenants ne peuvent intervenir au-delà du terme contractuel**. En matière de marchés de travaux, il n'est par exemple pas possible de passer des avenants après réception. Les avenants de régularisation d'application rétroactive sont interdits (TA de Versailles, 10 juillet 1991, Préfet de la Seine-et-Marne, n° 902904).

Repères

- L'article 20 du code des marchés publics prévoit les avenants pour sujétions techniques imprévues.
- L'article 118 du code des marchés publics prévoit les avenants pour prestations complémentaires.
- La circulaire du 14 février 2012 relative au guide de bonnes pratiques en matière de marchés publics traite précisément de la question des avenants.
- La circulaire du 10 septembre 2010 relative au contrôle de légalité des actes des collectivités territoriales et de leurs établissements publics en matière de commande publique définit les priorités de contrôle en matière d'actes de commande publique.

Pour gagner des points

Avenants et transactions

La transaction est définie par l'article 2044 du code civil comme « un contrat par lequel les parties terminent une contestation née ou préviennent une contestation à naître. Ce contrat doit être rédigé par écrit ». La transaction permet d'éviter un litige, voire un contentieux à venir. C'est un accord entre les parties ou chacune fait des concessions réciproques.

Il existe un risque de confusion entre une transaction et un avenant dans la mesure un protocole transactionnel peut être utilisé pour régler des problèmes d'exécution. Par exemple, lorsqu'un titulaire de marché estime qu'il a réalisé des prestations non initialement prévues qui doivent lui être réglées par l'acheteur. Il doit alors former une réclamation auprès du pouvoir adjudicateur qui pourra régler ce litige par la voie transactionnelle. La plus grande distinction qui doit être faite réside dans les concessions que chaque partie s'accorde, concessions financières la plupart du temps en matière de marchés publics. En principe, lorsque la collectivité paye une prestation supplémentaire qu'elle a elle-même commandée, le terme de concessions réciproques ne peut être évoqué et un avenant est alors requis.

Leçon 17
Les marchés complémentaires

Les marchés complémentaires sont de **nouveaux marchés** conclus avec le titulaire du marché public initial. Il s'agit de marchés sans publicité ni mise en concurrence préalables prévus par les dispositions de l'article 35-II du code des marchés publics (cf. Leçon 8. Les marchés négociés).

Dans la mesure où ceux-ci permettent de passer **une commande de gré à gré** avec le cocontractant déjà en place pour des prestations complémentaires à celles prévues dans le marché initial, les acheteurs publics ont tendance à préférer ce procédé pour éviter de se soumettre aux procédures et aux contraintes imposées pour les avenants (cf. Leçon 16. Les avenants).

Cependant le recours à la procédure des marchés complémentaires est précisément encadré (I) et ne doit pas avoir pour objet de se soustraire à la procédure de l'avenant (II).

I. Les conditions générales de recours à un marché complémentaire

Les marchés complémentaires revêtent deux formes distinctes : le marché complémentaire de fourniture (A), et le marché complémentaire de services ou de travaux (B).

A. Les marchés complémentaires de fournitures

Les marchés complémentaires de fournitures sont prévus par les dispositions du **4° de l'article 35-II** du code des marchés publics. Ils sont exécutés par le fournisseur initial et sont destinés soit au **renouvellement partiel** de fournitures ou d'installations d'usage courant, soit à **l'extension** d'installations existantes.

Le recours à de tels marchés complémentaires est possible lorsqu'*a contrario*, un changement de fournisseur obligerait l'acheteur à acquérir un matériel de technique différente entraînant une incompatibilité avec le matériel déjà acquis ou des difficultés techniques d'utilisation et d'entretien disproportionnées.

Ce type de marché peut être envisagé par exemple dans le cadre d'acquisition de **logiciels complémentaires** s'intégrant à une solution informatique existante, ou bien pour l'achat de **pièces de rechanges** pour un matériel d'une marque précise.

La durée de ces marchés complémentaires, périodes de reconduction comprises, ne peut dépasser **trois ans**.

Le montant de ces marchés complémentaires n'est **pas limité**. Pour autant, le montant total du marché, livraisons complémentaires comprises, ne peut être égal ou supérieur aux seuils des procédures formalisées, sauf bien sûr si le marché a été passé initialement selon une procédure d'appel d'offres et a fait l'objet d'un avis d'appel public à la concurrence publié au Journal Officiel de l'Union Européenne.

B. Les marchés complémentaires de services ou de travaux

Les marchés complémentaires de services ou de travaux sont prévus par les dispositions du **5° de l'article 35-II** du code des marchés publics. Ils permettent d'obtenir des prestations qui ne figurent pas dans le marché initial mais qui sont devenues nécessaires, à la suite d'une **circonstance imprévue**, à l'exécution du service ou à la réalisation de l'ouvrage tel qu'il est décrit dans le marché initial.

L'attribution de ce nouveau marché sera faite à l'opérateur économique qui a exécuté ce service ou réalisé cet ouvrage sous certaines conditions.

- lorsque ces services ou travaux complémentaires ne peuvent être techniquement ou économiquement séparés du marché principal sans inconvénient majeur pour le pouvoir adjudicateur ;
- lorsque ces services ou travaux, quoiqu'ils soient séparables de l'exécution du marché initial, sont strictement nécessaires à son parfait achèvement.

Le montant cumulé de ces marchés complémentaires ne doit pas dépasser **50 %** du montant du marché principal.

II. Quelles différences entre les marchés complémentaires et les avenants ?

La procédure du marché complémentaire offre à l'acheteur de plus grandes marges de manœuvre que l'avenant, tant en matière de montant (B) que de contenu (C). Pour cette raison les circonstances justifiant le recours aux marchés complémentaires sont plus strictement limitées (A) bien que la distinction entre les deux types de justifications soit parfois ténue.

A. Des conditions de recours plus restrictives pour les marchés complémentaires

Le recours aux marchés complémentaires doit pouvoir être motivé par des circonstances objectives, extérieures aux parties et limitativement énumérées par le code des marchés publics.

Pour les **marchés complémentaires de fourniture**, la condition d'incompatibilité entre deux types de matériel différents paraît assez objective et facile à démontrer, tout comme la preuve qu'un seul fournisseur, à l'exclusion de tout autre soit à même de fournir le matériel nécessaire au pouvoir adjudicateur. En revanche la condition « des difficultés techniques d'utilisation et d'entretien disproportionnées » semble plus délicate à apprécier. Il convient d'établir un argumentaire technique comparatif sachant que les seuls éléments financiers générés par un changement de matériel ne sauraient être suffisants.

En ce qui concerne les marchés complémentaires de travaux, le code pose une double condition. Celle des « circonstances techniques imprévues » qui rejoint la notion de « sujétion technique imprévue » prévue par les dispositions de l'article 20 du code des marchés publics relatif aux avenants (cf. Leçon 16). Pour rappel, la notion de sujétions techniques imprévues recouvrant les difficultés matérielles rencontrées lors de l'exécution du marché, qui présentent un caractère exceptionnel, imprévisible lors de la conclusion du contrat et dont la cause est extérieure aux parties (CE, 30 juillet 2003, commune de Lens, n° 223445).

En effet, dans une réponse à une question parlementaire, publiée le 23 novembre 2010, le ministre de l'Économie insiste avant tout sur le caractère « irrésistible » de ce type de circonstance, il doit également s'agir de causes « extérieures aux parties », enfin il précise que les circonstances imprévues font référence uniquement aux aléas de la vie économique.

La seconde condition tient au fait que l'acheteur doit apporter la preuve du **caractère incontournable du titulaire** en place, en démontrant notamment que les prestations complémentaires ne pourraient être techniquement ou économiquement dissociées du marché initial « sans inconvénient majeur ». Là encore il revient au pouvoir adjudicateur de démontrer par tout moyen que cette condition est remplie.

B. Des plafonds plus importants pour les marchés complémentaires

À l'inverse des avenants pour lesquels un plafond de 15 à 20 % est, en fonction de la doctrine et de la jurisprudence, considéré comme un maximum d'augmentation, en matière de marché complémentaire de **fournitures**, il n'existe **aucun plafonnement**, sous réserve toutefois que le cumul des deux marchés n'entraîne pas une modification de la procédure qui a été initialement engagée.

Pour les marchés complémentaires de **travaux et de service**, le plafond bien que fixé à **50 % du marché initial** reste toutefois plus important que celui des avenants.

Par conséquent, les acheteurs préfèrent souvent recourir à la procédure du marché complémentaire, plus permissive en terme de montant qu'à celle de l'avenant, sous réserve que les conditions décrites plus haut soient remplies.

C. Un contenu plus souple des marchés complémentaires

Le marché complémentaire offre la possibilité aux parties d'en **négocier** entièrement les termes, sans restriction par rapport au marché initial. En effet, dans la mesure où il s'agit d'un nouveau marché, qui plus est, négocié au sens des dispositions de l'article 35-II du code des marchés publics, les modalités d'exécution des prestations complémentaires commandées peuvent s'éloigner même substantiellement de celles prévues dans le marché initial.

Par exemple il est possible pour le fournisseur de proposer de nouveaux prix tenant compte des augmentations des coûts des marchandises ou de la main-d'œuvre, au moment de la reconduction d'un marché complémentaire ou bien les cocontractants peuvent s'entendre sur des prix différents, choisir un régime financier distinct, des délais d'exécution plus ou moins longs, d'autres modes de pénalités etc. En matière d'avenant en revanche, les modalités d'exécution initiales doivent être maintenues afin de ne pas entraîner un bouleversement de l'économie du marché.

Ainsi, si globalement les marchés complémentaires répondent à des conditions d'utilisation plus restrictives et d'une portée plus incertaine que celles encadrant les avenants, ils peuvent néanmoins présenter un réel intérêt pratique pour les acheteurs.

Repères

- L'article 35-II 4° du code des marchés publics fixe le régime des marchés complémentaires de fournitures.
- L'article 35-II 5° du code des marchés publics fixe le régime des marchés complémentaires de services ou de travaux.
- L'article 35-II 6° du code des marchés publics fixe le régime des marchés similaires.
- Franck Lepron, « Le recours aux marchés complémentaires », *Le moniteur*, 30 septembre 2011, p. 58.

Pour gagner des points

Les marchés similaires

Les marchés de services ou de travaux ayant pour objet la réalisation de prestations similaires à celles qui ont été confiées au titulaire d'un marché initial passé après mise en concurrence sont également des marchés sans publicité ni mise en concurrence préalables, donc des « marchés négociés » prévus par les dispositions de l'article 35-II 6° du code des marchés publics. Au sens de la directive 2004/18, ces prestations nouvelles doivent consister ne la « répétition » de « prestations conformes à un projet de base ».

Le marché initial doit avoir indiqué la possibilité de recourir à cette procédure pour la réalisation de prestations similaires. Sa mise en concurrence doit également avoir pris en compte le montant total envisagé, y compris celui des nouveaux services ou travaux. La durée pendant laquelle les nouveaux marchés peuvent être conclus ne peut dépasser trois ans à compter de la notification du marché initial, les montants ne sont pas plafonnés.

Leçon 18
La sous-traitance

I. La définition de la sous-traitance
II. La mise en œuvre de la sous-traitance

La sous-traitance permet de confier l'exécution d'une partie d'un marché public à un autre prestataire que l'entreprise attributaire. Il est interdit de sous-traiter la totalité du marché. Toutefois, il est possible que le sous-traitant exécute une part plus importante du marché public que le titulaire.

La définition de la sous-traitance (I) implique que le titulaire du marché reste systématiquement responsable de toutes les exécutions du sous-traitant et qu'il n'existe pas de lien contractuel entre le sous-traitant et l'acheteur public.

Le recours à la sous-traitance est quant à elle relativement souple (II). En effet, le sous-traitant peut être déclaré soit avant soit après l'attribution du marché et il est possible de changer de sous-traitant au moment de l'exécution de celui-ci. En tout état de cause il est obligatoire de déclarer un sous-traitant dès qu'il exécute pour plus de 600 euros HT dans le cadre du marché public et ce, avant le commencement de sa tâche.

I. La définition de la sous-traitance

L'article 1er de la loi n° 75-1334 du 31 décembre 1975 relative à la sous-traitance définit la sous-traitance comme « l'opération par laquelle un entrepreneur confie par un sous-traité, et sous sa responsabilité, à une autre personne appelée sous-traitant l'exécution de tout ou partie du contrat d'entreprise ou d'une partie du marché public conclu avec le maître de l'ouvrage ».

Le recours à la sous-traitance nécessite un montage contractuel à deux niveaux (A) et doit porter sur un champ limité du marché (B).

A. Le montage contractuel

La sous-traitance implique la conclusion de deux contrats distincts :

- un **contrat principal de droit public** : le marché public conclu entre le titulaire et le maître d'ouvrage ;
- un **contrat de droit privé (contrat de sous-traitance**) conclu entre l'entrepreneur principal et une autre entreprise (sous-traitant).

Elle instaure donc une relation entre le maître d'ouvrage, le titulaire et le sous-traitant, mais tous les liens ainsi crées n'ont pas la même nature.

Conformément aux dispositions des articles 1er de la loi de 1975 précitée et 113 du code des marchés publics, **le titulaire demeure personnellement et seul responsable**, devant le maître d'ouvrage, de l'exécution de toutes les obligations résultant du marché, qu'elles soient assurées par lui ou par un sous-traitant (CE, 6 mars 1987, OPHLM de Châtillon-sous-Bagneux, n° 37731). Cette responsabilité personnelle trouve son fondement dans le marché public qui implique l'obligation **d'exécution personnelle** du contrat, sans pour autant interdire le recours à la sous-traitance.

La circulaire du 7 octobre 1976 relative au régime de la sous-traitance dans les marchés publics précise que les titulaires de marché « restent personnellement responsables envers la collectivité publique de l'exécution de la totalité de leurs marchés, même lorsqu'ils en sous-traitent une partie, quelles que soient les modalités de paiement des sous-traitants. L'absence de responsabilité du sous-traitant vis-à-vis de l'acheteur public constitue l'une des principales différences entre la sous-traitance et la co-traitance ».

Le **contrat de sous-traitance** quant à lui est une convention de droit privé qui permet à un entrepreneur de faire exécuter une partie de son marché par un tiers. Par définition, le lien contractuel se situe uniquement entre l'entrepreneur principal et son sous-traitant et non pas entre le maître d'ouvrage et le sous-traitant.

B. Le champ d'application de la sous-traitance

Seuls les marchés publics de travaux, de services ou les marchés industriels peuvent être partiellement sous-traités. **Un marché de fournitures ne peut donner lieu à la sous-traitance**. Un fournisseur qui procure à l'entreprise principale de simples fournitures comme des matériaux standardisés ou une simple charpente, sans être néanmoins chargé de la pose, ne peut être considéré comme sous-traitant (cf. CAA Nantes, 2e chambre, 30 décembre 1999, Sté Biwater).

1. L'interdiction de la sous-traitance totale

La sous-traitance ne peut porter que sur « **une partie du marché conclu avec le maître d'ouvrage** ». Le titulaire ne peut sous-traiter l'exécution que de « certaines parties de son marché » (article 112 du code des marchés publics).

La loi n° 2001-1168 du 11 décembre 2001, dite loi MURCEF, a posé le principe de l'interdiction de la sous-traitance totale, sans toutefois donner de définition de la sous-traitance totale, ni fixer de pourcentage minimal de prestations à effectuer personnellement par le titulaire. Il appartient donc au juge de déterminer, au cas par cas, le caractère prohibé ou non d'une sous-traitance. Ainsi, le juge administratif a estimé que le recours occulte à une sous-traitance totale autorise le maître d'ouvrage à résilier le marché aux torts de l'entreprise principale (cf. CAA Bordeaux, 2e ch. 15 décembre 1997, SA Thermotique c/Ville de Nîmes, n° 94BX01637).

Par ailleurs la Cour de Justice de la Communauté Européenne s'est également prononcée sur un sujet connexe dans un arrêt du 18 mars 2004 (affaire n° C-314/01, Siemens AG Osterreich, ARGE Telekom et Partner et Hauptverband des Österreichischen ozialversicherungsträger) en indiquant qu'un règlement de consultation peut interdire, au stade de l'exécution du marché, le recours à la sous-traitance pour la réalisation de parties substantielles des prestations.

2. La distinction entre la sous-traitance et les autres contrats

- Le contrat de sous-traitance se **distingue des contrats de vente, de location ou de dépôt** dans la mesure où il comporte une obligation de faire et de réaliser l'objet du contrat et non une simple obligation de donner.
- Le contrat de sous-traitance diffère du **contrat de mandat**, lequel a pour objet la représentation d'une personne par une autre qui agit au nom et pour le compte de la première.
- Le contrat de sous-traitance n'est pas davantage assimilable à un **contrat de travail**, lequel induit un rapport de subordination. Or, si le sous-traitant est tenu d'exécuter un

travail déterminé, il décide librement de la manière dont il va accomplir cette mission.
- Enfin, le contrat de sous-traitance doit être distingué de la **co-traitance** (cf. pour gagner des points)

II. La mise en œuvre de la sous-traitance

La sous-traitance est possible si deux conditions cumulatives sont remplies : l'acceptation du sous-traitant et l'agrément de ses conditions de paiement par le maître d'ouvrage. Si celles-ci sont réunies, il s'agit d'une sous-traitance « régulière », en revanche si ce n'est pas le cas, elle est dite « occulte ».

La mise en œuvre de la sous-traitance nécessite donc d'abord une intervention du titulaire du marché (A) puis une acceptation par l'acheteur (B).

A. La mise en œuvre par le titulaire du marché

L'article 3 de la loi de 1975 précitée indique : « L'entrepreneur qui entend exécuter un contrat ou un marché en recourant à un ou plusieurs sous-traitants doit, au moment de la conclusion du contrat et pendant toute la durée du contrat ou du marché, faire accepter chaque sous-traitant et agréer les conditions de paiement de chaque contrat de sous-traitance par le maître de l'ouvrage ; l'entrepreneur principal est tenu de communiquer le ou les contrats de sous-traitance au maître de l'ouvrage lorsque celui-ci en fait la demande. ».

Par ailleurs, l'article 112 du code des marchés publics confirme clairement que le titulaire d'un marché public « peut sous-traiter l'exécution de certaines parties de son marché à condition d'avoir obtenu du pouvoir adjudicateur l'acceptation de chaque sous-traitant et l'agrément de ses conditions de paiement ».

1. Présentation du sous-traitant

Afin que ceux-ci puissent être acceptés, le titulaire du marché public doit obligatoirement présenter à l'acheteur ses éventuels sous-traitants. Le maître d'ouvrage ne peut accepter le sous-traitant et agréer ses conditions de paiement que si le titulaire lui en fait **formellement la demande**.

Aux termes de l'article 5 de la loi de 1975, l'entrepreneur principal doit, lors de la soumission, indiquer au maître d'ouvrage **la nature et le montant de chacune des prestations qu'il envisage de sous-traiter**, ainsi que les sous-traitants auxquels il envisage de faire appel. En cours d'exécution du marché, l'entrepreneur principal peut faire appel à de nouveaux sous-traitants, à la condition de les avoir préalablement déclarés au maître d'ouvrage.

Ainsi, le juge administratif a précisé qu'« aucune disposition, tant de la loi de 1975 [...] que du code des marchés publics ne confère au maître de l'ouvrage, pour pallier les carences de son contractant, le pouvoir de prononcer l'acceptation du sous-traitant en l'absence d'une demande émanant de l'entrepreneur principal » (CE, 3 avril 1991, Syndicat Intercommunal d'assainissement du Plateau d'Autrans-Meaudre, n° 90552).

La même règle s'applique dans l'hypothèse où le sous-traitant présente directement au maître d'ouvrage une demande d'acceptation aux fins de pallier la négligence ou la mauvaise volonté de l'entreprise principale (CE, 1er octobre 1990, SARL Multipose, n° 81287).

L'article 114 du code des marchés publics définit les trois périodes où peut intervenir la présentation du sous-traitant par le titulaire :
- au moment du dépôt de l'offre ou de la proposition (article 114 1°),
- après le dépôt de l'offre (article 114 2°),
- postérieurement à la notification du marché (article 114 3°).

Le candidat ou le titulaire doit indiquer au pouvoir adjudicateur la **nature** des prestations sous-traitées, les **nom**, raison ou dénomination sociale et **adresse** du sous-traitant proposé, le

montant maximum des sommes à verser par paiement direct au sous-traitant, les **modalités de variation des prix** s'il y a lieu et les **capacités professionnelles et financières** du sous-traitant.

À cette déclaration doit être jointe une déclaration du sous-traitant indiquant qu'il ne tombe pas sous le coup d'une interdiction d'accéder aux marchés publics (cf. Leçon 12. L'analyse des candidatures et des offres).

La communication du contrat de sous-traitance par le titulaire au maître d'ouvrage n'est en revanche pas obligatoire. L'article 3 de la loi du 31 décembre 1975 précise que « l'entrepreneur principal est tenu de communiquer le ou les contrats de sous-traitance au maître de l'ouvrage lorsque celui-ci en fait la demande ». Il s'agit donc d'une simple faculté laissée à l'appréciation du pouvoir adjudicateur.

À cet égard, la circulaire du 7 octobre 1976 précitée indique que la loi de 1975 « donne à la personne responsable du marché un droit de regard sur certaines stipulations figurant dans les contrats de sous-traitance. » L'objectif de cette demande est de permettre à l'acheteur de s'assurer qu'il n'existe pas un écart manifestement injustifié entre les conditions faites dans le contrat initial et dans l'acte de sous-traitance. Dès lors, il est recommandé de faire ces demandes de communication lorsque de sérieuses présomptions permettent de penser que les déclarations des titulaires relatives aux conditions de paiement figurant dans les sous-traités sont inexactes.

2. Sanction du défaut de présentation du sous-traitant

Aucune acceptation et donc **aucun droit au paiement direct** ne peut intervenir sans déclaration de sous-traitance par le titulaire, entrepreneur principal. En cas de déclaration tardive, le sous-traitant n'a droit qu'au paiement des prestations réalisées postérieurement à son acceptation (CAA Lyon 7 juillet 2004, Ste Périmètre c/ département de l'Yonne, n° 98LY01890).

Le recours à la sous-traitance, sans acceptation préalable du sous-traitant et sans agrément préalable des conditions de paiement, expose l'entrepreneur à la **résiliation** du marché pour faute du titulaire. La même solution s'applique en cas de communication par le titulaire au maître d'ouvrage de renseignements erronés à l'appui de la déclaration de son sous-traitant.

Il est à noter que l'article 46 du code des marchés publics a renforcé la lutte contre le travail dissimulé. Désormais lorsque le montant du marché est supérieur à 3 000 euros, le maître d'ouvrage doit exiger de son cocontractant, lors de l'attribution du marché et tous les 6 mois par la suite, les documents attestant de la régularité de sa situation au regard de la réglementation sur le travail illégal (cf. articles R. 8222-5 ou R. 8222-7 du code du travail).

B. La mise en œuvre par l'acheteur

Conformément à l'article 3 de la loi de 1975 précitée, le pouvoir adjudicateur doit accepter le sous-traitant et agréer ses conditions de paiement. Ces deux volets constituent des formalités indissociables et obligatoires. Si l'accord est partiel, c'est-à-dire qu'il ne porte que sur l'un des deux aspects, le recours à la sous-traitance est irrégulier (CE, 13 juin 1986, OPHLM du Pas-de-Calais c/ Sté Franki).

1. L'acceptation du sous-traitant et l'agrément des conditions de paiement

L'acceptation a pour vocation de protéger les intérêts de la collectivité en permettant au pouvoir adjudicateur de connaître le sous-traitant auquel le titulaire envisage de confier une partie de l'exécution du marché et de le refuser, le cas échéant, si son intervention est de nature à nuire à une bonne exécution du marché. Elle est aussi l'occasion de vérifier que les prestations que le titulaire envisage de sous-traiter peuvent effectivement faire l'objet d'un contrat de sous-traitance.

La circulaire de 1976 précitée prévoit que l'acceptation, son refus, voire, dans des cas exceptionnels, le retrait d'acceptation sont des **actes discrétionnaires**. Toutefois, compte tenu de la loi n° 79-587 du 11 juillet 1979 relative à la motivation des actes administratifs, le maître d'ouvrage doit motiver sa décision.

L'agrément des conditions de paiement constitue un moyen pour le pouvoir adjudicateur de constater si les rapports entre sous-traitant et titulaire sont équilibrés. Cet agrément ne doit pas conduire le pouvoir adjudicateur à s'immiscer dans les relations de droit privé entre le titulaire et le sous-traitant. Sa vocation première est de permettre à l'acheteur public de s'assurer qu'il n'existe pas d'écart manifestement injustifié entre les conditions faites par la collectivité contractante et celles figurant dans le sous-traité.

Les modalités d'acceptation et d'agrément :

Dans le cas où la demande de sous-traitance intervient au **moment du dépôt de l'offre**, la notification emporte acceptation et agrément des conditions de paiement (article 114 1° du code des marchés publics).

Dans le cas où la demande est présentée **après le dépôt de l'offre** ou dans le cas où la sous-traitance est présentée en **cours d'exécution** du marché, l'acceptation et l'agrément des conditions de paiement sont alors constatés par un **acte spécial** écrit signé par le pouvoir adjudicateur et le titulaire (article 114 2° et 114 3° du code des marchés publics). L'acte spécial n'a pas à être nécessairement contre signé par le sous-traitant.

L'acceptation tacite des sous-traitants :

L'article 114 4° du code des marchés publics prévoit que le silence gardé pendant 21 jours à compter de la réception des documents présentant la candidature d'un sous-traitant vaut acceptation du sous-traitant et agrément de ses conditions de paiement.

L'acceptation et l'agrément peuvent ainsi être tacites (CE, 21 février 2011, communauté urbaine de Cherbourg, n° 318364) mais dans les conditions prévues par le code des marchés publics. Par exemple, la simple connaissance par le maître d'ouvrage de l'existence d'un sous-traitant, ne saurait valoir acceptation tacite (CE, 7 novembre 1980, SA Schmidt-Valenciennes).

2. Le paiement direct du sous traitant

La conséquence de l'acceptation et de l'agrément des conditions de paiement du sous-traitant est le paiement direct pour la part du marché dont il assure l'exécution dès lors que ce montant est supérieur à 600 euros TTC (article 6 de la loi de 1975 et article 115 du code des marchés publics).

Le droit au paiement direct a été institué pour protéger le sous-traitant d'une éventuelle défaillance du titulaire. Cette disposition est **d'ordre public**, toute renonciation du sous-traitant au bénéfice du paiement direct est réputée non écrite (article 7 de la loi de 1975).

Seul, le **sous-traitant de premier rang** peut bénéficier du paiement direct, les sous-traitants de second rang et de rang ultérieur ne peuvent pas s'en prévaloir.

Le maître d'ouvrage ne peut pas payer le sous-traitant au-delà de ce qui est prévu au marché, c'est-à-dire qu'il ne peut dépasser le montant de l'engagement pris envers le titulaire. Toutefois, le sous-traitant s'est vu reconnaître le droit au paiement de travaux supplémentaires, sous réserve que ces travaux aient un caractère indispensable (CE, 13 février 1987, Société Ponticelli Frères, n° 67314).

En revanche, le sous-traitant qui n'a pas été accepté et dont les conditions de paiement n'ont pas été agréées par le maître d'ouvrage ne peut bénéficier du paiement direct. Dans ce cas, pour obtenir le paiement des prestations qu'il a personnellement exécutées, le sous-traitant dispose toujours de la possibilité de se retourner contre son entrepreneur principal.

Le sous-traitant occulte est ainsi privé des dispositions protectrices de la loi de 1975, auxquelles il n'est pas en droit de prétendre, et ne pourra envisager une action contre le maître d'ouvrage que dans le cadre d'une action en responsabilité pour préjudice subi. C'est pour ces raisons que le juge administratif sanctionne le maître d'ouvrage qui tolère, en toute connaissance de cause, la présence de sous-traitants irréguliers sur un chantier sans imposer la régularisation de cette situation (CE, 28 mai 2001, SA Bernard Travaux Polynésie, n° 205449).

Repères

- Les articles 112 à 117 du code des marchés publics traitent de la sous-traitance.
- La loi n° 75-1334 du 31 décembre 1975 est relative à la sous-traitance.
- La circulaire du 7 octobre 1976 est relative à la réforme du régime de la sous-traitance dans les marchés publics.
- Instruction n° 12-012-m0 du 30 mai 2012 marchés publics – sous-traitance direction générale des finances publiques (Sous-direction de la gestion comptable et financière des collectivités locales).

Pour gagner des points

La co-traitance

Le contrat de sous-traitance doit être distingué de la co-traitance, qui est l'opération par laquelle deux entreprises ou plus, s'engagent entre elles en vue de soumissionner à un marché et de l'exécuter s'il leur est attribué. Il s'agit de convention de groupement momentané d'entreprises conjointes ou solidaires.

C'est un mode de coopération contractuelle entre entreprises de même rang en vertu duquel « lorsque le marché est attribué à un groupement d'entreprises, les lots sont attribués à des entrepreneurs nommément désignés, qui ont, chacun pour ce qui le concerne, la qualité de cocontractant du maître de l'ouvrage » (CE 7 décembre 1987, Chambre d'agriculture des Deux Sèvres).

Partie 5

La fin des marchés publics

La fin des marchés publics signifie la fin des relations contractuelles entre le pouvoir adjudicateur et l'opérateur économique qu'il a choisi. Cette fin peut être « naturelle », lors de la réception des prestations commandées (Leçon 19), ou bien survenir en cours d'exécution du marché dans l'hypothèse d'une résiliation du contrat (Leçon 20).

Leçon 19
La réception des marchés publics

L'achèvement de travaux, la réalisation d'une prestation ou la livraison de fournitures représentent l'étape finale, l'aboutissement normal d'un marché public. C'est la phase dite de « réception » qui constitue la dernière phase du processus d'achat.

Bien qu'ultime, cette étape qui a pour effet de clore les relations contractuelles entre les parties, demeure très importante notamment en ce qui concerne le paiement du solde du marché ainsi que pour la gestion des vices ou difficultés qui pourraient survenir postérieurement à cette décision.

Deux types de procédures et d'effets doivent être distingués en fonction de la nature du marché qu'il s'agit de réceptionner. Les marchés de travaux, plus complexes, obéissent à des règles de réception particulières qu'il convient d'examiner (I) avant d'étudier la réception des autres types de marchés publics (II).

I. La réception des marchés publics de travaux

L'article 41.8 du cahier des clauses administratives générales applicables aux marchés publics de travaux (CCAG-travaux) dispose que « toute prise de possession des ouvrages par le maître de l'ouvrage doit être précédée de leur réception ». Selon les dispositions de l'article 1792-6 du code civil, la réception est « l'acte par lequel le maître de l'ouvrage déclare accepter l'ouvrage, avec ou sans réserve, et constate que les constructeurs ont accompli leurs engagements contractuels ».

L'acheteur a un double intérêt à procéder à la réception des travaux. Cela lui permet d'une part de vérifier que les travaux ont été exécutés conformément aux obligations contractuelles et d'autre part, de parer à certaines imperfections de réalisation et d'en exiger la réfection.

Eu égard aux importantes conséquences de cette procédure (B), chaque étape de la réception (A) doit être menée avec soin.

A. Les modalités de la réception

1. Les étapes préalables

La demande de réception des travaux. Dans un premier temps, le titulaire du marché de travaux doit avertir le maître d'ouvrage de ce que les travaux sont terminés par le biais d'une **notification d'achèvement des travaux**. Cette notification doit être écrite et préciser la date de livraison des travaux.

Le pouvoir adjudicateur dispose alors d'un délai de 30 jours pour organiser **les opérations préalables** à la réception. Durant cette période, il vérifie la bonne réalisation des travaux, ainsi que les éventuelles malfaçons ou imperfections.

Ces opérations donnent lieu à l'établissement d'un procès-verbal et portent essentiellement sur :

- la reconnaissance des ouvrages exécutés ;
- la constatation éventuelle de l'inexécution des prestations prévues au marché ;
- la vérification de la conformité des conditions de pose des équipements aux spécifications des fournisseurs conditionnant leur garantie ;
- la constatation éventuelle d'imperfections ou malfaçons ;
- la constatation du repliement des installations de chantier et de la remise en état des terrains et des lieux ;
- les constatations relatives à l'achèvement des travaux.

2. La réception expresse

À l'issue de ces vérifications préalables, le maître d'ouvrage, ou éventuellement le maître d'œuvre, dresse un **procès-verbal de réception des travaux**, assorti, le cas échéant, de réserves. Celui-ci est communiqué à l'entreprise qui a réalisé les travaux et qui peut, en cas de désaccord, refuser de contresigner ce procès-verbal.

En tout état de cause, c'est bien **le seul maître d'ouvrage qui peut prononcer la réception de l'ouvrage à la date qu'il fixe lui-même**. Dans le cas d'un marché alloti, la date de réception doit être identique pour tous les lots.

Si le maître d'ouvrage considère que les travaux n'ont pas été réalisés conformément aux exigences du marché, qu'ils ne sont pas terminés ou qu'ils comportent des malfaçons trop nombreuses ou trop importantes, il peut refuser de prononcer la réception. Il doit alors avertir l'attributaire en lui indiquant quelles sont les raisons de ce refus. Des malfaçons mineures ne peuvent pas justifier un refus de réception (CE, 19 novembre 1971, Société nationale de construction, n° 73664). Il peut également assortir sa réception d'un certain nombre de réserves.

3. La réception tacite

En matière de réception et notamment de travaux, le principe est celui de la réception expresse et formalisée. Néanmoins, une réception tacite peut avoir lieu en cas de **mise à disposition de l'ouvrage** par le titulaire du marché au maître d'ouvrage.

Ce type de réception obéit à des conditions très restrictives. Il faut notamment que les faits révèlent une véritable **intention commune des parties** de réceptionner l'ouvrage (CE, 8 décembre 2000, régie immobilière de la Ville de Paris, n° 187766). Par exemple, cette volonté pourra être révélée par le fait que l'acheteur manifeste sans équivoque que les relations contractuelles sont closes en payant le solde du marché et en restituant les garanties.

En revanche, la réception tacite ne saurait être acquise par exemple lorsque le maître d'ouvrage refuse de signer le procès-verbal de réception préparé par le maître d'œuvre (CE, 28 décembre 2001, Compagnie des signaux, n° 204245), ou encore lorsqu'il existe de graves manquements aux règles d'hygiène et de sécurité (CE, 11 décembre 1991, Département des Ardennes).

4. La réception judiciaire

Dans le cas où, à la suite de sa saisine par le titulaire l'informant de l'achèvement des travaux, le maître d'ouvrage n'a pas réagi ou n'a pas prononcé la réception de ceux-ci, **l'entreprise attributaire peut saisir le juge du contrat** pour qu'il prononce la réception judiciaire des ouvrages.

Cette absence de réaction résultant le plus souvent de difficultés ou de constats de malfaçons par le maître d'ouvrage, le tribunal désigne fréquemment un expert pour constater la réalité de ces désordres.

En fonction des résultats de **l'expertise**, le juge peut prononcer la réception de l'ouvrage et condamner l'acheteur à des dommages et intérêts résultant des frais engendrés pour l'entreprise. À l'inverse, si l'expertise confirme les problèmes, le maître d'ouvrage pourra enjoindre à l'entreprise de finir les travaux ou résilier le contrat aux frais et risques de l'entrepreneur.

B. Les conséquences de la réception

1. Le transfert de la propriété des ouvrages

Après la réception des travaux, l'acheteur public devient le propriétaire de l'ouvrage réalisé par l'entreprise. Cela signifie notamment qu'il doit en **assurer la garde** et qu'il doit en **assumer les risques et les charges** (CE, 14 mai 2008, Société COFRATECH services, n° 276664).

2. Le paiement du solde du marché

Après la réception intervient également le versement du solde des sommes dues au titre du marché.

Toutefois si la réception du marché est réalisée avec des réserves, le **décompte général et définitif** (DGD) qui permet d'établir précisément le montant des sommes que l'acheteur doit à l'entreprise ne pourra pas être réalisé. Il ne sera établi que lors de la levée définitive des réserves.

3. La fin des relations contractuelles

La réception met fin aux relations contractuelles entre l'acheteur public et le titulaire du marché (CE, 6 avril 2007, Centre hospitalier général de Boulogne sur Mer, n° 264490). Cela signifie que, dans le cadre d'un contentieux notamment, la personne publique ne pourra plus mettre en cause la **responsabilité contractuelle** du constructeur. Il ne pourra pas non plus, après une réception sans réserve et dans le cadre de la mise en cause par un tiers, appeler par exemple l'entrepreneur en garantie (CE, 15 juillet 2004, Syndicat intercommunal d'alimentation en eau des communes de La Seyne et de la région de Toulon, n° 235053).

Dans le cas d'une réception avec réserves, **les rapports contractuels demeurent au regard des réserves** qui ont été émises et le maître d'œuvre continue d'être responsable de l'exécution du contrat. Cela signifie qu'il reste tenu par les obligations du marché jusqu'à sa pleine et correcte exécution.

Évidemment ces dispositions ne valent pas dans le cadre d'une réception qui aurait été acquise par vol ou par fraude (CE, 24 mai 1974, Sté Paul Millet).

4. Le point de départ des garanties

La réception marque le point de départ des garanties post-contractuelles au premier rang desquelles la garantie décennale définie par l'article 1792 du code civil (CE, 28 décembre 2001, Compagnie des signaux, n° 204245) ou celle de « parfait achèvement » définie à l'article 1792-6 du même code. Cette dernière oblige l'entrepreneur, pendant un an à compter de la réception, à réparer tous les désordres de faible importance, invisibles lors de la réception et que lui signale le maître d'ouvrage. C'est donc l'expiration du délai de garantie qui marque vraiment la fin des liens contractuels.

Pour cette raison, les parties peuvent avoir intérêt à donner un effet rétroactif à la réception lors de la levée définitive des réserves, à la date de la réception initiale par exemple.

II. La réception des autres types de marché

Pour les marchés de fournitures et de services les modalités (A) et les effets (B) de la réception sont différents. Pour constater la réception, l'acheteur doit se limiter à vérifier que les quantités ont été livrées ou exécutées conformément aux obligations prévues dans le cadre du marché. Ce contrôle quantitatif est assorti d'un contrôle qualitatif des prestations ou des produits, là encore en lien avec les obligations listées dans les pièces du marché.

A. Les modalités de réception

1. L'admission des fournitures

L'admission est la décision par laquelle l'acheteur reçoit les fournitures dans le cadre d'un marché de fournitures. En l'absence de décision formelle de la part de l'administration, l'admission prend effet dans un délai de **quinze jours** après la livraison.

2. La réception des prestations

Dans le cadre des marchés de services, un procès-verbal de réception doit être établi dans un délai de **deux mois** après présentation de la prestation, en matière de prestation intellectuelle. L'absence de notification d'une telle décision de réception, de la part de l'acheteur dans un délai de deux mois vaut réception tacite de la prestation (CE, 23 avril 2001, SARL Bureau d'études techniques d'équipement rural et urbain, n° 186424).

Ce délai est plus court, 7 ou 30 jours, dans le cadre des marchés industriels.

B. Les effets de la réception

1. Le transfert de propriété des prestations ou des fournitures

Après l'admission ou la réception des marchés de service ou de fourniture, l'acheteur devient propriétaire des biens et des prestations réalisés.

Si elle est simple en matière de marché de fourniture, cette question du transfert de propriété peut s'avérer plus complexe dans le cadre notamment de marchés de **prestations intellectuelles**.

Le cahier des clauses administratives générales applicable aux prestations intellectuelles (CCAG-PI) c'est-à-dire aux prestations d'étude, de réflexion, de conception, de conseil, d'expertise ou de maîtrise d'œuvre prévoit deux régimes des droits de propriété intellectuelle. Ces deux options sont prévues à l'article 25 du CCAG-PI.

L'option A consiste pour le titulaire du marché à concéder, **à titre non exclusif**, au pouvoir adjudicateur et aux tiers désignés par le marché, le droit d'utiliser ou de faire utiliser les prestations intellectuelles fournies dans le cadre du marché. Ainsi l'acheteur dispose notamment de droits de reproduction, de droits de représentation et de distribution, d'utilisation, de correction.

Le titulaire conserve malgré tout certains droits. La propriété des droits et titres afférents aux résultats reste détenue par le titulaire du marché. Cela signifie qu'il peut, avec l'accord du pouvoir adjudicateur ou des tiers désignés dans le marché, exploiter, même à titre commercial, les résultats ou les connaissances antérieures mises à sa disposition pour l'exécution du marché.

Dans le cadre de **l'option B**, le titulaire du marché cède au pouvoir adjudicateur, **à titre exclusif et dans son intégralité**, les droits ou titres de toute nature afférents aux résultats. Ainsi, ce dernier pourra les exploiter librement, y compris à des fins commerciales, selon les modalités prévues dans les documents du marché.

2. Le paiement du solde du marché

Comme en matière de travaux mais de manière souvent moins complexe, la réception donne lieu au versement du solde du marché. Celui-ci ne pourra intervenir qu'après attestation du **service fait** (cf. Leçon 15. L'exécution financière et comptable).

3. La fin des relations contractuelles

La réception marque la fin des relations contractuelles entre l'acheteur et le titulaire du marché.

En matière de **marché de fourniture**, les garanties post-contractuelles peuvent ainsi commencer à courir.

En matière de **marché de service**, cela signifie que la personne publique ne peut plus, à compter de cette date, commander de nouvelle prestation au titulaire sauf à prolonger le marché par voie d'avenant ou passer un nouveau marché.

Repères

- Les articles 41.8 du cahier des clauses administratives générales applicables aux marchés publics de travaux (CCAG-travaux) et 1792-6 du code civil définissent la notion de réception en matière de travaux.
- Les modalités de la réception d'un marché public de travaux sont prévues par les articles 41 et 42 du cahier des clauses administratives générales applicables aux marchés publics de travaux (CCAG-travaux).
- L'article 25 du cahier des clauses administratives générales applicable aux prestations intellectuelles (CCAG-PI) prévoit deux régimes de transfert des droits de propriété intellectuelle dans le cadre des marchés publics de prestations intellectuelles.
- La garantie de parfait achèvement est définie par les dispositions de l'article 1792-6 du code civil et la garantie décennale par l'article 1792 du code civil.

Pour gagner des points

Exemple de formulaire de réception des travaux

(source : EXE6, ministère de l'Économie,
http ://www.economie.gouv.fr/daj/formulaires-dexecution-des-marches)

A - Identification du maître de l'ouvrage.
B - Identification du titulaire du marché public.
C - Identification du maître d'œuvre.
D - Objet du marché public.
E - Objet de la décision de réception.
La présente décision a pour objet la réception des prestations désignées ci-dessous :
F - Décision du maître de l'ouvrage.

Au vu :

❏ du procès-verbal des opérations préalables à la réception, en date du ...., et des propositions présentées le .... par le maître d'œuvre ;

❏ de la lettre, en date du ...., par laquelle le titulaire du marché public accepte la réfaction proposée ;

le maître de l'ouvrage décide :

1. ❏ que la date retenue, pour l'achèvement des travaux, est fixée au
2. ❏ que la réception est prononcée ;

   2.1. ❏ sans réserve.

   2.2. ❏ sous réserve :

      2.2.1 ❏ de l'exécution concluante des épreuves énumérées à l'annexe n° .... ci-jointe.

      2.2.2. ❏ de l'exécution des travaux et prestations, énumérés à l'annexe n° .... ci-jointe, avant le ....

   2.3. ❏ avec réserve :

      2.3.1. ❏ le titulaire doit remédier, avant le ...., aux imperfections et malfaçons indiquées à l'annexe n° .... ci-jointe.

2.3.1.1. ❑ Toutefois, il est proposé que cette dernière réserve soit levée, si le titulaire du marché public accepte une réfaction égale en prix de base à (Indiquer le montant de la réfaction.) :

2.3.2. ❑ les installations de chantier doivent être repliées et les terrains et les lieux doivent être remis en état, avant le ....

2.3.3. ❑ les conditions de pose des équipements doivent être mises en conformité avec les spécifications des fournisseurs, avant le

G - Signature du maître de l'ouvrage.

Leçon 20
La résiliation

La résiliation d'un marché est l'équivalent de l'abrogation d'un acte unilatéral, elle a pour effet de **faire disparaître le contrat pour l'avenir**. La date de résiliation du marché commence à faire courir les délais des garanties post-contractuelles pour les parties d'ouvrages exécutées.

Il existe de nombreuses modalités de résiliation : elle peut être simple, ou au tort du titulaire défaillant. Elle peut résulter de l'application d'une clause du contrat ou d'une disposition légale. Elle peut être totale ou partielle. Elle peut être prononcée par une des parties ou par le juge sur saisine d'un des cocontractants (cf. Leçon 22. Le contentieux de l'exécution).

À l'exception de dispositions relatives au paiement du solde en cas de résiliation, le code des marchés publics ne comporte pas de dispositions générales sur cette procédure. Ce sont les dispositions des cahiers des clauses administratives générales (CCAG) qui précisent les différentes hypothèses de résiliation ainsi que la procédure à suivre pour mettre fin au marché.

Les dispositions de l'article 12 du code de marchés publics imposent seulement que les pièces constitutives des marchés passés selon une procédure formalisée fixent les conditions de résiliation du contrat, tandis que l'article 47 prévoit précisément le cas de la résiliation après signature du marché, dans l'hypothèse d'inexactitude des documents et renseignements fournis par le titulaire.

Il existe deux circonstances de résiliation. Elle peut être de plein droit (I), ou bien elle peut être prononcée unilatéralement par l'acheteur. Dans cette dernière option, la personne publique peut à tout moment provoquer une fin anticipée du marché soit dans l'intérêt général (II), soit pour sanctionner une faute du titulaire (III).

De manière plus exceptionnelle, la résiliation peut être prononcée **sur demande du titulaire du marché**. Par exemple en cas de notification tardive de l'ordre de démarrage des travaux, ou d'ajournement excessif des travaux par le maître d'ouvrage, ou encore l'entreprise peut saisir le juge lorsque le maître d'ouvrage utilise de manière abusive son pouvoir de modification unilatérale du contrat. Par exemple, en cas de modifications entraînant une augmentation excessive de la masse initiale des travaux.

I. La résiliation de plein droit

La résiliation est de plein droit, lorsque le titulaire du marché se trouve dans l'impossibilité absolue d'en poursuivre l'exécution. Il existe deux situations pouvant justifier cette résiliation de plein droit : le cas de force majeure (A) et la disparition du titulaire du marché (B).

A. La résiliation en cas de force majeure

Il s'agit d'une situation qui met le titulaire du marché dans l'impossibilité absolue de poursuivre l'exécution du contrat, pour des raisons indépendantes de sa volonté et d'obstacles qui ne peuvent être surmontés (CE, 7 août 1926, Bouxin).

1. Conditions de la force majeure

La circulaire du 20 novembre 1974 relative à l'indemnisation des titulaires de marchés publics en cas d'accroissement imprévisible de leurs charges économiques rappelle que pour admettre l'existence d'un cas de force majeure, la jurisprudence exige la réunion de trois conditions. Il faut d'abord que le titulaire d'un marché se soit trouvé en présence d'une difficulté matérielle **imprévisible**. Il faut ensuite que celle-ci lui soit **extérieure**, c'est-à-dire qu'elle ne provienne pas de son fait. Enfin, cette difficulté doit être d'une ampleur ou d'une nature telle qu'elle rende **l'exécution des obligations contractuelles impossible** soit provisoirement, soit définitivement. Cette dernière condition n'est pas réalisée lorsque, par suite des circonstances économiques ou sociales, l'exécution du contrat devient seulement plus onéreuse.

Il est courant de dire que la force majeure doit être extérieure, imprévisible et irrésistible. Le juge n'en fait que de très rares applications. Ainsi, l'événement doit avoir échappé à toutes les prévisions lors de la conclusion du contrat. Il faut que l'événement « n'ait pu raisonnablement être envisagé par le cocontractant au moment où il a traité » (CE, 17 décembre 1926, Société des chantiers de l'Adour). Des intempéries ne peuvent être retenues au titre de la force majeure que si elles ont une intensité exceptionnelle (CE, 1935, Descours).

2. Les conséquences de la force majeure

Lorsque la force majeure est reconnue, le titulaire du marché peut, sans être tenu au paiement d'une indemnité, obtenir la résiliation de son contrat.

Par ailleurs, si la force majeure, sans rendre définitivement impossible l'exécution du contrat, l'a retardée pendant un certain temps, le titulaire peut prétendre à l'exonération des pénalités de retard pour la fraction du retard imputable à la force majeure et, s'il poursuit l'exécution du contrat, demander qu'il lui soit fait application de la théorie de **l'imprévision** lorsque ce retard aura entraîné le bouleversement de l'économie de son contrat.

B. La disparition du titulaire du marché

Le marché doit également être résilié en cas de disparition du titulaire du marché, c'est-à-dire en cas de **décès** (article 1795 du code civil), **faillite** ou **incapacité civile** de celui-ci.

En revanche, il ne peut y avoir de résiliation automatique pour redressement judiciaire : les dispositions de l'article L. 621-28 du code de commerce interdisent toutes dispositions visant à résilier de plein droit un marché du seul fait de l'ouverture d'une **procédure de redressement judiciaire**.

La résiliation de plein droit causée par la disparition du titulaire du marché n'ouvre droit à aucune indemnité.

II. La résiliation pour motif d'intérêt général

L'acheteur public dispose toujours du droit de résilier unilatéralement le marché pour un motif d'intérêt général et ce, même en l'absence de clause contractuelle le prévoyant expressément (A).

En contrepartie de ce droit exorbitant du droit commun, le titulaire qui, par définition, n'a commis aucune faute a droit à être indemnisé (B).

A. Un large droit de résiliation pour l'administration

En vertu d'une jurisprudence constante, l'administration contractante « peut, en tout état de cause et en vertu des règles générales applicables aux contrats administratifs, mettre fin avant terme aux marchés publics, sous réserve des droits à indemnités des intéressés » (CE, Ass, 2 mai 1958, Distillerie de Magnac-Laval).

Par conséquent, une clause privant la personne publique de ce droit de résilier est réputée nulle et non écrite (CE, 6 mai 1985, Association Eurolat, n° s 41589 et 41699).

Les motifs de résiliation pour intérêt général ont tendance à être de plus en plus largement acceptés par le juge.

Ainsi a-t-il pu considérer que pouvait justifier une résiliation :

- l'abandon d'un projet (CE, 23 avril 2001, SARL Bureau d'études techniques d'équipement rural et urbain, n° 186424) ;
- le fait que le cocontractant ne dispose plus de garanties suffisantes pour remplir ses obligations (CE, 31 juillet 1996, Société des téléphériques du Mont-Blanc, n° 126594) ;
- l'évolution de la politique de la collectivité (CE, 15 avril 1996, Heurtevent, n° 172422) ;
- l'imprécision des clauses du contrat ou des irrégularités de rédaction (CE, 10 juillet 1996, Coisne, n° 140606).

En outre, dans l'intérêt général le juge peut prononcer la résiliation du marché en raison de l'illégalité qui l'entache (CE, 23 décembre 2011, ministre de l'Intérieur contre Syndicat intercommunal d'assainissement du Nord (SIAN), n° 348648).

B. Un droit à indemnisation pour le titulaire du marché

La contrepartie de ce pouvoir exorbitant de résilier pour motif d'intérêt général est que cela ouvre un droit à une **indemnisation totale** du titulaire du marché (CE, 6 février 1925, Gouverneur général d'Algérie c/ Demouchy). Ce droit à indemnisation a été consacré par la Cour européenne des droits de l'homme (CEDH, 9 décembre 1994, raffineries grecques Stran et Stratis Andreadis).

Cette indemnisation doit couvrir **l'intégralité du dommage** subi par le titulaire du marché, à condition qu'il puisse en justifier le montant, et que cela n'aboutisse pas à un enrichissement indu. Cela signifie que le titulaire ne peut prétendre à une indemnité excédant ce qu'il aurait gagné si le contrat s'était poursuivi normalement.

Elle prend en compte les **dépenses engagées** (CE, 18 novembre 1988, Ville d'Amiens, n° 61871) ainsi que le **manque à gagner** (CE, 16 février 1996, Syndicat intercommunal de l'arrondissement de Pithiviers, n° 82880).

Par conséquent, la résiliation des marchés à bons de commande passés sans minimum, ne donne pas droit à une indemnisation, puisque l'administration ne s'est engagée sur aucun montant de commande (cf. Leçons 6. Les marchés à bons de commande). Pour les mêmes raisons, aucune indemnisation n'est due aux titulaires d'un accord-cadre multi-attributaire résilié, dans la mesure où ceux-ci ne peuvent justifier d'un manque à gagner certain (cf. Leçon 7. Les accords-cadres).

Le contrat peut, par une clause expresse, exclure toute indemnisation (CE, 10 décembre 1982, Loiselot, n° 22856) ou prévoir une indemnisation transactionnelle moindre que le montant du dommage.

Dans le silence du contrat, le montant de l'indemnité est généralement négocié entre les parties et donne lieu à la conclusion d'une **transaction**. Cependant, l'interdiction faite aux personnes publiques de consentir des libéralités, c'est-à-dire de verser des sommes qu'elles ne doivent pas (CE, 19 mars 1971, Mergui, n° 79962) rend impossible le fait de verser une indemnité manifestement disproportionnée par rapport au préjudice qu'elle a pour objet de réparer (CE, 4 mai 2011, CCI de Nîmes, Uzès, Bagnols, Le Vigan, n° 334280). Dans le cas inverse, cela conduirait à un **enrichissement sans cause** du titulaire du marché.

III. La résiliation pour faute du titulaire

Cette résiliation est justifiée par l'inexécution, par le titulaire du marché de ses obligations contractuelles. La résiliation est ici une sanction contractuelle. S'agissant d'une sanction particulièrement grave (A), elle doit être prévue dans les stipulations du marché lui-même ou dans le cahier des clauses administratives générales et respecter une procédure précise (B).

A. Le contenu de la résiliation pour faute

Il existe plusieurs raisons pouvant motiver une résiliation pour faute, entraînant deux types de résiliations distinctes : la résiliation simple et la résiliation aux frais et risques du titulaire.

1. Les motifs de la résiliation

Les manquements du titulaire à ses obligations contractuelles qui peuvent justifier une telle sanction sont généralement listés dans les pièces du marché. Il doit s'agir de **manquements graves** tels que le refus d'exécuter un ordre de service, le non-respect des délais ou une interruption non justifiée de la prestation.

2. La résiliation simple

Dans cette situation, **la personne publique supporte les conséquences de cette résiliation**. Elle devra donc éventuellement passer un nouveau marché, en respectant les dispositions du code des marchés publics.

Le titulaire est dégagé de ses obligations contractuelles et ne pourra percevoir d'indemnisation (CE, 20 janvier 1988, Société d'étude et de réalisation des applications du froid, n° 56503).

3. La résiliation aux frais et risques du titulaire

Cette résiliation, autrement appelée « résiliation aux torts » du titulaire, signifie que **le titulaire défaillant devra prendre en charge le surcoût engendré par la passation d'un marché de substitution** pour achever les prestations faisant l'objet du marché (CE, 29 mai 1981, SA Roussey, n° 12315). Ce nouveau marché devra être passé conformément aux dispositions du code des marchés publics.

Deux conditions sont posées pour que le marché de substitution soit opposable au titulaire du marché initial :

- il doit porter sur les prestations restantes qui sont celles définies dans le marché initial. Le dossier de consultation du nouveau marché ne pourra donc comporter aucune modification par rapport au premier contrat ;
- la décision de passer un nouveau marché doit être notifiée à l'entrepreneur défaillant qui peut surveiller sa passation et suivre les prestations exécutées par le nouveau titulaire. Il dispose, en effet, d'un droit à suivre le marché de substitution, afin de préserver ses intérêts (CE Sect., 10 juin 1932, Sieur Bigot).

B. Les modalités de résiliation

1. La nécessaire mise en demeure préalable

Les dispositions contractuelles prévoient qu'une mise en demeure préalable doit être adressée au titulaire du marché, notamment dans le cas de la résiliation prononcée aux frais et risques du titulaire (CAA Lyon, 22 avril 2010, SM3A, n° 08LY01996).

Cette mise en demeure, notifiée au titulaire par tout moyen permettant de donner date certaine à sa réception, doit comporter :

- les **motifs** de la mise en demeure ;
- l'indication d'un **délai raisonnable**, qui ne saurait être inférieur à 15 jours, permettant au titulaire de se conformer à ses obligations (CE, 9 novembre 1988, Commune de Freistroff, n° 69450) ;
- la **sanction encourue** en cas de manquement avéré, à savoir la résiliation du marché, simple ou aux frais et risques.

2. La décision de résiliation

S'il n'est pas donné suite à la mise en demeure, l'acheteur public peut décider de résilier unilatéralement le marché.

Cette décision doit être **motivée** conformément à la loi n° 79-587 du 11 juillet 1979 relative à la motivation des actes administratifs. Elle doit mentionner expressément le **type de résiliation** et sa **date d'effet**. Elle doit être signée par l'autorité qui a compétence pour passer et signer les marchés. Pour les collectivités territoriales, la décision est prononcée par l'exécutif après autorisation de l'assemblée délibérante (CE, 8 novembre 1985, entreprise Ozilou, n° 40449).

C. Les effets de la résiliation pour faute

1. Le principe de l'absence d'indemnisation

Le titulaire d'un marché qui a été résilié pour faute n'a en principe droit à **aucune indemnisation** (CE, 15 décembre 2000, Lacroix contre association départementale hydraulique de Haute-Savoie). Toutefois il peut être dédommagé pour les ouvrages qu'il a déjà réalisés (CE, 5 juillet 1967, Commune de Donville-les-Bains, n° 60931). Ce dédommagement est établi par la personne publique dans la décision de résiliation dans le cadre d'un **décompte de liquidation**.

2. Le contentieux de la résiliation

Le titulaire du marché peut saisir le juge, dans les deux mois suivant la date à laquelle il a été informé de la résiliation. Il conteste alors la validité de la décision de résiliation, qui est un acte d'exécution du contrat, par le biais d'un recours de plein contentieux contractuel.

Alors qu'il n'a pu longtemps qu'indemniser le candidat évincé, le juge du contrat peut désormais, selon la gravité des vices constatés, annuler une résiliation et ordonner la reprise des relations contractuelles ou octroyer une indemnité (CE, Ass., 21 mars 2011, Commune de Béziers, n° 304806).

Le juge prend sa décision au regard de la gravité de l'illégalité de la résiliation et des motifs ayant conduit l'administration à prendre cette décision. Il tient également compte des éventuels manquements du requérant à ses obligations contractuelles et du dommage que pourrait causer cette annulation à l'intérêt général. La demande d'annulation peut être assortie d'une demande de suspension de la résiliation devant le juge des référés en vertu des dispositions de l'article L. 521-1 du code de justice administrative lorsque l'urgence le justifie (cf. Leçon 22. Le contentieux de l'exécution).

Repères

- L'article 12 du code des marchés publics prévoit que les pièces constitutives des marchés passés selon une procédure formalisée fixent les conditions de résiliation du contrat.
- L'article 47 du code des marchés publics prévoit la résiliation après signature du marché en cas d'inexactitude des documents et renseignements fournis par le titulaire.
- Le ministère de l'économie met à disposition des acheteurs sur le site de la Direction des affaires juridiques une fiche technique relative à la résiliation.

Pour gagner des points

Un exemple de dispositions contractuelles relatives à la résiliation : l'article 48 du CCAG travaux

« 48.1. À l'exception des cas prévus aux articles 15.2.2, 15.4 et 47.2, lorsque le titulaire ne se conforme pas aux dispositions du marché ou aux ordres de service, le représentant du pouvoir adjudicateur le met en demeure d'y satisfaire, dans un délai déterminé, par une décision qui lui est notifiée par écrit.

Ce délai, sauf pour les marchés intéressant la défense ou en cas d'urgence, n'est pas inférieur à quinze jours à compter de la date de notification de la mise en demeure.

48.2. Si le titulaire n'a pas déféré à la mise en demeure, la poursuite des travaux peut être ordonnée, à ses frais et risques, ou la résiliation du marché peut être décidée.

48.3. Pour assurer la poursuite des travaux, en lieu et place du titulaire, il est procédé, le titulaire étant présent ou ayant été dûment convoqué, à la constatation des travaux exécutés et des approvisionnements existants ainsi qu'à l'inventaire descriptif du matériel du titulaire et à la remise à celui-ci de la partie de ce matériel qui n'est pas utile à l'achèvement des travaux.

Dans le délai d'un mois suivant la notification de la décision de poursuite des travaux, en lieu et place du titulaire, ce dernier peut être autorisé par ordre de service à reprendre l'exécution des travaux s'il justifie des moyens nécessaires pour les mener à bonne fin.

Après l'expiration de ce délai, la résiliation du marché est prononcée par le représentant du pouvoir adjudicateur.

48.4. En cas de résiliation aux frais et risques du titulaire, les mesures prises en application de l'article 48.3 sont à la charge de celui-ci. Pour l'achèvement des travaux conformément à la réglementation en vigueur, il est passé un marché avec un autre entrepreneur. Ce marché de substitution est transmis pour information au titulaire défaillant. Par exception aux dispositions de l'article 13.4.2, le décompte général du marché résilié ne sera notifié au titulaire qu'après règlement définitif du nouveau marché passé pour l'achèvement des travaux.

48.5. Le titulaire, dont les travaux font l'objet des stipulations des articles 48.2 et 48.3, est autorisé à en suivre l'exécution sans pouvoir entraver les ordres du maître d'œuvre et de ses représentants.

Il en est de même en cas de nouveau marché passé à ses frais et risques.

48.6. Les excédents de dépenses qui résultent du nouveau marché, passé après la décision de résiliation prévue aux articles 48.2 ou 48.3, sont à la charge du titulaire. Ils sont prélevés sur les sommes qui peuvent lui être dues ou, à défaut, sur ses sûretés éventuelles, sans préjudice des droits à exercer contre lui en cas d'insuffisance.

Dans le cas d'une diminution des dépenses, le titulaire ne peut en bénéficier, même partiellement. [...] »

Partie 6

Le contentieux des marchés publics

Le contentieux des marchés publics est un contentieux qui a connu de récentes et profondes évolutions. Les « directives recours » ou les dernières jurisprudences ont notamment permis de multiplier les voies de recours en matière de contentieux de la passation (Leçon 21) tandis que l'office du juge du contrat dans le cadre du contentieux de l'exécution s'est considérablement élargi (Leçon 22).

Leçon 21
Le contentieux de la passation

- I. Les procédures d'urgence
- II. Les autres recours liés à la passation du contrat

Les procédures de passation des marchés publics peuvent être contestées devant le juge administratif. À cette occasion, celui-ci veille au respect des principes fondamentaux de la commande publique, en particulier à l'égalité d'accès à celle-ci et à la transparence des procédures (cf. Leçon 3. Les grands principes de la commande publique).

Plusieurs recours peuvent être intentés par les tiers intéressés : chacun est soumis à un régime spécifique. Ils peuvent être formés avant ou après la conclusion du contrat, devant le juge de l'urgence ou le juge du contrat. L'action des acheteurs publics est ainsi soumise au contrôle du juge, tout au long de la passation du contrat et après sa signature.

Le juge est doté de pouvoirs importants et diversifiés : il peut arrêter une procédure de passation à tous les stades, annuler un contrat en modulant l'effet de cette annulation dans le temps, ou ordonner l'indemnisation des personnes lésées.

Il convient également de souligner que violer les dispositions législatives ou réglementaires relatives à la publicité et à la mise en concurrence constitue un délit pénalement sanctionné (l'article 432-14 du code pénal punit le délit de favoritisme de deux ans d'emprisonnement et de 30 000 euros d'amende (cf. Leçon 27. La déontologie dans la commande publique)).

Pour contester la passation d'un marché public, un requérant peut soit introduire une procédure d'urgence (I) ou utiliser d'autres types de recours (II).

I. Les procédures d'urgence

Il existe deux types de référés selon que le marché a ou non été signé. Avant sa signature, le requérant peut introduire un référé précontractuel (A). Après la signature, il peut avoir recours à la procédure du référé contractuel (B).

A. Le référé précontractuel, jusqu'à la signature du contrat

Le référé précontractuel a été créé par la directive dite « recours » 89/665/CEE du 21 décembre 1989, et introduit dans notre droit par la loi n° 92-10 du 4 janvier 1992. Il est régi par les articles L. 551-1 à L. 551-12, et R. 551-1 à R. 551-6 du code de justice administrative.

Ce recours a pour but de prévenir la passation d'un contrat, qui **méconnaîtrait les règles de publicité et de mise en concurrence applicables**. Il permet aux candidats qui constatent un manquement à ces règles d'obtenir du juge du référé qu'il prononce les mesures nécessaires pour y remédier, avant la signature du contrat.

1. Les conditions de mise en œuvre du référé précontractuel

Les dispositions de l'article L. 551-1, premier alinéa, du code de justice administrative définissent quels sont les contrats susceptibles de faire l'objet d'un référé précontractuel. Il s'agit des « contrats administratifs ayant pour objet l'exécution de travaux, la livraison de fournitures ou la prestation de services, avec une contrepartie économique constituée par un prix ou un droit d'exploitation, ou la délégation d'un service public ».

Entrent ainsi dans **le champ du référé précontractuel** :

- **tous les marchés publics**, au sens du code des marchés publics et de l'ordonnance n° 2005-649 du 6 juin 2005 ; aussi tous les marchés, dès le premier euro et quelle que soit la procédure retenue sont susceptibles de faire l'objet d'un référé précontractuel ;
- les délégations de service public, régies par la loi n° 93-122 du 29 janvier 1993 ;
- les contrats de partenariat, prévus par l'ordonnance n° 2004-559 du 17 juin 2004 ;
- les baux emphytéotiques hospitaliers ;
- les concessions de travaux publics, régies par l'ordonnance n° 2009-864 du 15 juillet 2009 ;
- les concessions domaniales, soumises au code général de la propriété des personnes publiques, lorsqu'elles sont le support d'un des contrats administratifs entrant dans le champ du référé précontractuel (CE, 11 décembre 2000, Mme Agofroy, n° 202971 ; CE, 29 juillet 2002, Commune de Cavalaire-sur-Mer, n° 242153).

Les personnes habilitées à engager un référé précontractuel sont « celles qui ont un intérêt à conclure le contrat et qui sont susceptibles d'être lésées par le manquement » aux obligations de publicité et de mise en concurrence (CE, Sect., 3 octobre 2008, Syndicat mixte intercommunal de réalisation et de gestion pour l'élimination des ordures ménagères du secteur est de la Sarthe (SMIRGEOMES), n° 305420.).

- **Le préfet** peut également intenter un tel recours, dans le cadre de l'exercice de son contrôle de légalité, si le contrat est conclu par une collectivité territoriale ou par un établissement public local.
- **Les candidats évincés** lors de la procédure ont donc un intérêt évident à agir dans le cadre du référé précontractuel, et ce, à tout stade de la procédure de passation.
- **Les candidats potentiels**, que la violation des obligations de publicité et de mise en concurrence a dissuadé de soumissionner peuvent également utiliser cette procédure. La spécialité d'une société, c'est-à-dire l'adéquation entre ses activités et l'objet des prestations attendues, suffit à établir son intérêt à conclure un contrat, sans qu'elle ait à établir qu'elle a été empêchée d'être candidate (CE, 8 août 2008, Région Bourgogne, n° 307143).
- En revanche, **l'entreprise déclarée attributaire** d'un contrat n'est pas susceptible d'être lésée par des manquements aux obligations de publicité et de mise en concurrence applicables. Dépourvue d'intérêt à agir à l'encontre de la procédure de passation, elle ne peut par conséquent pas exercer de référé précontractuel (CE, 23 décembre 2011, Département de la Guadeloupe, n° 350231).

En ce qui concerne **les délais de recours**, le juge du référé précontractuel peut être saisi **jusqu'à la signature du contrat**. Si le juge est saisi après la conclusion du contrat, la requête est irrecevable. Si la signature du contrat intervient en cours d'instance, le recours perd son objet : le juge constate qu'il n'y a pas lieu de statuer sur la requête.

L'exercice du référé précontractuel **suspend automatiquement la procédure de passation**. Le contrat ne peut plus être signé à compter de la saisine du juge, et jusqu'à la notification au pouvoir adjudicateur de la décision juridictionnelle. La personne publique, informée du dépôt d'un recours, doit respecter cette suspension.

Si la personne publique signe le contrat, sans respecter la suspension imposée par l'article 80-I-1° du code des marchés publics ou par l'exercice d'un référé précontractuel, le candidat évincé peut transformer son référé précontractuel en référé contractuel (CE, 10 novembre 2010, France Agrimer, n° 340944). Toutefois, ce référé contractuel n'est recevable que si le requérant a respecté son obligation de notification, à la personne publique, de dépôt de son référé précontractuel (CE, 30 septembre 2011, Commune de Maizières-les-Metz, n° 350148), ou si le greffe du tribunal administratif a informé le pouvoir adjudicateur de l'existence d'un tel recours (CE, 1er mars 2012, Office public de l'habitat du Rhône, n° 355560).

2. Le régime du référé précontractuel

Le requérant ne peut invoquer que des **moyens tirés des manquements de l'acheteur public à ses obligations de publicité et de mise en concurrence**, lors de la passation du contrat. Sont notamment concernés : la définition du contrat et des prestations attendues, toutes les obligations de publicité, l'information fournie aux candidats, le respect des documents de la consultation, notamment l'analyse des offres au regard des critères annoncés, et les motifs de rejet.

Toutefois, dans sa décision SMIRGEOMES, le Conseil d'État a très fortement limité les chances de succès de ce type recours en précisant qu'il fallait que ces manquements, « eu égard à leur portée et au stade de la procédure auxquels ils se rapportent, **aient été susceptibles d'avoir lésé ou risquent de léser l'entreprise**, fût-ce de façon indirecte en avantageant une entreprise concurrente » (CE, Sect., 3 octobre 2008, SMIRGEOMES, n° 305420). C'est au requérant d'apporter des éléments d'explication en ce sens (CE, 4 février 2009, Communauté d'agglomération du bassin du Thau, n° 311949).

Le choix de l'offre d'une entreprise irrégulièrement retenue est susceptible d'avoir lésé tout autre candidat, sauf s'il résulte de l'instruction que la candidature de ce dernier devait elle-même être écartée ou que son offre ne pouvait qu'être éliminée comme inappropriée, irrégulière ou inacceptable (CE, 11 avril 2012, Syndicat ODY 1218 Newline du Lloyd's de Londres, n° 354652). Un candidat ayant présenté une offre irrégulière n'est pas susceptible d'avoir été lésé par un quelconque manquement, sauf si l'irrégularité de l'offre résulte du manquement que le candidat entend dénoncer (CE, 27 octobre 2011, Département des Bouches-du-Rhône, n° 350935 ; CE, 12 mars 2012, Société Clear Channel France c/ Commune de Villiers-sur-Marne, n° 353826).

Au final, tout candidat mal classé dans le cadre de l'analyse, ne peut voir son référé précontractuel aboutir que dès lors qu'il est capable de démontrer que ce classement résulte des manquements aux obligations de publicité et de mise en concurrence de l'acheteur. C'est ce lien qui est le plus difficile à établir.

Le juge du référé précontractuel ne peut pas statuer avant un **délai minimum** défini par l'article R. 551-5 du code de justice administrative :
- 16 jours en procédure formalisée, à compter de la date d'envoi de l'information aux candidats évincés ;
- 11 jours en procédure adaptée, à compter de la publication de l'avis d'intention de conclure le contrat.

Le juge statue dans un **délai maximum** de 20 jours, à compter de sa saisine, mais le dépassement de ce délai n'entraîne pas son dessaisissement. En conséquence, la procédure d'instruction est rapide, et les délais de communication des mémoires sont raccourcis. L'audience est en principe publique et les parties peuvent présenter des observations orales, voire y invoquer de nouveaux moyens.

Il statue en premier et dernier ressort. Son ordonnance est susceptible d'un recours en cassation devant le Conseil d'État, dans les 15 jours de la notification de la décision. Ce pourvoi n'a pas d'effet suspensif.

Les pouvoirs du juge du référé précontractuel sont ceux d'un juge du fond pour s'assurer du respect des obligations de publicité et de mise en concurrence. Doté de prérogatives considérables, il peut ordonner à l'auteur du manquement de se conformer à ses obligations, suspendre et annuler l'exécution de toute décision qui se rapporte à la passation du contrat, supprimer les clauses ou prescriptions destinées à figurer dans le contrat.

Le juge dispose de **pouvoirs d'injonction et de suspension** : il peut ordonner de recommencer toute la procédure ou de la reprendre là où le manquement est apparu, exiger la réintégration d'un candidat évincé ou imposer la communication des motifs de rejet. Ces pouvoirs peuvent être utilisés par le juge, « sauf s'il estime, en considération de l'ensemble des intérêts susceptibles d'être lésés et notamment de l'intérêt public, que les conséquences négatives de ces mesures pourraient l'emporter sur leurs avantages » (articles L. 551-2-I et L. 551-7 du code de justice administrative ; CE, 12 mars 2012, Communauté d'agglomération du pays de Montbéliard, n° 354279).

Le choix entre ces sanctions ou mesures se fait « eu égard à la nature du vice entachant la procédure de passation des contrats litigieux » (CE, 20 octobre 2006, Commune d'Andeville, n° 289234). Un manquement concernant l'élaboration même des offres doit ainsi être sanctionné par l'annulation de l'ensemble de la procédure de passation (CE, 23 novembre 2011, Département des Bouches-du-Rhône, n° 350519), alors qu'un manquement se rapportant à la seule phase de sélection des offres ne peut entraîner qu'une annulation de la procédure à compter de l'examen de ces offres (CE, 30 septembre 2011, Département de la Haute-Savoie c/ société GTS, n° 350153 ; CE, 23 mars 2012, Caisse des écoles de la commune de Six-Fours-les-Plages, n° 355439.)

B. Le référé contractuel, après la signature du contrat

Le référé contractuel est issu de la directive n° 2007/66/CE du 11 décembre 2007, et introduit en droit interne par l'ordonnance n° 2009-515 du 7 mai 2009. Il est régi par les articles L. 551-13 à L. 551-23, et R. 551-7 à R. 551-10 du code de justice administrative. Il permet de sanctionner les manquements aux obligations de publicité et de mise en concurrence, après la signature du contrat.

1. Les conditions de mise en œuvre du référé contractuel.

Le champ d'application matériel du référé contractuel est celui du référé précontractuel.

Les personnes habilitées à engager un référé contractuel sont les mêmes que celles admises au référé précontractuel, c'est-à-dire « celles qui ont un intérêt à conclure le contrat et qui sont susceptibles d'être lésées par des manquements aux obligations de publicité et de mise en concurrence », et le préfet.

Si l'acheteur a respecté la suspension de signature que lui impose l'existence d'un référé précontractuel, ou s'est conformé à la décision du juge du référé précontractuel, aucun référé contractuel ne peut être exercé.

Ne peut exercer un recours contractuel celui qui, ayant précédemment exercé un référé précontractuel, a omis d'en avertir la personne publique qui a signé le contrat (CE, 30 septembre 2011, n° 350148, précité), sauf si cette information a été communiquée au pouvoir adjudicateur par le greffe du tribunal administratif saisi (CE, 1er mars 2012, n° 355560, précité).

Le référé contractuel reste toutefois ouvert, si le concurrent évincé n'a pas été informé :

- du rejet de son offre et de la signature du contrat ;
- en procédure formalisée, du délai de suspension de la signature du marché (délai de standstill) (CE, 24 juin 2011, Office public de l'habitat interdépartemental de l'Essonne, n° 346665) ;

- en procédure adaptée, de l'intention de la personne publique de conclure le contrat (CE, 29 juin 2012, Société Chaumeil, n° 358353).

Les délais de recours du référé contractuel sont les suivants :

- **31 jours**, à compter de la publication d'un avis d'attribution du contrat au Journal Officiel de l'Union européenne (JOUE) ou, pour les marchés fondés sur un accord-cadre ou un système d'acquisition dynamique, à compter de la notification de la conclusion du contrat ;
- **6 mois**, à compter du lendemain du jour de la conclusion du contrat, si aucun avis d'attribution n'a été publié ou si aucune notification de la conclusion du contrat n'a été effectuée. L'acheteur a donc intérêt à publier un avis d'attribution le plus rapidement possible après la notification du contrat.

Les contrats dont la passation n'est pas soumise aux procédures formalisées peuvent échapper au référé contractuel, si le pouvoir adjudicateur publie au JOUE son intention de conclure le contrat (*avis ex ante* volontaire) et observe un délai de 11 jours entre cette publication et la signature du contrat.

2. Le régime du référé contractuel

Le référé contractuel est destiné à sanctionner **les irrégularités les plus graves** : les moyens invocables sont moins nombreux que pour le référé précontractuel. « Les manquements susceptibles d'être utilement invoqués dans le cadre du référé contractuel sont, comme les sanctions auxquelles ils peuvent donner lieu, limitativement définis aux articles L. 551-18 à L. 551-20 » (CE, 19 janvier 2011, Société du Grand port maritime du Havre, n° 343435). Il appartient au juge de vérifier que les manquements invoqués par le candidat évincé ont « affecté ses chances d'obtenir le contrat » (CE, 30 novembre 2011, Société DPM Protection, n° 350788).

Seuls peuvent être invoqués :

- l'absence totale de publicité ;
- l'absence de publication au JOUE si celle-ci est obligatoire ;
- la violation du délai de standstill (cf. Leçon 13. L'attribution) ;
- la violation de la suspension de la signature du contrat liée à la saisine du référé précontractuel ;
- la méconnaissance des modalités de remise en concurrence pour les contrats fondés sur un accord-cadre ou un système d'acquisition dynamique.

Le régime contentieux du référé contractuel est quasi identique à celui du référé précontractuel, à l'exception du délai d'un mois, à compter de sa saisine, imparti au juge du référé contractuel pour statuer.

Le juge du référé contractuel dispose également de pouvoirs importants : **l'annulation du contrat, sa résiliation, la réduction de sa durée et une pénalité financière**, par exemple en cas de violation du délai de standstill (CE, 30 novembre 2011, Société DPM Protection, n° 350788 précité). Toutes ces sanctions sont aussi applicables aux marchés passés selon une procédure adaptée.

L'exercice de ces pouvoirs est strictement encadré : **l'annulation est la sanction obligatoire** dans les cas fixés par les dispositions de l'article L. 551-18 du code de justice administrative loi. Si l'annulation « se heurte à une raison impérieuse d'intérêt général », le juge retrouve sa liberté de choix entre les trois autres sanctions possibles. En dehors de ces cas d'annulation obligatoire, le juge a le choix parmi les sanctions prévues par le code de justice administrative : il les adapte à la gravité des violations aux obligations de publicité et de mise en concurrence commises et au contexte du contrat.

II. Les autres recours liés à la passation du contrat

Pour tous les contrats conclus avant le 4 avril 2014, date de lecture de la décision Département du Tarn-et-Garonne, rendue par l'Assemblée du contentieux du Conseil d'État, il n'existait que deux voies de recours pour les tiers qui souhaitaient contester la validité d'un marché public. S'il s'agissait d'un candidat évincé, il pouvait introduire un recours en contestation de validité contractuelle crée par la jurisprudence dite « tropic » (CE, Ass., 16 juillet 2007, Société Tropic travaux signalisation, n° 291545). S'il s'agissait d'un autre tiers au contrat, il ne pouvait qu'introduire un recours pour excès de pouvoir **contre les actes détachables antérieurs à la conclusion du contrat** (CE, 4 août 1905, Martin. n° 14220 ; CE, Ass., 5 mars 1999, Président de l'Assemblée nationale, n° 163328), notamment la décision de signer le contrat, les décisions d'écarter une offre ou d'attribuer le marché et la décision d'abandonner la procédure en la déclarant infructueuse ou sans suite.

La décision Tarn-et-Garonne (A) que d'aucuns qualifient de « révolution » jurisprudentielle, unifie et harmonise les possibilités de recours pour tous les « tiers intéressés » en laissant néanmoins subsister quelques recours contre les actes réglementaires notamment (B).

A. Le recours « Tarn-et Garonne »

Pour les contrats conclus à compter du 4 avril 2014, cette décision ouvre une nouvelle voie de droit pour tous les « tiers intéressés » au contrat devant un juge de plein contentieux aux pouvoirs étendus.

1. Les conditions du recours Tarn-et-Garonne

Le recours en contestation de validité contractuelle est ouvert contre tous les contrats administratifs.

Tous les « tiers intéressés » peuvent introduire ce recours. Leur **intérêt à agir** sera néanmoins différemment apprécié en fonction de leur nature.

Ainsi la décision précise que cet intérêt sera automatiquement reconnu pour le **préfet** dans le cadre du contrôle de légalité qu'il effectue sur les contrats des collectivités. La recevabilité d'un tel recours est également automatiquement admise pour les **membres de l'organe délibérant** de la collectivité territoriale ou le groupement de collectivités concerné par le contrat.

Les autres tiers devront démontrer qu'ils sont susceptibles d'être « lésés dans leurs intérêts de façon suffisamment directe et certaine par la passation du contrat » pour pouvoir l'attaquer. Cela sera assez aisé pour les « **concurrents évincés** », précédemment concernés par la jurisprudence « Tropic ». Cette qualité est reconnue à tout requérant qui aurait eu intérêt à conclure le contrat, alors même qu'il n'aurait pas présenté sa candidature, qu'il n'aurait pas été admis à présenter une offre ou qu'il aurait présenté une offre inappropriée, irrégulière ou inacceptable (CE, 11 avril 2012, Société Gouelle, avis n° 355446). Pour les autres tiers, la démonstration sera sans doute plus difficile à établir, l'objectif étant d'éviter les contestations systématiques de contribuables ou d'associations.

Les **moyens** que les tiers pourront invoquer à l'appui de leurs conclusions diffèrent eux aussi selon la nature du requérant. Le représentant de l'État et les membres des organes délibérants « compte tenu des intérêts dont ils ont la charge » peuvent invoquer tout moyen à l'appui de leur recours, tandis que les autres tiers ne peuvent soulever que les « vices en rapport direct avec l'intérêt lésé dont ils se prévalent ou ceux d'une gravité telle que le juge devrait les relever d'office ».

Le recours doit être exercé dans un **délai de 2 mois**, « à compter de l'accomplissement des mesures de publicité appropriées ». Cette condition de publicité peut être remplie « notamment au moyen d'un avis mentionnant à la fois la conclusion du contrat et les modalités de sa consultation dans le respect des secrets protégés par la loi ».

Pour les marchés passés selon une procédure formalisée, la publication d'un avis d'attribution, au JOUE, suffit pour déclencher ce délai. Cet avis doit alors indiquer les modalités de la consultation du contrat, dans la rubrique « autres informations » de l'avis. En procédure adaptée, l'acheteur doit adapter sa publicité à l'objet et au montant du contrat.

2. Le régime du recours Tarn-et-Garonne

Le recours Tarn-et-Garonne est un recours de **pleine juridiction** dirigé contre le contrat.

Dans ce cadre le requérant peut demander alternativement ou cumulativement :

- **l'invalidation** du contrat ou d'une de ses clauses ;
- la **suspension** de l'exécution du contrat, toutefois, pour que cette demande soit recevable, les conditions strictes du référé-suspension définies aux articles L. 521-1 et R. 522-1 du code de justice administrative doivent toutes être réunies (urgence et doute sérieux) ;
- **l'indemnisation** du préjudice résultant de l'atteinte à ses droits lésés, une telle demande est toutefois soumise, sauf en matière de travaux publics, à l'intervention d'une décision administrative préalable de nature à lier le contentieux, le cas échéant en cours d'instance, elle doit également être motivée et chiffrée, à peine d'irrecevabilité.

Le juge dispose de **pouvoirs étendus** (résiliation, modification de clauses, annulation totale ou partielle, indemnisation, poursuite du contrat) qu'il module en fonction de la nature du vice entachant le marché. Il veille à la préservation de la sécurité juridique et de l'intérêt général, notamment au maintien de la continuité du service public (TA de Limoges, 18 février 2010, Société SOGEO, n° 0801252).

Après avoir pris en considération la nature des vices invoqués, il peut décider de la poursuite de l'exécution du contrat et peut même inviter les parties à prendre des mesures de régularisation. Si de telles mesures sont impossibles il peut prononcer, le cas échéant avec un effet différé, soit la résiliation, soit l'annulation totale ou partielle du contrat.

B. Le recours contre certains actes détachables

Jusqu'à la création des référés précontractuel et contractuel et l'arrêt Tropic, le recours pour excès de pouvoir contre les actes détachables a été le seul moyen par lequel les tiers pouvaient contester la validité d'un contrat de la commande publique. Depuis la décision Tarn-et-Garonne, ces recours sont extrêmement réduits et sont aujourd'hui l'exception.

Le préfet peut encore par cette voie contester **les actes détachables jusqu'à la conclusion du contrat.** Après la signature de celui-ci il devra avoir recours à la procédure définie par la décision Tarn-et-Garonne.

Cette voie est également encore ouverte contre les actes détachables d'un contrat de droit privé conclu par une collectivité publique. Enfin, elle devrait subsister pour contester les clauses à effet réglementaire des contrats administratifs et les actes approuvant la conclusion de contrats administratifs (les décrets en Conseil d'État approuvant la conclusion des concessions ou de contrats de partenariat).

Le juge ne dispose que de **pouvoirs limités** : il peut **rejeter la requête ou annuler l'acte détachable**. L'annulation n'impliquant pas nécessairement la nullité du contrat.

Repères

- Les articles L. 551-1 à L. 551-12, et R. 551-1 à R. 551-6 du code de justice administrative encadrent la procédure du référé précontractuel.
- Les articles L. 551-13 à L. 551-23, et R. 551-7 à R. 551-10 du code de justice administrative encadrent la procédure du référé contractuel.
- CE, Ass., 4 avril 2014, Département du Tarn-et-Garonne, n° 358994.

Pour gagner des points

CE, Sect., 3 octobre 2008, Syndicat mixte intercommunal de réalisation et de gestion pour l'élimination des ordures ménagères du secteur est de la Sarthe (SMIRGEOMES), n° 305420.

« Considérant qu'en vertu des dispositions précitées de l'article L. 551-1 du code de justice administrative, les personnes habilitées à agir pour mettre fin aux manquements du pouvoir adjudicateur à ses obligations de publicité et de mise en concurrence sont celles susceptibles d'être lésées par de tels manquements ; qu'il appartient dès lors au juge des référés précontractuels de rechercher si l'entreprise qui le saisit se prévaut de manquements qui, eu égard à leur portée et au stade de la procédure auquel ils se rapportent, sont susceptibles de l'avoir lésée ou risquent de la léser, fût-ce de façon indirecte en avantageant une entreprise concurrente ; que, par suite, en annulant la procédure de passation litigieuse au motif que le syndicat aurait indiqué à tort dans les avis d'appel public à la concurrence que le marché était couvert par l'Accord sur les marchés publics, sans rechercher si cette irrégularité, à la supposer établie, était susceptible d'avoir lésé ou risquait de léser la société Passenaud Recyclage, le juge des référés a commis une erreur de droit et a ainsi méconnu son office ; qu'il en résulte que le SMIRGEOMES est fondé à demander l'annulation de l'ordonnance attaquée en tant qu'elle a prononcé l'annulation de la procédure de passation du marché ; [...]

Considérant, en premier lieu, que la société Passenaud Recyclage soutient que les avis d'appel public à la concurrence mentionnent de façon erronée que le contrat envisagé est couvert par l'Accord sur les marchés publics, que l'exigence que les entreprises fournissent, à l'appui de leur candidature, une « déclaration indiquant l'outillage, le matériel et l'équipement technique dont le candidat dispose pour la réalisation des marchés de même nature » présente un caractère discriminatoire et disproportionné et que les codes CPV (« vocabulaire commun de marché ») utilisés dans les avis d'appel public à la concurrence étaient imprécis ; que, toutefois, il ne résulte pas de l'instruction que la société requérante, dont la candidature a été admise et qui a présenté une offre correspondant à l'objet du marché, soit susceptible d'avoir été lésée ou risque d'être lésée par les irrégularités ainsi invoquées, qui se rapportent à une phase de la procédure antérieure à la sélection de son offre ; que, compte tenu de l'office du juge des référés précontractuels, tel qu'il a été défini ci-dessus, elle ne peut, dès lors, se prévaloir de tels manquements à l'appui de sa requête ; [...]

Considérant enfin que la société Passenaud Recyclage soutient que l'absence, dans les avis d'appel public à la concurrence, de fixation des niveaux minimaux de capacité au regard desquels s'effectue la sélection des candidatures méconnaît l'article 52 du code des marchés publics et a permis de retenir la candidature d'une entreprise, la société Derouin, ne disposant pas de la capacité technique et financière pour exécuter le marché ; que toutefois, aux termes de l'article 45 du code des marchés publics : « (I) Le pouvoir adjudicateur ne peut exiger des candidats que des renseignements ou documents permettant d'évaluer leur expérience, leurs capacités professionnelles, techniques et financières ainsi que des documents relatifs aux pouvoirs des personnes habilitées à les engager. » ; qu'aux termes de l'article 52 du même code : « (I) [...] Les candidats qui ne peuvent soumissionner à un marché en application des dispositions de l'article 43 ou qui, le cas échéant après mise en œuvre des dispositions du premier alinéa, produisent des dossiers de candidature ne comportant pas les pièces mentionnées aux articles 44 et 45 ne sont pas admis à participer à la suite de la procédure de passation du marché. / Les candidatures qui n'ont pas été écartées en application des dispositions de l'alinéa précédent sont examinées au regard des niveaux de capacités professionnelles, techniques et financières mentionnées dans l'avis d'appel public à la concurrence, ou, s'il s'agit d'une procédure dispensée de l'envoi d'un tel avis, dans le règlement de consultation. Les candidatures qui ne satisfont pas à ces niveaux de capacité sont éliminées » ; que si ces dispositions font obligation au pouvoir adjudicateur de contrôler les garanties professionnelles, techniques et financières des candidats à l'attribution d'un marché public au vu des documents ou renseignements demandés à cet effet dans les avis d'appel public à concurrence ou dans le règlement de consultation dans les cas de procédures dispensées de l'envoi de tels avis, le pouvoir adjudicateur n'est, en revanche, pas tenu de fixer dans les avis d'appel public à la concurrence des niveaux minimaux de capacités professionnelles, techniques et financières exigés des candidats ; qu'ainsi le SMIRGEOMES n'a pas méconnu ses obligations de publicité et de mise en concurrence en n'exigeant pas de tels niveaux minimaux de capacités ; qu'en outre la société requérante n'établit pas, par les éléments qu'elle avance, l'incapacité technique et financière de la société Derouin à exécuter le marché ; »

Leçon 22
Le contentieux de l'exécution

I. Le règlement contentieux des litiges en cours d'exécution des marchés
II. Le règlement amiable des litiges liés à l'exécution des marchés

Les marchés publics étant des contrats administratifs en vertu des dispositions de l'article 2 de la loi n° 2001-1168 du 11 décembre 2011 portant mesures urgentes de réforme à caractère économique et financier (MURCEF), les litiges relatifs à leur exécution relèvent de la compétence exclusive du juge administratif du contrat.

Si les tiers au contrat peuvent saisir le juge d'un recours en contestation de la validité du contrat (cf. Leçon 21 : Le contentieux de la passation), les contentieux de l'exécution sont en revanche réservés aux seules parties au contrat : l'acheteur public et le titulaire du marché.

Les litiges portés devant le juge du contrat, traitant pour l'essentiel de la mauvaise exécution par l'un des cocontractants de ses obligations conduisent à mettre en jeu la responsabilité contractuelle des parties. De manière moins fréquente, ils peuvent entraîner la constatation de la nullité ou la résiliation du marché (I).

En tout état de cause, et dans la mesure où les contentieux portant sur l'exécution des marchés sont souvent longs, se cristallisant après la fin du contrat, et complexes, le recours à différentes formes de règlements amiables des litiges liés à l'exécution est fortement encouragé (II).

I. Le règlement contentieux des litiges en cours d'exécution des marchés

Il s'agit de **recours de plein contentieux** portés devant le juge du contrat qui dispose de pouvoirs plus étendus qu'en matière de recours pour excès de pouvoir. Dans le domaine contractuel **l'office du juge** a été profondément rénové par la jurisprudence récente notamment les décisions du Conseil d'État dites « Commune de Béziers I et II. »

Ces recours peuvent porter tant sur la validité du contrat lui-même (A), que sur des mesures d'exécution (B) ou avoir pour objet la mise en jeu de la responsabilité contractuelle (C).

A. Le contentieux de la validité du contrat

En cours d'exécution du marché, le juge du contrat peut être saisi par l'une des parties au marché d'une contestation de la validité de ce contrat.

Ce recours peut se faire par **voie d'action** — c'est-à-dire que l'une des parties demande uniquement au juge du contrat de prononcer l'annulation ou la résiliation du marché — ou par **voie d'exception**. Dans cette seconde hypothèse, c'est à l'occasion d'un litige portant sur l'exécution d'un contrat, alors que l'une des parties reproche à l'autre de ne pas respecter ses obligations, que les parties, ou le juge (dans ce cas d'office) peuvent soulever la question de la validité du contrat.

Le Conseil d'État, dans sa décision « Manoukian » (CE, 12 janvier 2011, Manoukian, n° 338551) a précisé que le **manquement aux règles de passation**, en l'espèce la méconnaissance des seuils d'application des procédures formalisées, qui ne serait pas particulièrement grave et n'aurait pas été commise dans des circonstances particulières interdisant que le litige soit réglé sur le fondement du contrat ne sont pas de nature à conduire le juge à écarter l'application du contrat. De la même manière, il a été jugé, pour une délégation de service publique, **qu'une clause illicite** — la clause de tacite reconduction — n'était pas au rang de celles qui permettent de régler le litige hors du terrain contractuel (CE, 23 mai 2011, Département de la Guyane, n° 314715).

En revanche, un contrat dont **l'objet même serait illicite**, parce que contraire par exemple au principe d'inaliénabilité du domaine public, doit conduire le juge, le cas échéant d'office, à en écarter l'application (CE, 4 mai 2011, Communauté de communes du Queyras, n° 340089).

Dans le même sens, **une clause illicite de renonciation par la personne publique à son pouvoir de résiliation unilatérale** pour un motif d'intérêt général indivisible des autres stipulations est de nature à mettre en cause la validité du contrat (CE, 1er octobre 2013, société Espace Habitat Construction, n° 349099). Il est donc important de noter qu'en cas de **divisibilité des clauses illicites** du contrat, le juge peut régler le litige dans le cadre contractuel en écartant l'application de ces seules clauses.

Dans le cadre de ce type de recours, l'office du juge a été profondément remanié par la décision du Conseil d'État du 28 décembre 2009, commune de Béziers, n° 304802. Afin de décider entre les différentes mesures qui sont désormais en son pouvoir, le juge doit prendre en considération à la fois la gravité du vice affectant le contrat, **le principe de loyauté des relations contractuelles** et les différents intérêts en cause (en conciliant intérêt général et intérêts des parties). Le principal apport de cette jurisprudence réside dans le fait que l'annulation du contrat doit désormais être l'exception tandis que prévaut l'exigence de loyauté des relations contractuelles.

Par conséquent, saisi par voie d'action, le juge peut désormais :

- décider de la poursuite de l'exécution du contrat, éventuellement sous réserve de mesures de régularisation ;
- prononcer la résiliation du contrat, c'est-à-dire le faire disparaître pour l'avenir ;
- dans les cas les plus graves (caractère illicite du contrat, vice d'une particulière gravité), prononcer l'annulation du contrat.

Saisi par voie d'exception à l'occasion d'un litige relatif à l'exécution du marché, le juge doit faire application du contrat sauf dans les cas les plus graves pouvant entraîner l'annulation du contrat.

B. Le contentieux des mesures relatives à l'exécution du marché

Le contentieux des mesures d'exécution est un contentieux purement **subjectif** qui ne peut donner droit en principe qu'à **l'octroi de dommages et intérêts** : « le juge du contrat, saisi par une partie d'un litige relatif à une mesure d'exécution d'un contrat, peut seulement, en principe, rechercher si cette mesure est intervenue dans des conditions de nature à ouvrir droit à indemnité ; » (CE, 21 mars 2011, commune de Béziers (II) n° 304806).

Ainsi une mesure de modification unilatérale du contrat, si elle est justifiée et si elle génère des surcoûts doit donner lieu à une **indemnité compensatrice** (CE, 11 mars 1910, Compagnie générale Française des tramways) ; si elle n'est pas justifiée, elle devra donner lieu à une indemnité réparant le préjudice subi.

Toutefois, si la mesure contestée est une mesure de résiliation du contrat par l'administration, les pouvoirs du juge du contrat sont en revanche plus larges. Le cocontractant peut notamment demander la reprise des relations contractuelles, c'est-à-dire « d'annuler » la résiliation si celle-ci a été prise illégalement.

Ainsi depuis la décision « Commune de Béziers », une mesure de résiliation unilatérale peut être contestée par le cocontractant soit pour obtenir une indemnité, soit pour obtenir la reprise des relations contractuelles.

Cependant, dans l'hypothèse d'une contestation d'une mesure de résiliation assortie d'une demande tendant à la reprise des relations contractuelles, si le juge constate une irrégularité invoquée par une partie ou relevée d'office par lui, tenant au caractère illicite du contenu du contrat ou à un vice d'une particulière gravité relatif notamment aux conditions dans lesquelles les parties ont donné leur consentement, qui le conduirait, s'il était saisi d'un recours de plein contentieux contestant la validité de ce contrat, à prononcer la résiliation du contrat ou son annulation, il doit, quels que soient les vices dont la mesure de résiliation est, le cas échéant, entachée, rejeter les conclusions tendant à la reprise des relations contractuelles (CE, 1er octobre 2013, société Espace Habitat Construction, n° 349099).

La contestation doit être introduite dans un délai de deux mois suivant la décision de résiliation. Elle peut être assortie d'une demande de référé-suspension de l'article L. 521-1 du code de justice administrative.

C. L'action en responsabilité contractuelle

L'action en responsabilité contractuelle consiste à obtenir la **réparation du préjudice résultant d'une exécution fautive des obligations contractuelles** de l'une ou l'autre des parties (cf. Leçon 14. L'exécution technique).

Le juge contrôle ainsi l'exécution ou l'inexécution du marché au regard des obligations prévues dans le contrat initial et éventuellement modifié par voie d'avenant. Il s'agit pour l'essentiel d'une **réparation pécuniaire**, consistant en une demande de réparation assortie de demande de dommages et intérêts.

Les parties sont tenues de porter leur litige issu de l'exécution du marché sur le terrain de la responsabilité contractuelle (CE, 7 mai 1982, société du parking de la Concorde). Il est ainsi classique de dire que **la responsabilité contractuelle absorbe toutes les autres formes de responsabilité, délictuelle ou quasi-délictuelle**. En cas de doute sur le fondement de la responsabilité ces dernières ne pourront donc être invoquées qu'à titre subsidiaire.

En principe, le juge du contrat ne peut pas annuler les mesures d'exécution du marché prises par l'acheteur en direction du titulaire (CE, 26 novembre 1971, société industrielle et agricole des fertilisants humiques (SIMA) ; CE, 21 février 2003, Entreprise Jean Lefebvre).

Seules les parties au contrat peuvent introduire un recours en responsabilité contractuelle. Les tiers doivent se limiter à contester la validité du contrat (cf. Leçon 21. le contentieux de la passation). En effet dans la mesure où ils ne sont tenus par aucune des obligations du marché, ils ne sauraient invoquer les dispositions de ce contrat pour rechercher la responsabilité contractuelle d'une des parties envers eux (CE, 9 décembre 2011, Commune d'Alès, n° 342283).

Dès lors que le contrat a pris fin, soit par sa réception, soit par sa résiliation, il est également mis fin aux relations contractuelles et à la possibilité de mettre en œuvre la responsabilité contractuelle (CE, 12 octobre 1988, OPHLM de la communauté urbaine de Bordeaux). Ce moyen d'ordre public peut être soulevé d'office par le juge.

Ces demandes indemnitaires peuvent faire l'objet d'un **référé-provision** prévu par les dispositions des articles R. 541-1 à R. 541-6 du code de justice administrative.

II. Le règlement amiable des litiges liés à l'exécution des marchés

L'existence de différends importants dans le cadre de l'exécution des marchés publics ne conduit pas systématiquement à une saisine du juge. Plusieurs modes de règlement amiable sont à la disposition des parties à un marché public qui les prévoient le plus souvent dès l'origine du contrat dans le cahier des charges. Les parties peuvent ainsi saisir les comités consultatifs de règlement amiable des différends ou litiges relatifs aux marchés publics (A) ou bien avoir recours à la conciliation (B), la transaction (C) ou l'arbitrage (D).

A. Les comités consultatifs de règlement amiable des différends ou litiges relatifs aux marchés publics (CCRA)

Ce sont des **organismes consultatifs** de conciliation dont le régime juridique est fixé par le décret n° 2010-1525 du 8 décembre 2010 relatif aux comités consultatifs de règlement amiable des différends ou litiges relatifs aux marchés publics. Ils peuvent être saisis de tout différend ou litige survenu au cours de l'exécution d'un marché public ou d'un accord-cadre.

Ils sont composés de façon paritaire et sont présidés par un magistrat administratif. Il existe un comité national, compétent notamment pour les marchés publics passés par les services centraux l'État, et sept comités locaux (Paris, Versailles, Nantes, Bordeaux, Lyon, Nancy et Marseille) qui ont en charge les marchés passés par les services déconcentrés de l'État ou les collectivités territoriales.

Ils ne constituent ni des juridictions, ni des instances d'arbitrage. Ils recherchent, à la demande du titulaire du marché ou de l'acheteur public, les éléments de fait et de droit en vue d'une **solution amiable et équitable** conformément aux dispositions de l'article 127 du code des marchés publics.

Le comité peut être saisi par chacune des deux parties par le biais d'une note détaillée. L'autre partie est alors informée, un rapporteur est désigné pour instruire le dossier. À l'issue de l'instruction une phase orale permet d'entendre les parties puis le comité délibère à huis clos et rend son avis dans un délai de six mois à compter de sa saisine. Il s'agit d'une procédure qui est censée être plus rapide qu'une procédure contentieuse.

L'originalité du rôle de ces comités est qu'ils ne statuent pas seulement en droit. Ils peuvent prendre en compte l'équité, pour proposer la solution la plus appropriée aux parties. **Les avis rendus par les comités ne s'imposent pas aux parties** : celles-ci demeurent libres de les suivre ou non.

La saisine d'un comité interrompt le cours des différentes prescriptions et suspend les délais de recours contentieux.

B. La conciliation

Les parties peuvent convenir de recourir à un tiers conciliateur. La conciliation est organisée librement, elles peuvent constituer une instance ad hoc de conciliation. Elle peut également être confiée à un magistrat administratif conformément aux dispositions de l'article L. 211-4 du code de justice administrative.

Elle peut s'achever par une transaction.

C. La transaction

La circulaire du 7 septembre 2009 relative au recours à la transaction pour la prévention et le règlement des litiges portant sur l'exécution des contrats de la commande publique définit les principes de recours à la transaction qui constitue le plus souvent la dernière étape, la formalisation, de la phase de conciliation.

Les dispositions de l'article de l'article 2044 du code civil définissent la transaction comme « un contrat par lequel les parties terminent une contestation née, ou préviennent une contestation à naître. Ce contrat doit être rédigé par écrit. »

L'utilisation de la transaction est encouragée par le Conseil d'État notamment dans le cadre de son rapport public de 1993, « régler autrement les conflits » et est de plus en plus fréquente dans le cadre de litige dans l'exécution des marchés publics.

Il s'agit d'un **contrat administratif** (TC, 18 juin 2007, Sté Briançon Bus et Brunet, n° 3600) auquel s'appliquent toutes les règles relatives aux contrats.

La conclusion d'une transaction a pour objet de **mettre un terme à un litige** ce qui empêche à sa suite de saisir le juge. Elle est revêtue de l'autorité de la chose jugée et ce, sans même avoir besoin d'une homologation par un juge. Un avis du Conseil d'État du 6 décembre 2002, Syndicat intercommunal des établissements du second cycle du second degré du District d'Haÿ-les-Roses considère que la transaction « est exécutoire de plein droit, sans qu'y fasse obstacle, notamment, les règles de la comptabilité publique ».

Cependant en matière de marchés publics, la transaction qui règle souvent des difficultés d'exécution liées par exemple à la réalisation de travaux supplémentaires ne doit pas être utilisée en lieu et place de l'avenant (cf. Leçon 16. L'avenant) et ne saurait avoir pour effet de soustraire la personne publique à ses obligations de mise en concurrence (CAA Marseille, 15 juin 2004, SIVOM de la Région du Pic Saint Loup, n° 00MA01500).

Une transaction ne peut se fonder que sur des **motifs extracontractuels**, tels que l'enrichissement sans cause ou la responsabilité quasi-délictuelle. Elle doit faire apparaître des concessions réciproques et ne pas dissimuler une libéralité (CE, 19 mars 1971, Mergui). Son montant doit enfin être évalué sur la base de dépenses utiles, réellement engagées, ou correspondant à un véritable préjudice ou des pertes réelles en cas d'illégalité (CE, 8 décembre 1995, commune de Saint Tropez, n° 144029).

D. L'arbitrage

Le recours à l'arbitrage est en principe interdit pour les personnes publiques, sauf pour certaines exceptions limitativement énumérées. Les litiges relatifs aux marchés publics de fournitures et de travaux sont de celles-là.

L'État, les collectivités territoriales et les établissements publics locaux peuvent, pour la liquidation de leurs dépenses de travaux et de fournitures, recourir à l'arbitrage dans les conditions fixées par l'article 128 du code des marchés publics.

Les règles applicables sont celles définies par les articles 1442 et suivants du nouveau code de procédure civile.

La sentence arbitrale a un **caractère juridictionnel**. L'article 1484 du code de procédure civile précise que : « la sentence arbitrale a, dès qu'elle est rendue, l'autorité de la chose jugée relativement à la contestation qu'elle tranche ». Le tribunal arbitral est considéré comme une juridiction administrative spécialisée (CE, 3 mars 1989, Société AREA, 79532). Ses décisions sont **susceptibles d'appel devant la cour administrative d'appel** (CE, 3 mars 1989, Société des autoroutes de la région Rhônes-Alpes).

Repères

- Les arrêts Commune de Béziers I et II élargissent l'office du juge du contrat en lui permettant de faire primer le principe de loyauté des relations contractuelles sur l'annulation du contrat.
- La circulaire du 14 février 2012 relative au Guide de bonnes pratiques en matière de marchés publics définit comment prévenir et régler, à l'amiable, un différend portant sur l'exécution des marchés publics.
- L'article 127 du code des marchés publics prévoit l'existence et le rôle des consultatifs de règlement amiable des différends ou litiges relatifs aux marchés publics.
- L'article 128 du code des marchés publics rend possible l'arbitrage pour les marchés publics de travaux et de fournitures.

Extraits des décisions « commune de Béziers » : CE, 28 décembre 2009, commune de Béziers, n° 304802

« Considérant, en premier lieu, que les parties à un contrat administratif peuvent saisir le juge d'un recours de plein contentieux contestant la validité du contrat qui les lie ; qu'il appartient alors au juge, lorsqu'il constate l'existence d'irrégularités, d'en apprécier l'importance et les conséquences, après avoir vérifié que les irrégularités dont se prévalent les parties sont de celles qu'elles peuvent, eu égard à l'exigence de loyauté des relations contractuelles, invoquer devant lui ; qu'il lui revient, après avoir pris en considération la nature de l'illégalité commise et en tenant compte de l'objectif de stabilité des relations contractuelles, soit de décider que la poursuite de l'exécution du contrat est possible, éventuellement sous réserve de mesures de régularisation prises par la personne publique ou convenues entre les parties, soit de prononcer, le cas échéant avec un effet différé, après avoir vérifié que sa décision ne portera pas une atteinte excessive à l'intérêt général, la résiliation du contrat ou, en raison seulement d'une irrégularité invoquée par une partie ou relevée d'office par lui, tenant au caractère illicite du contenu du contrat ou à un vice d'une particulière gravité relatif notamment aux conditions dans lesquelles les parties ont donné leur consentement, son annulation ;

Considérant, en second lieu, que, lorsque les parties soumettent au juge un litige relatif à l'exécution du contrat qui les lie, il incombe en principe à celui-ci, eu égard à l'exigence de loyauté des relations contractuelles, de faire application du contrat ; que, toutefois, dans le cas seulement où il constate une irrégularité invoquée par une partie ou relevée d'office par lui, tenant au caractère illicite du contenu du contrat ou à un vice d'une particulière gravité relatif notamment aux conditions dans lesquelles les parties ont donné leur consentement, il doit écarter le contrat et ne peut régler le litige sur le terrain contractuel ; »

CE, 21 mars 2011, commune de Béziers (II) n° 304806

« Considérant que le juge du contrat, saisi par une partie d'un litige relatif à une mesure d'exécution d'un contrat, peut seulement, en principe, rechercher si cette mesure est intervenue dans des conditions de nature à ouvrir droit à indemnité ; que, toutefois, une partie à un contrat administratif peut, eu égard à la portée d'une telle mesure d'exécution, former devant le juge du contrat un recours de plein contentieux contestant la validité de la résiliation de ce contrat et tendant à la reprise des relations contractuelles ; qu'elle doit exercer ce recours, y compris si le contrat en cause est relatif à des travaux publics, dans un délai de deux mois à compter de la date à laquelle elle a été informée de la mesure de résiliation ; que de telles conclusions peuvent être assorties d'une demande tendant, sur le fondement des dispositions de l'article L. 521-1 du code de justice administrative, à la suspension de l'exécution de la résiliation, afin que les relations contractuelles soient provisoirement reprises ; [...]

Considérant qu'il incombe au juge du contrat, saisi par une partie d'un recours de plein contentieux contestant la validité d'une mesure de résiliation et tendant à la reprise des relations contractuelles, lorsqu'il constate que cette mesure est entachée de vices relatifs à sa régularité ou à son bien-fondé, de déterminer s'il y a lieu de faire droit, dans la mesure où elle n'est pas sans objet, à la demande de reprise des relations contractuelles, à compter d'une date qu'il fixe, ou de rejeter le recours, en jugeant que les vices constatés sont seulement susceptibles d'ouvrir, au profit du requérant, un droit à indemnité ; que, dans l'hypothèse où il fait droit à la demande de reprise des relations contractuelles, il peut décider, si des conclusions sont formulées en ce sens, que le requérant a droit à l'indemnisation du préjudice que lui a, le cas échéant, causé la résiliation, notamment du fait de la non-exécution du contrat entre la date de sa résiliation et la date fixée pour la reprise des relations contractuelles ;

Considérant que, pour déterminer s'il y a lieu de faire droit à la demande de reprise des relations contractuelles, il incombe au juge du contrat d'apprécier, eu égard à la gravité des vices constatés et, le cas échéant, à celle des manquements du requérant à ses obligations contractuelles, ainsi qu'aux motifs de la résiliation, si une telle reprise n'est pas de nature à porter une atteinte excessive à l'intérêt général et, eu égard à la nature du contrat en cause, aux droits du titulaire d'un nouveau contrat dont la conclusion aurait été rendue nécessaire par la résiliation litigieuse ; »

Partie 7

La commande publique responsable

Depuis quelques années, la commande publique ne se réduit plus à un simple acte d'achat. Représentant environ 10 % du produit intérieur brut français (Source : OEAP, Observatoire Économique de l'Achat Public, octobre 2011), les marchés publics constituent pour les pouvoir publics un véritable levier d'action sur la sphère économique. La finalité intrinsèque de l'achat consiste désormais à la fois à satisfaire les besoins de l'acheteur (coût qualité et délais) tout en influant sur les pratiques des entreprises qui répondent aux marchés publics.

L'objectif de cette partie est de définir ce que recouvre l'expression « commande publique responsable » (Leçon 23), notion générique qui englobe en réalité plusieurs objectifs. Elle implique qu'au-delà de ses fonctions traditionnelles — budgétaires et juridiques — l'achat doit désormais intégrer les trois piliers du développement durable : social (Leçon 24), écologique (Leçon 25) et économique (Leçon 26). Il doit également être conduit dans le respect de principes d'éthique et de transparence (Leçon 27).

Leçon 23

Définition de la commande publique responsable

I. Les finalités de la commande publique responsable
II. Un contexte réglementaire et normatif au service de la commande publique responsable

Les objectifs assignés dès l'article premier du code des marchés publics sont clairs : l'acte d'achat doit conjuguer efficacité de la commande publique et bonne utilisation des deniers publics.

Pour autant, le code, principal outil juridique à disposition des pouvoirs adjudicateurs, ne saurait être résumé à un outil de régulation de la libre concurrence entre les entreprises dans la mesure où il permet également de resituer l'activité économique dans son environnement sociétal. Les réformes récentes et sans doute à venir du code des marchés publics offrent une nouvelle conception de la notion de « mieux-disance », plus en conformité avec les aspirations d'une société en quête d'un autre mode de développement.

Dans ses articles 5, 6, 14, 45, 50 et 53, le code des marchés publics permet notamment au pouvoir adjudicateur de prendre en compte des exigences environnementales, économiques et sociales lors de l'achat public, dans le respect des principes généraux de la commande publique.

L'article 5 du code des marchés publics impose à l'acheteur, pour définir ses besoins (cf. Leçon 10. La définition du besoin), d'intégrer des objectifs de développement durable, c'est-à-dire « des objectifs de protection et de mise en valeur de l'environnement, de développement économique et de progrès social » (CE, 23 novembre 2011, communauté urbaine de Nice-Côte d'Azur, n° 351570.)

Toutefois, dans cette décision « Communauté urbaine Nice Côte d'Azur » le Conseil d'État a clarifié cette exigence. Si cet article impose de concilier la détermination préalable des besoins avec les objectifs environnementaux, économiques et sociaux du développement durable, les critères d'attribution du marché ne sont, quant à eux, pas soumis à cette même exigence.

En effet, si les dispositions du I de l'article 53 du même code permettent de se fonder notamment, pour attribuer le marché, sur les performances en matière de protection de l'environnement, elles imposent seulement de retenir les critères permettant de sélectionner l'offre économiquement la plus avantageuse.

Ainsi, pour satisfaire les objectifs de la commande publique responsable (I), différents outils juridiques sont à la disposition des acheteurs (II).

I. Les finalités de la commande publique responsable

La commande publique responsable peut se définir comme une démarche :

- conduisant à un achat qui vise à préserver de manière équilibrée et pérenne l'intérêt environnemental, social et économique d'un produit et ce, tout au long de son cycle de vie ;
- intégrant progressivement les dimensions économique, environnementale et sociale dans l'ensemble du processus, c'est-à-dire à toutes les étapes de la commande, depuis la définition du besoin jusqu'à l'exécution du marché ;
- favorisant une relation transparente et équilibrée avec les partenaires (candidats, attributaires, instances…).

En préparant la consultation et en rédigeant les principales dispositions du marché, l'acheteur public doit en quelque sorte « positionner plusieurs curseurs » qui correspondent à différents niveaux de performance sur les plans économique (A), social (B) et environnemental (C), tout en respectant certains principes de gouvernance (D).

L'objectif de l'acheteur est de trouver un équilibre qui permette de répondre à ses préoccupations immédiates (effectuer des travaux, acquérir des services ou des fournitures, pourvoir le marché, respecter les règles fondamentales du code des marchés publics) tout en cherchant à déplacer progressivement cet équilibre vers une meilleure performance globale sur tous ces plans.

A. Les objectifs de performance économique

La performance économique fait « intuitivement » partie des priorités de l'acheteur qui cherche notamment à :

- améliorer la performance et **l'efficacité** de la gestion au sein de son administration ou de sa collectivité,
- maîtriser la **qualité** et prévenir les risques liés aux marchés qu'il passe,
- **rationaliser** l'utilisation des deniers publics,
- avoir un effet positif le tissu économique et notamment **favoriser le développement des TPE et PME**,
- favoriser **l'innovation**.

B. Les objectifs de performance sociale

L'enjeu d'un achat socialement responsable est de favoriser le progrès social sous différentes formes, notamment :

- garantir **l'éthique de l'achat**, y compris le respect du **droit du travail** (travail forcé, liberté syndicale, égalité) et les **droits de l'enfant**,
- promouvoir un **commerce équitable** qui participe au développement économique et social des producteurs,
- favoriser **l'accès à l'emploi**, notamment des personnes les plus vulnérables (personnes en situation de handicap, demandeurs d'emploi de longue durée, etc.),
- privilégier les produits n'ayant pas d'impact négatif sur la **santé**.

C. Les objectifs de performance environnementale

En privilégiant des produits éco-conçus et les démarches basées sur la sobriété, l'enjeu d'un achat écoresponsable est de **limiter l'impact sur l'environnement** des différentes étapes du cycle de vie d'un produit (fabrication, transport, utilisation, élimination…), notamment sur les milieux naturels et sur le climat :

- en **limitant les prélèvements** sur les milieux naturels (air, eau, sol et ressources minières),
- en **diminuant les rejets de polluants** dans les milieux (pesticides) et les émissions de gaz à effet de serre dans l'atmosphère.

D. Les objectifs en matière de gouvernance

Dans la mise en place de son marché, de la consultation à l'attribution mais également dans le suivi de celui-ci, l'acheteur doit avoir un **comportement respectueux des « parties prenantes »** qu'il s'agisse de l'attributaire, des autres candidats évincés ou potentiels.

Ainsi la gouvernance de l'achat devra pour être sociétalement responsable respecter certains principes :

- **association des parties prenantes le plus en amont possible**, en informant sur les achats à venir, sur les procédures mises en place,
- **transparence, éthique et respect des règles de déontologie** durant l'acte d'achat.

II. Un contexte réglementaire et normatif au service de la commande publique responsable

Les acheteurs publics sont tenus, dans le cadre de leurs achats de travaux, de fournitures et de services, de respecter l'ensemble de la réglementation relative à l'achat public et notamment les grands principes de la commande publique (cf. Leçon 3. Les grands principes des marchés publics) :

- liberté d'accès à la commande publique,
- égalité de traitement des candidats,
- transparence des procédures.

Cependant, le code des marchés publics permet également au pouvoir adjudicateur de prendre en compte des dispositions environnementales, économiques et sociales lors de l'achat public, dans le respect des principes généraux de la commande publique. Celles-ci peuvent être intégrées dans le processus d'achat à différentes étapes : au cours de la passation du marché (A) et au moment de son exécution (B).

A. La prise en compte des enjeux de développement durable lors de la passation

Dès **l'annonce de son besoin**, le pouvoir adjudicateur peut faire apparaître des préoccupations en matière de développement durable, conformément à l'article 5 du code des marchés publics. L'article 6 prévoit quant à lui que le pouvoir adjudicateur peut exiger des écolabels. Les diectives européennes de 2014 font disparaître la notion « d'écolabels » au profit des « labels », afin de pouvoir prendre en compte des labels autres qu'écologiques, notamment des labels privés (par exemple Max Havelaar pour le commerce équitable).

L'article 45 relatif à la présentation des **candidatures** autorise les acheteurs publics à examiner le savoir-faire des candidats en matière de protection de l'environnement au travers de l'appréciation de leurs capacités techniques.

L'article 53 permet aux acheteurs publics de prendre en compte **les critères environnementaux et sociaux** dans l'ensemble des critères de choix de l'offre. Ces critères doivent néanmoins être liés à l'objet du marché ou à ses conditions d'exécution, être expressément mentionnés dans l'avis de publicité ou le règlement de la consultation, et respecter les principes posés par l'article premier du code. Comme pour les autres critères, ces critères ne doivent pas être formulés de manière à donner un pouvoir discrétionnaire à l'acheteur public lors du choix de la meilleure offre.

La possibilité de présenter des **variantes** (prévues par l'article 50 du code des marchés publics) est un autre moyen d'intégrer la protection de l'environnement au stade des spécifications techniques sans que le pouvoir adjudicateur ait nécessairement à indiquer de manière précise ses exigences en la matière. Ainsi, le pouvoir adjudicateur peut préciser qu'il est disposé à accueillir des offres répondant à certaines variantes plus écologiques, par exemple quant à la teneur en substances dangereuses.

Le recours aux variantes peut également permettre de faciliter l'accès des TPE PME ou aux entreprises innovantes à la commande publique.

B. La prise en compte des enjeux du développement durable dans l'exécution

Pour l'exécution d'un marché public, les acheteurs peuvent, conformément aux dispositions de l'article 14 du code des marchés publics, prévoir dans l'avis d'appel public à la concurrence ou dans le règlement de la consultation **des conditions d'exécution environnementales ou sociales**. Ces conditions ne doivent pas, elles non plus, avoir d'effet discriminatoire.

Il s'agit ici d'imposer des obligations devant être respectées par le titulaire du marché quel qu'il soit. Ces outils permettent aux acheteurs publics de fixer eux-mêmes le niveau d'exigence environnementale ou sociale qu'ils souhaitent voir réaliser au travers de leurs marchés. Ils couvrent l'ensemble du champ de l'achat public sans restriction de montant ou d'objet.

L'article 15 du code permet aux acheteurs publics de **réserver certains marchés** ou certains lots d'un même marché à des entreprises adaptées ou à des établissements et services d'aide par le travail.

Repères

- L'article 5 du code des marchés publics impose à l'acheteur d'intégrer des objectifs de développement durable dans la définition de ses besoins.
- La décision CE, 23 novembre 2011, communauté urbaine de Nice-Côte d'Azur, n° 351570 définit et pose les conditions de l'introduction de ces objectifs dans les marchés publics.
- Les articles 6, 14, 15, 45, 50 et 53 du code des marchés publics permettent au pouvoir adjudicateur de prendre en compte des exigences environnementales, économiques et sociales lors de l'achat public, dans le respect des principes généraux de la commande publique.
- La circulaire du 3 août 2006 portant manuel d'application du code des marchés publics donne quelques indications pour conduire une politique d'achats responsables.

Pour gagner des points

Vers une norme internationale des achats responsables

L'Observatoire des Achats Responsables (ObsAR), association créée par l'État en 2009, et l'Afnor (association française de normalisation) ont signé en mai 2013 une convention de partenariat pour promouvoir, auprès des organisations, une politique d'achats répondant aux principes de la responsabilité sociétale tels que décrits par la norme internationale ISO 26000.

L'ObsAR et l'Afnor entendent ainsi « offrir une plus grande visibilité à la thématique des achats responsables, et fournir aux acheteurs des ressources et des outils pour mettre en place une démarche vertueuse basée sur les grands principes de la responsabilité sociétale ». Ils ont l'ambition de porter ensemble cette démarche à l'international dans le cadre de l'ISO (l'organisation internationale de normalisation).

Dès sa création, l'ObsAR a contribué, aux côtés d'Afnor Normalisation, à la création de la première norme sur la thématique des achats responsables, la NF X 50-135, norme uniquement française pour l'instant. L'objectif de cette norme est de proposer un ensemble de solutions facilitant la mise en œuvre d'une politique d'achats responsables : outils d'évaluation de la maturité de responsabilité sociétale et des risques fournisseurs, prestations d'audit, démarche d'évaluation et de labellisation des organisations en matière d'achats responsables…

Leçon 24

Les préoccupations sociales dans les marchés publics

Les marchés publics, qui représentent plus de 10 % du PIB, peuvent constituer un bon vecteur de développement de l'emploi ou de politiques sociales. Les acheteurs publics peuvent par ce biais peser sur le développement social en favorisant l'emploi et la réinsertion professionnelle de publics qui sont éloignés du marché du travail.

Jusqu'à récemment, il était toutefois vivement recommandé aux acheteurs publics de recourir de préférence à l'intégration de **clauses d'insertion** sociale dans le cadre de l'exécution du marché lui-même(I).

Par sa décision Département de l'Isère du 25 mars 2013, le Conseil d'État a néanmoins facilité la possibilité de faire des **critères sociaux** des critères de sélection des candidatures dans le cadre de la passation des marchés (II).

Il est également possible de combiner des marchés publics comportant à la fois des clauses sociales et des critères d'appréciation du mieux disant social.

I. L'intégration de préoccupations sociales dans l'exécution des marchés

Il existe plusieurs possibilités pour que l'acheteur fasse des préoccupations sociales une condition d'exécution de son marché : il peut directement introduire des clauses d'exécution à finalité sociale (A), réserver à certains acteurs de l'insertion l'attribution de ses marchés (B) ou passer des marchés dont l'objet même est l'insertion sociale (C).

A. Les clauses sociales

En France, dès 1993 la possibilité d'intégrer des clauses sociales dans les marchés publics a été brièvement introduite par les circulaires dites « Balladur ». Mais lors de leur contestation devant le Conseil d'État, celui-ci avait considéré qu'il ne s'agissait que de circulaires interprétatives donc dépourvues de valeur normative (CE, 10 mai 1996, Fédération nationale des travaux publics et autres, n° 159979).

Il a donc fallu attendre le décret du 7 mars 2001 portant code des marchés publics, pour que la « clause sociale » fasse son entrée à **l'article 14** de ce code.

1. Définition des clauses sociales

L'article 14 du code des marchés publics prévoit que les cahiers des charges peuvent comporter des conditions d'exécution « comportant des éléments à caractère social ». Il permet au pouvoir adjudicateur de faire effectuer une prestation en y intégrant des heures de travail d'insertion ou d'imposer toute autre considération sociale dans le marché.

Ainsi l'acheteur public peut imposer aux entreprises de réserver une partie des heures de travail générées par le marché à une action d'insertion, correspondant soit à un **volume déterminé d'heures de travail**, soit à un **pourcentage déterminé des heures travaillées du marché**. Les modalités d'exécution des clauses peuvent être diverses (embauche directe, mise à disposition de personnel, sous-traitance...).

Il peut également ajouter l'obligation pour le titulaire de se **conformer aux recommandations fondamentales de l'Organisation internationale du travail** (OIT), de respecter des engagements pour la **promotion de la diversité et de l'égalité des chances**.

L'intégration de clauses sociales, notamment celles destinées à promouvoir la diversité, peut poursuivre les objectifs suivants :

- l'insertion des personnes éloignées de l'emploi, notamment par l'affectation, dans une proportion raisonnable, d'un **certain nombre d'heures** travaillées à des publics en situation de précarité ou d'exclusion (heures de travail d'insertion) : chômeurs notamment de longue durée, bénéficiaires de minima sociaux, jeunes ayant un faible niveau de qualification ou, travailleurs handicapés au-delà des exigences légales nationales ;
- la **mise en œuvre d'actions de formation** à destination de ces publics.

Par exemple, le pouvoir adjudicateur peut insérer dans son marché une clause prévoyant que l'attributaire s'astreint, pour les besoins du marché, à recruter au moyen de curriculum vitae anonymes ou à mener des actions de sensibilisation de leurs sous-traitants et de leurs fournisseurs.

2. Les conditions d'introduction des clauses sociales

Il est recommandé de formuler une telle clause en nombre d'heures de travail, dans le cas de l'insertion. Ces clauses doivent être pertinentes, socialement utiles et bien ciblées.

Elles doivent être rédigées en respectant les règles suivantes :

- offrir à **tous** la possibilité de satisfaire à la clause ;
- ne pas fixer de modalités obligatoires de réalisation de la clause, mais offrir **plusieurs possibilités**. Ainsi, par exemple, si une invitation peut être faite aux candidats de sous-traiter un lot ou une partie du marché à des structures d'insertion agréées, en revanche, est illégale la clause imposant au titulaire du marché de sous-traiter à une entreprise d'insertion agréée par l'État certaines prestations ;
- **ne pas être discriminatoire** à l'égard des candidats potentiels et s'imposer, de manière égale, à toutes les entreprises concurrentes ;
- **ne pas limiter la concurrence**.

L'acheteur doit indiquer, dans l'avis de publicité ou les documents de la consultation, l'exigence d'une clause d'exécution, détaillée dans le cahier des charges.

3. La mise en œuvre des clauses sociales

Le pouvoir adjudicateur doit s'assurer de la faisabilité de la mesure. Il doit veiller par exemple à une juste proportion de main-d'œuvre à réinsérer dans le marché, à vérifier la disponibilité des structures de l'insertion par l'activité économique (SIAE) intervenant dans le secteur d'activité concerné et sur le territoire d'exécution de la prestation.

Pour ce faire, le pouvoir adjudicateur peut se faire assister par un « **facilitateur** », c'est-à-dire une personne appartenant ou lié au service public de l'emploi local (plan local d'insertion pour l'emploi (PLIE) ou maison de l'emploi). Ce dernier **conseille** l'acheteur dans l'élaboration et la rédaction de la clause, **renseigne** les entreprises soumissionnaires sur les réponses possibles localement (embauche directe, mise à disposition de personnel par des structures de l'insertion par l'activité économique, cotraitance ou sous-traitance avec des entreprises d'insertion), puis **contrôle** l'exécution de la clause et **évalue** son résultat.

B. Les marchés réservés

L'article 15 du code permet aux acheteurs publics de réserver certains marchés ou certains lots d'un même marché à des entreprises adaptées ou à des établissements et services d'aide par le travail. Dans ce cas, l'exécution de ces marchés ou de ces lots doit être **effectuée majoritairement par des personnes en situation de handicap**, qui en raison de la nature ou de la gravité de leurs déficiences, ne peuvent exercer une activité professionnelle dans des conditions « normales ».

Cette disposition ne dispense pas les acheteurs d'organiser, entre ces seuls organismes, une procédure de passation des marchés, qui sera fonction des seuils fixés à l'article 26 et respectera les modalités de publicité prévues à l'article 40 du code des marchés publics. L'avis de publicité doit mentionner le recours à cette réservation.

C. Les marchés dont l'objet même est l'insertion sociale

Lorsque l'objet du marché lui-même est l'acquisition de prestation d'insertion, il s'agit de marchés de service qui relèvent des dispositions de **l'article 30 du code** des marchés publics. À ce titre ils sont soumis à une procédure adaptée, nonobstant le montant du marché (cf. Leçon 4. Les MAPA).

L'article 30 fait de l'insertion l'objet du marché, dont la prestation sera le support. Le but du marché est l'insertion professionnelle, le pouvoir adjudicateur « achète » de l'insertion. Ce sont donc les structures d'insertion qui répondent à ces marchés, et la structure attributaire est choisie en fonction de sa capacité à insérer et qualifier les bénéficiaires.

Les **marchés de formations professionnelles** achetés par les collectivités territoriales pour qualifier ou faire retourner vers l'emploi des publics qui s'en sont éloignés constituent des exemples de marchés dont l'objet même est celui de l'insertion professionnelle.

II. L'intégration de préoccupations sociales dans la passation des marchés

Alors même que le critère social comme critère de sélection des offres existe depuis 2005 à l'article 53 du code des marchés publics, une interprétation jurisprudentielle restrictive en avait limité le champ d'application. Par une décision du 25 mars 2013, Département de l'Isère, n° 364950, le Conseil d'État, tout en maintenant l'exigence de lien avec l'objet du marché, assouplit son interprétation et rend enfin possible l'intégration de critères sociaux dans les marchés publics (A). Quelques précautions d'utilisation doivent néanmoins être respectées (B).

A. La possibilité d'introduire un critère de « mieux disant social »

La **CJCE a reconnu dès 1988 la possibilité d'intégrer des critères sociaux** dans les marchés publics (CJCE, 20 sept. 1988, aff C-31/87, Beentjes). Dans un arrêt Commission contre France en date du 26 septembre 2000 (aff. C-225/98) et relatif à la construction d'un plan lycées par la Région Nord Pas de Calais, la Cour de Luxembourg a confirmé cette interprétation et explicitement admis que le mieux disant social pouvait constituer un critère licite d'attribution d'un marché des travaux.

En droit interne, la loi n° 2005-32, du 18 janvier 2005 de programmation pour la cohésion sociale, a introduit à **l'article 53** du code des marchés publics, au titre des critères d'appréciation d'une offre, la possibilité de retenir les « performances en matière d'insertion professionnelle des publics en difficultés ».

Cependant, la mise en œuvre de ce critère a longtemps été limitée par une interprétation stricte de la notion de **lien avec l'objet du marché**. En effet, le Conseil d'État jugeait qu'un critère social devait être strictement en rapport avec l'objet du contrat ou ses conditions d'exécution (CE, 25 juillet 2001, n° 229666, Commune Gravelines). Cette interprétation restrictive a perduré en dépit des évolutions législatives (CAA Douai, 29 novembre 2011, Région Nord-Pas-de-Calais, n° 10DA01501, AJDA 2012, p. 565).

Elle s'explique par une défiance assez grande en direction des critères sociaux au motif qu'il serait difficile d'apprécier les offres « en intégrant une démarche sociale dans une logique économique » (F. Linditch, « Au secours, le critère social revient ! », *JCP A*, n° 8, 21 février 2005, 1085). De plus, le critère social est souvent vu comme une manière d'introduire une plus grande part d'arbitraire, voire de localisme dans les marchés publics et par suite comme étant difficile à concilier avec les principes fondamentaux des marchés publics et notamment le principe d'égal accès à la commande publique. En favorisant les entreprises d'insertion, le critère à objectif social était regardé comme **risquant de constituer un facteur de discrimination** entre les offres.

Si cette interprétation stricte ne conduisait pas à condamner en soi le critère social dans l'appréciation de l'offre, cette condition le privait de toute efficacité réelle puisqu'elle le cantonnait à des marchés dont l'objet même présentait un caractère social. Or, d'une part ces marchés sont finalement assez peu nombreux et d'autre part, ils sont soumis aux dispositions « allégées » de l'article 30 du code des marchés publics (cf. supra).

Toutefois le Conseil d'État a récemment infléchi sa position. Constatant qu'« en pratique, exiger un lien avec l'objet des prestations du marché conduit donc à rendre inutilisable ce critère social », il a posé le principe selon lequel : « Dans le cadre d'une procédure d'attribution d'un marché qui, eu égard à son objet, est susceptible d'être exécuté, au moins en partie, par des personnels engagés dans une démarche d'insertion, le pouvoir adjudicateur peut légalement prévoir d'apprécier les offres au regard du critère d'insertion professionnelle des publics en difficulté mentionné au 1° du I de l'article 53 du code des marchés publics (CMP), dès lors que ce critère n'est pas discriminatoire et lui permet d'apprécier objectivement ces offres. » (Conclusions du rapporteur public Gilles Pellissier ; CE, 25 mars 2013, Département de l'Isère, A, n° 364950).

Le critère social peut désormais être utilisé dans le cadre de marchés dont l'objet n'est pas uniquement social.

B. Les conditions d'utilisation du critère du « mieux disant social »

1. Le critère social doit avoir un lien avec l'objet du marché

Bien que considérablement assouplie par la décision précitée, la condition de lien avec l'objet du marché a toutefois été maintenue. La condition du lien avec l'objet du marché est désormais soumise à une double exigence.

- La première est que **le critère se rapporte aux offres** et non aux candidatures. Ainsi il a été jugé qu'un critère portant sur la politique sociale de l'entreprise et non sur les propositions faites par les candidats pour l'exécution du marché était sans lien avec l'objet du marché (CE, 15 février 2013, Sté Derichebourg polyurbaine, n° 363921).
- La seconde conduit à imposer que **le critère porte bien sur l'objet du marché**, la notion d'objet recouvrant non seulement ce qui est commandé mais également les modalités de sa réalisation. Le lien avec l'objet du marché peut ainsi résulter de ce que les performances que le critère concerné permettra de sélectionner auraient pu figurer dans les conditions d'exécution du marché. Ainsi un critère tenant à l'emploi

de publics en difficultés pourra être prévu dans le cadre de l'attribution d'un marché susceptible d'être au moins partiellement exécuté par des personnels en difficultés professionnelles. Cette définition permet notamment de recouvrir la **quasi-totalité des marchés de travaux** qui représentent une part prépondérante des achats, notamment dans les collectivités territoriales.

2. Le critère social doit être bien défini et annoncé dans le cahier des charges ou dans l'avis de publicité

3. Le critère social doit rester marginal, (CJCE du 26 septembre 2000, commission c/ France précité). Il a été jugé qu'une pondération de 15 % d'un tel critère été acceptable (CE, 25 mars 2013, Département de l'Isère, A, n° 364950)

4. Le critère social doit respecter les principes fondamentaux du droit communautaire, notamment le principe de non discrimination (CJCE, 17 septembre 2002, Concordia Bus Finland, C-513/99).

Repères

- L'article 14 du code des marchés publics prévoit que les marchés peuvent comporter des clauses sociales.
- L'article 15 du code des marchés publics permet de réserver certains marchés à des entreprises adaptées ou à des établissements et services d'aide par le travail.
- L'article 53 du code des marchés publics prévoit la possibilité d'intégrer un critère du « mieux disant social ».
- La décision CE, 25 mars 2013, Département de l'Isère, A, n° 364950, assouplit les conditions d'introduction du critère du « mieux disant social » dans les marchés.

Pour gagner des points

L'exemple de l'ANRU

La loi n° 2003-710 du 1er août 2003 d'orientation et de programmation pour la ville et la rénovation urbaine, a permis de lancer un grand programme de rénovation urbaine (PNRU), qui au-delà de son ambition d'amélioration du cadre de vie, a été pensé comme un levier pour dynamiser les parcours d'insertion sociale et professionnelle des habitants de ces quartiers où les taux de chômage sont particulièrement élevés.

Cet objectif s'est traduit par l'adoption en février 2005 par le Conseil d'Administration de l'Agence nationale de rénovation urbaine (ANRU) d'une charte nationale d'insertion. Ce document est le premier à imposer nationalement une obligation de résultat en matière d'insertion. Il prévoit de consacrer à l'insertion professionnelle des habitants des ZUS au moins 5 % des heures travaillées dans le cadre des investissements du projet de rénovation urbaine.

L'enquête menée annuellement par l'ANRU a permis de recenser, au 30 juin 2011, 30 000 bénéficiaires de contrats de travail via les clauses d'insertion ayant réalisé 12 millions d'heures d'insertion dans le cadre des investissements relatifs aux programmes de rénovation urbaine.

Leçon 25

Les préoccupations environnementales dans les marchés publics

Des dispositifs favorisant la prise en compte de la protection de l'environnement ont été progressivement intégrés dans le droit des marchés publics français à la faveur de la directive européenne 2004/18/CE du 31 mars 2004. Dès 2004, le code des marchés a autorisé les considérations environnementales comme critères d'attribution, à condition qu'elles soient en rapport avec l'objet du marché.

À l'instar de ce qui existe en matière sociale (cf. Leçon 24. Les préoccupations sociales dans les marchés publics) le code des marchés publics de 2006, qui impose la prise en compte du développement durable dès la définition des besoins, prévoit que les préoccupations environnementales puissent être intégrées dans le processus d'achat à différentes étapes du marché. Cette prise en compte des aspects environnementaux dans les marchés publics a été largement renforcée par les lois Grenelle I et II.

En effet, les spécifications techniques du marché peuvent inclure des caractéristiques environnementales (article 6 du code des marchés publics). Les clauses environnementales peuvent également influer sur les conditions d'exécution (article 14) (I). Enfin, les performances en matière de protection de l'environnement font partie des critères d'attribution des marchés (art. 53) (II).

Enfin, le décret n° 2011-1000 du 25 août 2011 introduit la possibilité de conclure des contrats globaux sur performance, dans lesquels le titulaire s'engage notamment en matière d'efficacité énergétique ou d'incidence écologique.

I. L'intégration de préoccupations environnement dans l'exécution des marchés

Dès la définition du besoin, et donc de la description de la prestation attendue, le pouvoir adjudicateur est encouragé à intégrer des préoccupations environnementales (A), lesquelles peuvent également être des conditions d'exécution du marché (B). Les contrats globaux de performance (C) sont également un moyen de valoriser les efforts environnementaux intégrés dans l'exécution du marché.

A. Une préoccupation lors de l'expression du besoin

1. Le recours aux écolabels

Lors de la définition et de l'expression des besoins, l'article 6 du code des marchés publics relatif aux spécifications techniques permet de définir dans les documents de la consultation des exigences en matière environnementale (article 6. I. 2°).

Le point VII de cet article précise que l'acheteur peut se référer à des « **écolabels** » attribués par des organismes indépendants. Les écolabels sont des déclarations de conformité des prestations labellisées à des critères préétablis d'usage et de qualité écologique, qui tiennent compte du cycle de vie et des impacts environnementaux des produits et qui sont établis par les pouvoirs publics en concertation avec les parties intéressées, tels que les distributeurs et industriels, les associations de consommateurs et de protection de l'environnement.

Cette référence à des écolabels est néanmoins conditionnée :

- elle doit être **appropriée** aux caractéristiques des fournitures ou des prestations faisant l'objet du marché ;
- Il faut que les mentions figurant dans l'écolabel aient été établies sur la base d'une **information scientifique** ;
- l'écolabel doit avoir fait l'objet d'une **procédure d'adoption** à laquelle ont participé des représentants des organismes gouvernementaux, des consommateurs, des fabricants, des distributeurs et des organisations de protection de l'environnement ;
- il convient de veiller à ce que l'écolabel soit **accessible à toutes les parties** intéressées.

2. Le recours aux variantes

La possibilité de présenter des **variantes** prévues à **l'article 50** du code des marchés publics peut être un moyen efficace d'intégrer la protection de l'environnement au stade des spécifications techniques, sans que l'acheteur n'indique nécessairement de manière précise ses exigences en la matière. Ainsi, l'acheteur peut préciser qu'il est disposé à accueillir des offres répondant à certaines variantes plus écologiques, par exemple, sur la teneur en substances dangereuses.

B. Les clauses d'exécution environnementales

L'article 14 permet aux acheteurs d'imposer dans le cahier des charges des conditions d'exécution environnementales. Ces outils permettent aux acheteurs publics de fixer eux-mêmes le niveau d'exigence environnementale qu'ils souhaitent voir atteint dans l'exécution de leurs marchés. Ils couvrent l'ensemble du champ de l'achat public sans restriction de montant ou d'objet.

Par exemple, l'acheteur peut exiger :

- la **réduction des déplacements** des véhicules de livraison, de manière à limiter la production des émissions de gaz à effet de serre,
- la **récupération** ou réutilisation des emballages,
- la **livraison** des marchandises dans des conteneurs réutilisables,
- la collecte et **recyclage** des déchets produits,
- l'utilisation de produits issus de **l'agriculture biologique**,
- la livraison de **papier recyclé,**
- un approvisionnement très régulier ou exclusivement en produits de saison afin de favoriser les « **circuits courts** » en matière agricole.

Cette démarche d'achat respectueuse des aspects environnementaux est parfois rendue obligatoire. Ainsi, la directive 2010/30/UE du 19 mai 2010 concernant l'indication, par voie d'étiquetage et d'informations uniformes relatives aux produits, de la consommation en énergie et en autres ressources des produits liés à l'énergie oblige les acheteurs publics à tenir compte, au-dessus des seuils des procédures formalisées, de la **performance énergétique** des produits qu'ils acquièrent. L'article 75 du code des marchés publics prévoit également la prise en compte des incidences énergétiques et environnementales déterminées, pour l'achat de certaines catégories de véhicules (cf. pour gagner des points).

Il existe de nombreux guides produits par l'État, l'ADEME (Agence de l'Environnement et de la Maîtrise de l'Énergie), ou les collectivités territoriales comportant des fiches pratiques destinées aux acheteurs pour les aider à rédiger de telles clauses dans leurs marchés.

Évidemment, ces conditions d'exécution ne doivent pas avoir d'effet discriminatoire et l'acheteur doit indiquer, dans l'avis de publicité ou les documents de la consultation, l'exigence d'une telle clause, détaillée dans le cahier des charges.

C. Les contrats globaux sur performance

Le décret n° 2011-1000 du 25 août 2011 modifiant certaines dispositions applicables aux marchés et contrats de la commande publique introduit dans le code des marchés publics, à **l'article 73**, la possibilité de conclure des contrats globaux associant soit la conception, la réalisation et l'exploitation ou la maintenance soit la réalisation, l'exploitation ou la maintenance pour satisfaire des objectifs chiffrés de performance.

Il peut s'agir de « contrats de performance énergétique », institués par les lois « Grenelle I et II » (article 5-I de la loi n° 2009-967 du 3 août 2009 de programmation relative à la mise en œuvre du Grenelle de l'environnement et article 74 de loi n° 2010-788 du 12 juillet 2010 portant engagement national pour l'environnement), mais aussi, d'une façon générale, de tout contrat comportant, de la part du titulaire, des engagements de performance mesurables, notamment en termes de niveau d'activité, de qualité de service, d'efficacité énergétique ou d'incidence écologique.

Ces contrats doivent permettre une plus grande responsabilisation des titulaires des marchés par la modulation de leur rémunération selon le niveau de satisfaction des objectifs de performance énergétique.

II. L'intégration de préoccupations environnementales dans la passation des marchés

Le pouvoir adjudicateur peut intégrer dans ses marchés des critères environnementaux qui peuvent porter soit sur la sélection des candidatures (A), soit sur celle des offres (B).

A. Un critère de sélection des candidatures

Lors de la présentation des candidatures, **l'article 45** autorise les acheteurs publics à examiner le **savoir-faire** des candidats, en matière de protection de l'environnement, en appréciant leurs capacités techniques, notamment, pour les marchés publics de travaux ou de services, au travers des **certificats de qualification à caractère environnemental** ou de tout document équivalent.

Il est ainsi précisé que « pour les marchés de travaux et de services dont l'exécution implique la mise en œuvre de mesures de gestion environnementale, ces certificats sont fondés sur le système communautaire de management environnemental et d'audit (EMAS) ou sur les normes européennes ou internationales de gestion environnementale. »

B. Un critère de sélection des offres

Lors de la présentation des offres, **l'article 53** du code des marchés publics permet aux acheteurs publics de prendre en compte un ou plusieurs critères environnementaux, alors même qu'il ne s'agit pas de critères purement économiques (CJCE, 17 septembre 2002, Concordia Bus Finland Oy Ab, aff. C-513/99.)

1. La définition du critère environnemental

L'article 53 I du code des marchés publics prévoit qu'il est possible de retenir comme critère de sélection des offres : « les performances en matière de protection de l'environnement » ainsi que « les performances en matière de développement des approvisionnements directs de produits de l'agriculture ».

Cette prise en compte peut passer par la mise en œuvre d'un **critère carbone** dans les marchés publics conformément à la loi dite Grenelle II du 12 juillet 2010. Le critère carbone vise à évaluer les offres sous l'angle des émissions de gaz à effet de serre pour lutter contre le changement climatique.

Pour favoriser **le développement des circuits courts** de commercialisation dans le domaine des produits agricoles les acheteurs publics peuvent, lorsqu'ils achètent des produits de l'agriculture, prendre en compte parmi les critères de sélection des offres, les performances en matière de développement des approvisionnements directs. Ils peuvent demander qu'il soit précisé la quantité de produits que le soumissionnaire s'engage à acquérir auprès de producteurs agricoles ou d'intermédiaires se fournissant auprès de producteurs agricoles.

Un circuit court est un mode de commercialisation des produits agricoles qui s'exerce soit par la vente directe du producteur au consommateur, soit par la vente indirecte, à condition qu'il n'y ait qu'un seul intermédiaire. Le critère du circuit court n'est pas un critère géographique. L'acheteur prend en considération le circuit de fourniture et non l'implantation géographique du producteur. La localisation du producteur ne peut donc pas constituer un critère d'attribution du marché car il s'agirait là d'une discrimination prohibée par le code.

2. Les conditions d'utilisation du critère environnemental

Ce critère doit avoir un lien **avec l'objet du marché**. Il doit permettre d'évaluer le produit ou la prestation, objet du marché, et non l'évaluation de l'entreprise candidate.

Il doit être **bien défini et être suffisamment précis**. Récemment, dans un marché de collecte des déchets ménagers, le Conseil d'État a annulé la procédure de passation, en estimant que les critères de sélection des offres n'étaient pas suffisamment précis puisque le pouvoir adjudicateur s'était borné à exiger « la production d'un bilan carbone sans en préciser le contenu ni en définir les modalités d'appréciation » (CE, 15 février 2013, Derichebourg Polyurbaine, n°36392).

La complexité d'utilisation du critère carbone tient au fait que l'établissement d'un bilan carbone est subjectif et peut se faire de multiples manières. Le pouvoir adjudicateur doit donc en donner la ligne directrice dans le règlement de consultation (lister les éléments essentiels devant être contenus dans le bilan, faire référence à une méthode d'élaboration unique du bilan que tous les candidats devront suivre).

Il doit être **expressément mentionné dans l'avis de publicité** ou dans le cahier des charges.

Comme pour les autres critères, il ne devra pas être formulé de manière à donner un pouvoir discrétionnaire à l'acheteur public, lors de l'analyse des offres, **ni introduire une discrimination** quelconque.

Repères

- L'article 6 du code des marchés publics prévoit la possibilité d'exiger des écolabels.
- L'article 14 du code des marchés publics prévoit que les marchés peuvent comporter des clauses environnementales.
- L'article 53 du code des marchés publics prévoit la possibilité d'intégrer des critères environnementaux de sélection des offres.
- L'article 73 du code des marchés publics prévoit la possibilité de conclure des contrats globaux de performance, dans lesquels le titulaire s'engage notamment en matière d'efficacité énergétique ou d'incidence écologique.
- La circulaire du 3 août 2006 portant manuel d'application du code des marchés publics et la circulaire du 14 février 2012 relative au guide de bonnes pratiques en matière de marchés publics indiquent comment intégrer des préoccupations environnementales dans l'achat public.

Pour gagner des points

Le cas particulier des véhicules à moteur

L'article 75-1 du code des marchés publics, issu du décret n° 2011-493 du 5 mai 2011 relatif à la prise en compte des incidences énergétiques et environnementales des véhicules à moteur dans les procédures de commande publique, prévoit que l'acheteur public **doit** prendre en compte des incidences énergétiques et environnementales déterminées, lorsqu'il achète certaines catégories de véhicules (voitures particulières, véhicules utilitaires légers, poids lourds, autobus et autocars), dès lors que la valeur estimée du marché ou de l'accord-cadre est égale ou supérieure au seuil de procédure formalisée. Sont, en revanche, exemptés de ces nouvelles obligations les achats de véhicules pour les chantiers de construction, les véhicules des forces armées, de la protection civile, des services de lutte contre l'incendie et des services responsables du maintien de l'ordre.

Les acheteurs peuvent satisfaire à ces obligations, par l'introduction de spécifications techniques relatives aux performances énergétiques et environnementales du véhicule ou par l'utilisation de critères d'attribution liés aux incidences énergétiques et environnementales du véhicule sur toute sa durée de vie. L'acheteur reste libre de fixer le plancher de performance et la pondération des critères au niveau qu'il souhaite mais l'arrêté du 5 mai 2011 fixe les incidences environnementales et énergétiques qui doivent être prises en compte (la consommation d'énergie, les émissions de CO2, les émissions de composés d'azote et d'oxygène, de composés hydrocarbonés non méthaniques, et de particules).

Leçon 26

La prise en compte des enjeux de développement économique dans les marchés publics

Les marchés publics représentant 10 % du PIB, ils constituent un puissant levier d'influence sur le secteur économique. Soit pour faire évoluer les pratiques des entreprises, en les incitant à développer des politiques plus ambitieuses en matières sociales et environnementales, soit en accompagnant ou en amplifiant le développement économique d'un territoire ou d'un secteur d'activité.

Les objectifs poursuivis en matière de développement économique par le biais de la commande publique peuvent être de plusieurs ordres : favoriser certaines entreprises locales, voire nationales, favoriser le développement des TPE PME, encourager l'innovation, favoriser les entreprises de l'économie sociale et solidaire. Autant de préoccupations qui semblent difficiles à concilier avec les grands principes de la commande publique et notamment la liberté d'accès et l'égalité de traitement des candidats.

Toutefois même si certains critères sont formellement interdits, tels que le critère de localisme géographique, il existe des moyens, voire des dispositions du code qui permettent de poursuivre les autres objectifs de développement économique. Par une définition bien adaptée de sa commande, l'acheteur peut agir sur le secteur économique (I) ainsi que par le biais de l'analyse des offres (II).

Certains néanmoins souhaiteraient aller plus loin, en réservant par exemple une certaine part de la commande publique aux TPE PME à l'instar du « small business act » mis en place aux États-Unis.

I. La prise en compte des enjeux économiques dans la définition du besoin

Les acheteurs publics acquièrent une **connaissance du tissu économique** relatif aux marchés sur lesquels ils passent commande. Ils se doivent de connaître au mieux la nature des acteurs opérant sur le marché, ainsi que l'état de l'offre. Cette connaissance doit conduire les acheteurs à élaborer des contrats adaptés aux spécificités et à l'état du secteur d'activité sur lequel ils interviennent. C'est dans cette optique que les directives de février 2014 encouragent le recours au « sourcing ».

À l'inverse, les pouvoirs adjudicateurs doivent se faire connaître des entreprises et faire connaître leurs besoins. Ainsi en amont des consultations, les acheteurs publics peuvent développer une **information** à destination des entreprises afin d'offrir la plus grande visibilité possible sur leurs futurs achats et leurs méthodes de contractualisation. Ces méthodes de consultation permettent de favoriser l'accès à la commande publique des entreprises qui n'y sont pas très habituées.

Pour permettre aux petites entreprises d'accéder à la commande publique, les acheteurs publics peuvent également recourir à l'allotissement (A), encourager les groupements d'entreprises (B) et autoriser les variantes (C).

A. Développer l'allotissement pour favoriser l'accès à la commande publique des TPE PME

L'article 10 du code des marchés publics pose l'allotissement en **principe** pour susciter la plus large concurrence entre les entreprises et surtout leur permettre, quelle que soit leur taille, d'accéder à la commande publique. Cela signifie que les marchés doivent être passés en lots séparés, dès lors que leur objet permet l'identification de prestations distinctes (cf. Leçon 10. La définition du besoin). L'allotissement est la règle et le marché unique l'exception.

L'allotissement se justifie notamment lorsque l'importance des travaux, fournitures ou services à réaliser risque de dépasser les capacités techniques ou financières d'une seule entreprise. Cet allotissement peut être un **allotissement sectoriel** (dans le cadre d'un marché de travaux, on trouvera ainsi un lot gros œuvre, un lot électricité, un lot plomberie etc.) ou un **allotissement géographique**.

Il est évident que l'allotissement est favorable aux petites et moyennes entreprises qui agissent en général sur un secteur géographique ou d'activité économique plus restreint.

Par ailleurs, si rien n'interdit d'attribuer tous les lots à un même candidat, le pouvoir adjudicateur peut **limiter le nombre de lots qu'il attribuera à un même candidat**. Il peut interdire, dans l'avis d'appel public à la concurrence ou dans les documents de la consultation, à un même candidat de présenter une offre sur plusieurs lots (CAA Versailles, 22 février 2007, préfet de l'Essonne, n° 05VE01994). Une telle interdiction doit être justifiée et proportionnée au but poursuivi. Cela permettra à plus d'entreprises d'accéder à la commande publique.

B. Encourager la réponse par les groupements d'entreprises

Pour les marchés pour lesquels il n'y a pas d'obligation d'allotissement comme pour les marchés prévus à l'article 37 (marché de conception-réalisation) et à l'article 73 (contrat global sur performance), ou dans le cas des exceptions à l'allotissement prévues à l'article 10, la dévolution du marché sous forme globalisée peut rendre plus difficile l'accès direct au marché pour les petites entreprises.

Toutefois, la dévolution du marché sous forme globalisée n'empêche pas d'identifier des prestations distinctes. On parle alors de postes techniques (cas des marchés de travaux). L'identification de postes techniques est une information nécessaire pour les entreprises, qui peuvent alors s'organiser pour répondre à la consultation en se groupant.

1. Définition des groupements d'entreprises

Prévu par **l'article 51** du code des marchés publics, le groupement d'entreprises est une **réunion momentanée d'opérateurs économiques**, qui n'est pas dotée de la personnalité morale, destinée à présenter une offre commune et réaliser un marché. Les opérateurs économiques sont alors dits « **cotraitants** » c'est-à-dire qu'ils sont tous titulaires du contrat, les dispositions de celui-ci leur étant directement applicables. Les membres du groupement s'engagent à réaliser les prestations correspondant à leur part de marché et à tenir les délais associés. Ce rapprochement est à distinguer de la sous-traitance (Cf. Leçon 18. La sous-traitance).

Il existe deux formes de groupement : conjoint ou solidaire. En **groupement conjoint**, chaque opérateur économique est engagé sur les prestations qu'il réalise. En **groupement solidaire**, chaque entreprise est solidairement engagée et peut être amenée à pallier la défaillance de l'un de ses partenaires. Cette seconde option est rassurante pour l'acheteur mais peut être particulièrement pénalisante ou freinante pour une PME, elle n'est donc pas recommandée pour ouvrir l'accès à la commande publique.

2. Les éléments facilitateurs des groupements

Afin de favoriser l'accès des petites entreprises aux marchés publics, le pouvoir adjudicateur doit tout d'abord **laisser aux entreprises le temps de se grouper**. En effet, compte tenu du temps nécessaire pour trouver des partenaires, se grouper, contractualiser et formuler leur offre, l'acheteur public doit intégrer ce paramètre, lorsqu'il fixe le délai de consultation. Les délais minima de publicité ne permettent pas toujours aux entreprises d'être informées suffisamment tôt, pour pouvoir organiser une candidature commune.

L'acheteur peut également anticiper, en communiquant le plus tôt et le plus largement possible sur les consultations à venir. Il permet ainsi aux entreprises d'organiser leur réponse, de rechercher des partenaires ou, tout simplement, de prendre le temps de constituer leur dossier.

Enfin, pour favoriser l'accès des PME à la commande publique, le décret n° 2011-1000 du 25 août 2011 modifiant certaines dispositions applicables aux marchés et contrats de la commande publique facilite la constitution de groupements conjoints d'entreprises. Selon l'ancienne rédaction du III de l'article 51, les groupements conjoints devaient indiquer le montant des prestations que chacun de ses membres s'engageait à exécuter. Cette obligation était matériellement impossible à remplir pour les marchés à bons de commande et les accords-cadres (la répartition détaillée étant inconnue au moment de l'acte d'engagement puisque les commandes sont passées au fur et à mesure des besoins), ce qui excluait les groupements conjoints de l'accès à ce type de contrats. Pour résoudre cette difficulté, le nouveau texte n'impose plus d'indiquer le montant des prestations confiées à chaque membre d'un groupement conjoint pour les marchés à bons de commande et accords-cadres.

C. Encourager les variantes pour favoriser l'innovation et l'accès des TPE PME

Les variantes sont définies comme « des modifications, à l'initiative des candidats, de spécifications prévues dans la solution de base décrite dans les documents de la consultation » (CE, 5 janvier 2011, société Technologie alpine sécurité et commune de Bonneval-sur-Arc, n° s 343206 et 343214).

Le régime des variantes est défini à l'article 50 du code des marchés publics. Il est plus restrictif dans les procédures formalisées, encadrées par le droit communautaire, que dans les procédures adaptées.

Dans les procédures formalisées, les variantes doivent être expressément autorisées par le pouvoir adjudicateur dans l'avis de publicité ou dans les documents de la consultation. À défaut, elles sont interdites. En revanche, pour les marchés à procédure adaptée, les variantes sont, en principe, autorisées, sauf si le pouvoir adjudicateur les a expressément interdites.

Elles permettent aux candidats de proposer au pouvoir adjudicateur une solution ou des moyens autres que ceux fixés dans le dossier de consultation, pour effectuer les prestations du marché. Il peut, par exemple, s'agir d'une **solution différente** de celle prévue par le pouvoir adjudicateur, **plus innovante** le cas échéant, ou de moyens inconnus du pouvoir adjudicateur, qui permettent au candidat de remettre une offre moins chère ou techniquement supérieure.

Elles permettent ainsi de ne pas figer les modalités de réalisation des projets complexes dès le stade de la consultation. Elles peuvent, aussi, consister en un aménagement des conditions financières du marché. L'acheteur public a donc tout intérêt, notamment dans les domaines très techniques ou à évolution rapide, à autoriser les variantes. Cela évite d'imposer des solutions routinières, favorisant ainsi **l'accès des entreprises innovantes ou de nouvelles entreprises** aux marchés publics. Ce dispositif est particulièrement favorable aux petites et moyennes entreprises.

Toutefois, le pouvoir adjudicateur doit veiller à ce que les variantes proposées ne portent pas sur des éléments trop importants du cahier des charges et ne remettent pas en cause le projet de base. Par exemple, proposer la construction d'un catamaran alors que la mise en concurrence portait sur celle d'un monocoque ne constitue pas une variante (CE, 28 juillet 1999, Institut français de recherche scientifique pour le développement en coopération et société Océa, n° s 186051 et 186219).

À noter que le décret n° 2011-1000 du 25 août 2011 modifiant certaines dispositions applicables aux marchés et contrats relevant de la commande publique ouvre la **possibilité de présenter une offre variante sans que celle-ci accompagne nécessairement une offre de base**. Cette mesure permet aux acheteurs de favoriser l'accès des PME, notamment innovantes, qui n'ont pas nécessairement la capacité de proposer une offre de base, alors qu'elles peuvent proposer des solutions alternatives tout autant adaptées au besoin. Toutefois, l'acheteur a toujours la possibilité d'exiger, dans l'avis d'appel public à la concurrence ou dans les documents de la consultation, qu'une offre de base accompagne la ou les variantes.

Avec les partenariats d'innovation, la directive européenne de 2014 crée une nouvelle procédure visant à favoriser l'innovation dans le cadre des marchés publics.

II. La prise en compte des enjeux économiques dans la sélection

Afin de ne pas fermer l'accès aux marchés publics à certaines entreprises, notamment les plus petites, le pouvoir adjudicateur doit être vigilant dans la sélection des candidatures (A) puis des offres (B).

Une analyse fine du prix permet également d'écarter les offres anormalement basses de certaines entreprises qui peuvent avoir pour effet de tordre la concurrence (cf. Leçon 12. L'analyse des candidatures et des offres). De la même manière la mise en place de système de prévention et de détection des situations de corruption ou des mécanismes d'entente permettent de garantir une mise en concurrence saine entre les opérateurs (cf. Leçon 27. La déontologie dans la commande publique).

A. Une sélection des candidatures qui n'exclut pas les nouveaux candidats ou les petites entreprises

1. La prise en compte des capacités professionnelles techniques et financières du candidat

Afin de favoriser l'accès de nouvelles petites et moyennes entreprises dans la sphère de la commande publique. **L'absence de références** relatives à l'exécution de marchés de même nature ne peut justifier seule l'élimination d'un candidat.

L'acheteur doit néanmoins déterminer, au regard de l'ensemble des autres éléments, si l'entreprise a ou non la capacité d'exécuter le marché. Il doit examiner les capacités professionnelles, techniques et financières de ce candidat. Les acheteurs publics peuvent s'appuyer sur les qualifications professionnelles des candidats qui ne disposent que de peu de références en matière de commande publique, en ayant par exemple recours à des expériences dans le marché privé.

En l'absence d'exécution préalable de marchés de même nature par le candidat, l'acheteur peut avoir des **exigences minimales** de capacité à condition de proportionner ses exigences à l'objet du marché. Il peut, par exemple, exiger des niveaux moyens de capacité, des effectifs lui paraissant suffisants, un niveau moyen d'études et de qualifications professionnelles.

Le pouvoir adjudicateur peut également en remplacement des bilans ou d'extraits de bilans accepter une **déclaration appropriée** de la banque qui lui assure de la solidité financière du titulaire du marché. Sur le plan technique, le fait de ne pas disposer au moment de la consultation des machines et des outils indispensables à l'exécution du marché ne signifie pas que le matériel nécessaire ne sera pas acquis ou loué si le marché est attribué à l'entreprise.

2. Le recours à des moyens extérieurs

Parmi les autres éléments de nature à étayer une candidature peuvent notamment figurer les **références d'une autre entreprise** (toute entreprise pouvant se prévaloir des références et des moyens d'une autre entreprise).

En effet l'acheteur peut sensibiliser les PME au recours aux dispositions de l'article 45.III du code des marchés publics qui permet au candidat de demander que soient également prises en compte les capacités professionnelles, techniques et financières d'autres opérateurs économiques, et ce, quelle que soit la nature juridique des liens existant entre ces opérateurs et l'entreprise candidate (sous-traitant, filiale, société mère, entreprise tierce…), pour justifier de ses propres capacités professionnelles, techniques et financières.

Le candidat qui compte bénéficier de cette disposition doit présenter, à l'appui de sa candidature, un engagement formel de l'opérateur économique concerné à le faire bénéficier de ses propres capacités pour l'exécution du marché auquel il postule, établissant clairement qu'il pourra en disposer si besoin est. Il doit également fournir, en sus des siens propres, tous les éléments de capacité (financières, professionnelles, techniques) de l'opérateur en question.

B. Une procédure de sélection des offres ouverte et transparente

1. Garantir des critères d'analyse transparents et bien énoncés

Les critères de sélection des offres doivent être le plus **lisibles** possible pour les entreprises. Il est également conseillé aux acheteurs d'utiliser **des trames récurrentes**, voire des documents pré remplis, type **formulaires** pour accompagner au maximum les entreprises dans leur réponse. Il est également recommandé de ne pas demander trop de documentation. L'objectif est de ne pas rejeter des offres comme irrégulières au motif qu'elles auraient mal rempli leur dossier.

L'organisation de réunions en amont (cf. supra) peut également être l'occasion pour l'acheteur d'expliciter sa méthode de notation ou d'évaluation des offres afin de faciliter le travail des entreprises, notamment de celles qui sont peu aguerries aux formalismes des procédures de marchés publics.

2. L'indemnisation pour la remise de prestations à l'appui des offres

La réponse à un marché public représente un investissement pour une entreprise… pour une issue incertaine. Les candidats à un marché public peuvent notamment être contraints à effectuer des études (techniques, juridiques ou d'ingénierie), avant de présenter une offre. Ce coût peut représenter des montants importants qui peuvent dissuader les entreprises de répondre à certains marchés publics. Ce paramètre doit être pris en considération par l'acheteur public avant de lancer une consultation.

Le code des marchés publics prévoit un **dédommagement** sous forme de prime dans le cadre de la procédure du concours, du dialogue compétitif et des marchés de conception-réalisation. L'acheteur peut en prévoir dans d'autres procédures. Un tel dédommagement, même s'il représente un cout pour l'acheteur peut encourager les TPE et PME à répondre à des marchés publics.

3. Garantir la confidentialité des offres

Le principe de confidentialité mentionné à **l'article 80** du code des marchés publics est général et concerne l'ensemble des marchés et des acteurs qui ont à connaître des offres. Cette obligation de confidentialité est fondamentale et son respect doit être garanti aux entreprises.

Il est recommandé à l'acheteur public la plus grande vigilance à cet égard, notamment lorsque la présentation de variantes l'amène à connaître de procédés particuliers à l'entreprise, ou lorsque l'acheteur, en raison de la procédure, a des contacts directs avec tous les candidats (au moment de la communication aux candidats écartés des motifs du rejet de leur offre, par exemple). Ces contacts ne doivent, en aucun cas, porter atteinte à la **propriété intellectuelle** et, plus largement, au **secret des affaires**, par la divulgation ou la réutilisation non autorisée auprès d'un ou plusieurs autres candidats, ou de tiers, de certaines informations techniques et financières figurant dans les offres.

La confidentialité des offres recouvre notamment : les idées, éléments spécifiques sous propriété intellectuelle, éléments couverts par le secret industriel, procédés, mais également les pratiques commerciales. L'exigence de confidentialité recouvre également les éléments qui, bien que ne figurant pas dans l'offre, seraient portés à la connaissance de l'acheteur (projets de réorganisation de l'entreprise, participations à d'autres consultations, ou toute information non publique affectant la vie ou la stratégie de l'entreprise). La violation de la confidentialité dans le traitement des offres, et donc le risque d'atteinte au secret des affaires, sont des freins à cette mobilisation.

Les opérateurs économiques doivent être assurés que les informations figurant dans les réponses aux consultations ne seront pas divulguées aux autres opérateurs économiques ou ne figureront pas, sans aucune protection, dans de futures consultations.

Repères

- L'article 10 du code des marchés publics impose de recourir à l'allotissement.
- L'article 50 du code des marchés publics prévoit la possibilité d'autoriser des variantes.
- L'article 51 autorise les entreprises à répondre via des groupements d'entreprises.
- La circulaire du 3 août 2006 portant manuel d'application du code des marchés publics indique comment favoriser l'accès des PME à la commande publique au niveau de la sélection des candidatures.
- L'atelier de réflexion PME et commande publique de l'observatoire économique de l'achat public a publié un guide intitulé « Outil pour faciliter l'accès des TPE et PME aux marchés publics ». Ce guide comporte 14 fiches sur des thèmes orientés vers l'accès des TPE et PME à la commande publique qui fournissent des conseils pratiques et des méthodologies à mettre en œuvre.

POUR GAGNER DES POINTS

La part des TPE PME dans la commande publique
(source observatoire économique de l'achat public OEAP http ://www.economie.gouv.fr/daj/ lobservatoire-economique-lachat-public)

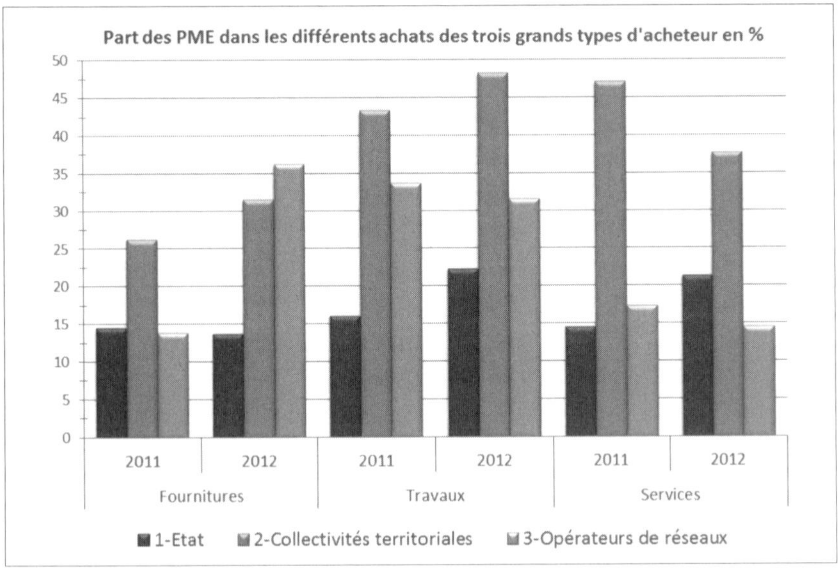

Leçon 27
La déontologie dans les marchés publics

I. **Les risques pénaux encourus dans le domaine de la commande publique**
II. **La mise en place des règles déontologiques et d'outils de lutte contre la corruption**

Respecter une démarche de commande publique responsable passe également par une gestion et une gouvernance rigoureuse de l'acte d'achat. Cela signifie que l'acheteur s'engage à respecter des principes éthiques de transparence et surtout de déontologie.

Ces préoccupations ne vont pas sans rejoindre des enjeux juridiques et notamment pénaux très prégnants dans le processus d'achat. En effet, au-delà des contrôles administratifs et financiers, la commande publique fait l'objet d'une surveillance étroite par le juge pénal. En témoignent les nombreuses décisions rendues à l'encontre d'élus ou d'agents dont se fait souvent écho la presse (30 à 40 condamnations par an).

Si le droit des marchés publics repose sur le respect de grands principes fondamentaux, l'évolution de la réglementation a allégé le formalisme pour une grande part de l'achat public (instauration des marchés passés selon une procédure adaptée en 2004, relèvement des seuils) ce qui a entraîné une responsabilisation accrue des acteurs de la commande publique.

Toutefois le non respect de ces règles est susceptible d'engager la responsabilité pénale des auteurs des faits mis en cause, qu'ils soient élus ou agents publics. De nombreuses situations peuvent faire l'objet d'une condamnation pénale à des titres divers tels que le délit d'octroi d'avantages injustifiés, la prise illégale d'intérêt, la concussion, la corruption passive ou le trafic d'influence.

Pour la mise en œuvre des principes de transparence, d'indépendance, d'objectivité, de neutralité et d'impartialité ainsi que d'efficacité dans l'organisation de la fonction et dans les relations avec les opérateurs économiques les acheteurs se doivent d'adopter un comportement éthique et transparent. Dans le domaine de la commande publique cela se traduit notamment par une politique plus proactive en matière de prévention de la corruption.

Afin de prévenir les risques pénaux encourus dans le cadre de la procédure d'achat (I), il existe un certain nombre de règles de déontologie à mettre en place (II) en se basant notamment sur les préconisations de l'OCDE ou de l'organisation Transparence international.

I. Les risques pénaux encourus dans le domaine de la commande publique

En ce qui concerne les marchés publics, les risques pénaux encourus par les acheteurs sont d'autant plus élevés que leurs conditions de mise en œuvre est largement entendue (A) et que les délits sont nombreux (B).

A. Les larges conditions de la mise en œuvre de la responsabilité pénale

Toute personne intervenant dans le cadre de l'élaboration, la passation, l'attribution ou l'exécution d'un marché public est susceptible de voir sa responsabilité engagée. Les délits sanctionnent les faits répréhensibles relatifs à chaque étape de la vie d'un marché et ce, qu'ils soient commis par des agents titulaires ou non, des mandataires ou des élus.

Au-delà de celle des décisionnaires, la responsabilité pénale de toute personne peut-être engagée dès lors que ses agissements ont une influence sur la prise de décision. Ainsi, un technicien sans pouvoir décisionnel a pu voir sa responsabilité engagée dès lors qu'il était en charge de la computation des seuils ou de la préparation du rapport d'analyse des offres (Cass. crim., 29 juin 2005, n° 00-84.602).

L'article 1er du code des marchés publics qui rappelle les grands principes de la commande publique s'applique à **l'ensemble des marchés publics**, sans distinction entre les marchés formalisés et les marchés passés selon des procédures allégées et quelque soient les spécificités de ces marchés (CE, sect., 30 janv. 2009, n° 290236, ANPE). Dès lors, le délit d'octroi d'avantages injustifiés est également susceptible d'être condamné dans des marchés de faible montant (Cass. crim. 14 février 2007, pourvoi n° 06-81.924. Elisabeth X : dans le cas d'espèce le montant du marché était de 5 850 euros TTC).

Le risque pénal en matière de commande publique est d'autant plus prégnant que la responsabilité des acteurs se trouve facilement engagée et ce **quel que soit le contexte** dans lequel intervient l'acte incriminé. Ainsi, l'agent qui agit sur commandement de l'autorité légitime n'est pas responsable sauf à ce que l'ordre soit manifestement illégal conformément à l'article L 122-4 du code pénal. L'illégalité manifeste de l'ordre est appréciée au cas par cas, en tenant notamment compte de la qualification de l'agent qui reçoit l'ordre (TGI Strasbourg, 31 mai 1996).

La collégialité des décisions n'exonère pas de toute responsabilité individuelle même si elle présente un critère d'atténuation de la responsabilité. Le juge recherchera les indices de la part de responsabilité de chacun des participants à la décision. Ainsi, le président d'une CAO pourra voir sa responsabilité engagée, non seulement de par son vote mais également eu égard à sa façon d'exercer sa présidence de séance (prises de position ou conduite de la réunion).

L'élément intentionnel requis en matière pénale est généralement constitué dès lors qu'il existe un manquement à l'une des règles qui sous-tendent les grands principes de la commande publique. En tant que professionnel, l'agent est censé connaître les règles et le simple fait de les transgresser suffit à justifier le caractère intentionnel de la faute même en l'absence de volonté frauduleuse de la part de l'auteur. Le même raisonnement est tenu pour les élus. Ainsi, un maire en exercice depuis 2 ans, après avoir été conseiller municipal depuis plusieurs années, ne peut arguer de sa méconnaissance de la procédure d'appel d'offres. De même, « le manque de prudence dans la réalisation d'opérations délictueuses n'est pas la preuve de l'innocence de leurs auteurs et ne saurait constituer une sorte de fait exonératoire de responsabilité » (Cass. crim. 2 déc. 2009, n° 09-81.967). Le caractère intentionnel sera recherché sur la base d'un faisceau d'indices tels que l'expérience de l'auteur, le caractère grave ou répétitif des actes incriminés.

Le fait que le délit ne cause aucun préjudice financier à la collectivité n'atténue pas la responsabilité de l'auteur de l'acte. Il en est ainsi lorsque le délit d'octroi d'avantage injustifié a concerné une entreprise qui présentait l'offre la moins disante (Cass. crim. 6 avr. 2005, n° 00-80.418). Par ailleurs, le fait que l'entreprise qui s'est vu attribuer un avantage injustifié n'obtienne pas le marché ne fait pas disparaître le délit.

Enfin, en matière de **prescription**, il est à noter que les délais ne commencent à courir qu'« à partir du jour où ils sont apparus dans des conditions permettant l'exercice des poursuites ». Ainsi, dès lors que le délit a pris un caractère occulte et que l'acte irrégulier a été dissimulé, le point de départ du délai de prescription ne sera pas celui de l'accomplissement de l'acte mais bien celui de sa révélation. Le délai de prescription des principaux délits est de **3 ans.**

B. Les principaux types de délit

1. Le délit d'octroi d'avantage injustifié ou délit de favoritisme

L'article 432-14 du code pénal définit le **délit de favoritisme** comme le fait pour tout fonctionnaire ou agent public, toute personne investie d'un mandat électif (parlementaire, maire, conseiller général ou régional, etc.), et leur représentant, (agent, mandataire, salarié, etc.) « de procurer ou tenter de procurer à autrui, un avantage injustifié, par un acte contraire aux dispositions législatives ou réglementaires ayant pour objet de garantir la liberté d'accès et l'égalité des candidats dans les marchés publics et les délégations de service public ».

Ce délit est puni de **deux ans d'emprisonnement et 30 000 euros d'amende**.

Le champ d'application de ce délit est large. En effet, les situations concernées concernent **toutes les étapes d'un marché**, de la définition du besoin à son exécution. Ainsi, la définition du besoin ne doit ni être trop précise (avec reprise *in extenso* des caractéristiques d'un produit) au risque d'être sanctionnée pour la rédaction d'un cahier des charges orienté, ni trop floue avec pour conséquence la possibilité d'effectuer le choix arbitraire d'une solution.

Le recours à une **procédure inadaptée au montant du marché** en question est également sanctionné. L'évaluation du besoin doit donc être sincère (délai de publicité réduit, support de publicité inadapté…). Le fractionnement du besoin ou « saucissonnage » est d'ailleurs sanctionné dès lors qu'il conduit à s'exonérer de procédures plus contraignantes.

Par ailleurs, la **candidature d'une entreprise ayant participé à l'élaboration du cahier des charges** peut être sanctionnée dès lors que les informations possédées par ce candidat sont susceptibles de lui avoir conféré un avantage injustifié. La présomption de délit sera accrue si l'entreprise avait participé gratuitement à la rédaction du cahier des charges (Cass. crim. 20 avr. 2005, n° 04-83.017).

Lors de **l'analyse**, il est nécessaire à l'acheteur de bien respecter les règles qu'il s'était fixé dans le règlement de la consultation ou l'avis d'appel public à la concurrence. Ainsi, ne pas écarter une candidature qui aurait dû l'être est passible d'une sanction, comme dans le cas ou « une commission d'appel d'offres méconnaît le principe d'égalité entre les candidats en acceptant d'examiner une offre qui ne répond pas complètement à l'objet de l'appel d'offres défini par le règlement de consultation » (Crim. 19 mars 2008, pourvoi n° 07-83 979).

Les **phases de négociation** sont sources de risques. Le fait de demander à un candidat de « faire un effort » sur son prix est susceptible d'être considéré comme un avantage injustifié dès lors que les autres candidats participant à la négociation n'y ont pas été invités (Crim. 23 mai 2002, pourvoi n° 01-85 715).

L'exécution du marché peut également être la source de faits répréhensibles et d'engager la responsabilité pour délit d'octroi d'avantage injustifié. On peut citer la conclusion d'un avenant imposé par une sous-estimation de l'offre remise lors de la consultation initiale ou d'un avenant bouleversant l'économie initiale du marché ou conduisant au franchissement d'un seuil.

Le paiement sans justification de facture ou la non-application des pénalités de retard en dehors de tout avenant ou décision prise par le pouvoir adjudicateur peuvent constituer des avantages injustifiés.

Au-delà de la sanction pénale, favoriser une entreprise qui ne serait pas la mieux disante peut constituer une faute disciplinaire pour l'agent en raison du manquement à la déontologie (CAA Marseille, 14 mars 2000, n° 97MA05075).

2. La prise illégale d'intérêt

L'article 432-12 du code pénal définit la prise illégale d'intérêt appelée **délit d'ingérence** comme « le fait pour tout fonctionnaire ou agent public, tout élu ou leur représentant, de prendre, recevoir ou conserver directement ou indirectement un intérêt quelconque dans une entreprise ou dans une opération dont elle a, au moment de l'acte (par exemple la passation d'un marché public) en tout ou partie, la charge d'assurer la surveillance, l'administration, la liquidation ou le paiement ».

Ce délit est passible de **cinq ans d'emprisonnement et de 75 000 euros d'amende**.

Si le délit de favoritisme vise les avantages injustifiés accordés à autrui, le délit prise illégale d'intérêt sanctionne **les avantages que l'auteur des faits s'accorde**. Par ailleurs, ce délit n'est pas spécifique aux marchés publics, il s'applique également aux subventions.

La notion d'intérêt est vaste. S'il est constitué de façon évidente par la perception directe ou indirecte de bénéfices, ou **d'avantages pécuniaires ou matériels**, il peut aussi s'agir d'intérêt **d'ordre moral, politique ou affectif**.

Outre l'attribution par un élu d'un marché public à une entreprise dont il est le gérant ou dont il dispose de parts (intérêt direct), sera aussi sanctionnée l'attribution d'un marché à une entreprise appartenant à un membre de sa famille (intérêt indirect), quand bien même l'intérêt ne serait que moral.

3. Le délit de corruption passive et le trafic d'influence

L'article 432-11 du code pénal condamne le fait pour une personne dépositaire de l'autorité publique, chargée d'une mission de service public ou investie d'un mandat électif, de solliciter ou d'agréer, sans droit, à tout moment, directement ou indirectement, des offres, des promesses, des dons, des présents ou des avantages quelconques.

Ces délits sont passibles de **dix ans d'emprisonnement et de 150 000 euros d'amende**.

La corruption passive est constituée lorsqu'un élu ou un agent accepte ou sollicite un don ou un avantage quelconque en contrepartie d'un acte entrant dans sa mission et qu'il accomplit favorablement pour le corrupteur.

Là encore les exemples sont nombreux et touchent aussi bien les élus que les agents. Est ainsi condamnable le fait pour un agent de solliciter et recevoir des dons d'un entrepreneur pour **aviser celui-ci des projets de consultations** de la collectivité (Cass. crim. 4 juill. 1974, n° 73-93.144) ou pour un élu, celui de réclamer, suite à l'attribution d'un marché rendant l'entreprise économiquement dépendante de celui-ci, **une part sur le montant global du marché**.

Dans ce dernier cas, l'élu sera également reconnu coupable de trafic d'influence.

Être l'auteur de trafic d'influence suppose **l'abus de son influence réelle ou supposée en vue de faire obtenir un contrat**. La personne coupable de trafic d'influence utilise notamment ses relations d'amitié et de collaboration. Il joue un rôle d'intermédiaire et ne se place pas dans le cadre de sa fonction mais en dehors afin d'user du crédit que cette dernière lui procure.

II. La mise en place des règles déontologiques et d'outils de lutte contre la corruption

Les risques de mise en cause de la responsabilité pénale pour les acteurs de la commande publique ne sont donc pas négligeables. Il est important que chacun soit vigilant pour prévenir les dérives susceptibles d'affecter le processus d'achat. Pour se protéger, les acheteurs peuvent mettre en place en amont des actions de prévention (A) et en aval des outils de détection et de contrôle (B).

A. Les actions de préventions : des engagements clairs de la part des acteurs de la commande publique

1. L'Information et les engagements des acheteurs

De nombreuses collectivités territoriales ont adopté des **chartes de déontologie de la commande publique** : la Région Ile de France, la Communauté Urbaine de Bordeaux, le département du Bas Rhin, la ville de Paris. L'association Transparence International propose un modèle de charte de déontologie de l'achat public (cf. pour gagner des points).

Ces outils sont pour objet de définir les règles de comportement et les standards d'éthique que chacun doit respecter. Ces règles ne sont en général pas exhaustives et renvoient à la responsabilité et l'honnêteté de chacun lorsqu'il fait facc à une situation nouvelle ou complexe. Tous les acheteurs s'engagent alors plus ou moins formellement à respecter les préconisations de cette charte.

Cette information, pour être efficace, doit être doublée de **plans de formation** des agents et des élus à ces questions de corruption et de conflits d'intérêts, et en leur proposant au-delà d'une information sur les risques encourus, des conseils en matière de comportement éthique et de déontologie.

2. L'information et les engagements des fournisseurs ou prestataires

Afin d'afficher vis-à-vis de ses partenaires sa volonté de lutter contre la corruption, le pouvoir adjudicateur peut également soumettre les candidats aux marchés publics à l'obligation de s'engager dans leur offre à respecter une clause de déontologie.

En effet, la première **condition d'exécution** d'un marché public, devrait être que celui-ci soit exempt de corruption, il s'agit d'ailleurs d'une exigence de la directive européenne du 31 mars 2004 (article 45).

En s'inspirant du pacte d'intégrité proposé par Transparence International, certains acheteurs proposent par exemple que, lors de chaque consultation l'entreprise candidate à un marché public s'engage à confirmer qu'à sa connaissance :

- l'attribution du marché n'a donné lieu à aucun avantage occulte ;
- toutes les charges facturées à la collectivité correspondent à des fournitures ou prestations effectives s'inscrivant dans le cadre du marché ;
- les prix facturés sont les prix de vente réels et sincères et ne dissimulent aucun « dessous-de-table ».

B. La mise en place d'outils de détection et de contrôle

1. Définir une grille d'indicateurs de surveillance objectifs

Un système de surveillance peut être mis en place en s'appuyant sur des indicateurs qui constituent des **faisceaux d'indices** alertant d'un risque de corruption. La mise en place de cette batterie d'indicateurs permet de faire naître ou de renforcer des soupçons sur telle ou telle opération.

Parmi les pistes possibles peuvent être retenues :

- la fréquence des marchés attribués à une entreprise ou un fournisseur donné (soupçon de favoritisme) ;
- la fréquence des procédures d'appel d'offres ouverts déclarées infructueuses et se concluant par une procédure négociée (soupçon de favoritisme) ;

– la liste des entreprises remettant systématiquement une offre non retenue (pour des raisons de prix ou de qualité de la prestation) et que l'on voit apparaître comme sous-traitant du titulaire du contrat (soupçon d'entente) ;
– la liste des marchés pour lesquels malgré un nombre élevé de téléchargement des dossiers, peu de candidatures ont été déposées.

2. La mise en place d'un système d'alerte

Dans le cadre des chartes, les acheteurs s'engagent le plus souvent à signaler à leur hiérarchie toute anomalie qui lui serait apparue dans la procédure. Cette information, croisée avec les indicateurs précédemment exposés, peuvent permettre par exemple de déclencher une enquête confidentielle interne.

En revanche, un système très institutionnalisé de dénonciation ou de « **whistleblowing** » qui consiste pour les employés d'une entreprise ou d'une administration, à donner un « coup de sifflet » permettant de déclencher l'alerte, de dénoncer la fraude ou la corruption, outre sa connotation négative, a montré ses limites et insuffisances (généralisé à toutes les entreprises américaines par la loi Sarbannes-Oxley de juillet 2002, il n'a par exemple pas permis d'empêcher la déroute de l'entreprise ENRON).

3. Les mécanismes de contrôle et d'enquête

Certaines organisations, notamment Transparence International, préconisent la mise en place au sein de chaque institution d'une **fonction de déontologue** : « un sage indépendant, par exemple un ancien magistrat ». C'est le choix qu'a fait notamment l'Assemblée nationale.

Cette recommandation peut paraître excessive pour certains acheteurs pour lesquels les risques ne sont pas si fréquents. Il paraît nécessaire néanmoins de définir précisément et en amont dans quelles conditions et par qui une **enquête interne** pourrait être diligentée en cas de découverte d'un risque de corruption, ou de soupçons forts d'une telle pratique, afin à la fois de tenter d'établir la réalité des faits mais également de faire un certain nombre de préconisations (relance de la procédure, nouvelle organisation etc.).

Repères

- L'article 432-11 du code pénal définit le délit de corruption passive et le trafic d'influence.
- L'article 432-12 du code pénal définit la prise illégale d'intérêt.
- L'article 432-14 du code pénal définit le délit de favoritisme.
- Rapport de l'OCDE : La lutte contre la fraude et la corruption dans les marchés publics, novembre 2006.
- Rapport : Prévenir les conflits d'intérêts dans la vie publique française : Les recommandations de Transparence International France, décembre 2010.

POUR GAGNER DES POINTS

Extrait de la charte de déontologie proposée par l'ONG Transparence International France
(http://www.transparence-france.org/e_upload/pdf/charte_de_deontologie.pdf)

« E - DE LA CONDUITE À TENIR DANS LA PRÉPARATION DES ACHATS

Dans la préparation des achats, l'Administration veille au respect des principes suivants :

* liberté d'accès aux marchés du Département de l'ensemble des opérateurs économiques (entrepreneurs, fournisseurs et prestataires) potentiels, par l'organisation d'une mise en concurrence adaptée à chaque situation et aussi large que possible ;

* égalité de traitement des fournisseurs candidats à un marché, par une appréciation impartiale des dossiers reçus et la mise en œuvre de critères objectifs de sélection et de choix

* transparence des décisions, par une motivation précise des décisions de choix et de non-choix de candidats

* usage optimal des deniers publics, par le choix de l'« offre économiquement la plus avantageuse », c'est-à-dire le choix — au meilleur coût global — du produit au regard des besoins définis en termes de qualité et de quantité.

Dans ce cadre :

– les cahiers des charges sont rédigés de façon à obtenir des réponses homogènes et à éviter des difficultés d'interprétation lors de l'examen des candidatures et de l'analyse des offres ; ils ne peuvent avoir pour objet de réduire anormalement la concurrence ou de désigner pratiquement tel ou tel fournisseur ni mentionner telle ou telle marque, hormis les exceptions prévues par le code des marchés publics
– les éléments pris en considération pour l'appréciation de la valeur technique des produits ou prestations sont clairement précisés avant l'analyse des offres ;
– sur le plan financier, l'analyse des offres tient compte — au-delà du prix — de l'ensemble des éléments constitutifs du coût d'acquisition et d'utilisation du produit ;
– sous réserve d'un nombre approprié de fournisseurs potentiels, les directions fonctionnelles ne procèdent à aucun achat sans se placer en situation de pouvoir comparer plusieurs offres (3 autant que possible) ;
– les directions produisent une motivation écrite lorsque, sur le marché au sens économique du terme, il n'existe à leur avis qu'un seul produit susceptible de satisfaire le besoin défini et correspondant à leurs pratiques médicales ;
– les directions organisent en leur sein le retour d'expérience permettant d'améliorer les marchés ultérieurs. »

SUJETS CORRIGÉS

Sujets classiques

1. Commentaire d'arrêt : CE, Ass. 16 juillet 2007, société Tropic travaux signalisation

2. Cas pratique : marché d'achat de papiers

Sujets difficiles

3. Dissertation : Le critère social dans les marchés publics

4. Commentaire d'arrêt : CE, 30 septembre 2011, Région Picardie

5. Cas pratique : marché de travaux

QCM de révision

Sujet classique

Sujet 1
Commentaire d'arrêt

■ SUJET
CE, Ass. 16 juillet 2007, société Tropic travaux signalisation

Considérant qu'il ressort des pièces du dossier soumis au juge des référés qu'après avoir été informée, le 14 novembre 2005, par la chambre de commerce et d'industrie de Pointe-à-Pitre du rejet de l'offre qu'elle avait présentée pour l'attribution d'un marché portant sur le marquage des aires d'avions et des chaussées routières de l'aéroport de Pointe-à-Pitre le Raizet, la SOCIETE TROPIC TRAVAUX SIGNALISATION a saisi le juge des référés du tribunal administratif de Basse-Terre, sur le fondement des dispositions de l'article L. 521-1 du code de justice administrative, d'une demande tendant à la suspension de l'exécution de ce rejet de son offre, de la décision de la chambre de commerce et d'industrie acceptant l'offre de la société Rugoway, de sa décision de signer le marché et du marché lui-même ; que par une ordonnance en date du 2 mars 2006, à l'encontre de laquelle la SOCIÉTÉ TROPIC TRAVAUX SIGNALISATION se pourvoit en cassation, le juge des référés a rejeté cette demande ;

Sans qu'il soit besoin d'examiner l'autre moyen de la requête ;

Considérant que, indépendamment des actions dont les parties au contrat disposent devant le juge du contrat, tout concurrent évincé de la conclusion d'un contrat administratif est recevable à former devant ce même juge un recours de pleine juridiction contestant la validité de ce contrat ou de certaines de ses clauses, qui en sont divisibles, assorti, le cas échéant, de demandes indemnitaires ; que ce recours doit être exercé, y compris si le contrat contesté est relatif à des travaux publics, dans un délai de deux mois à compter de l'accomplissement des mesures de publicité appropriées, notamment au moyen d'un avis mentionnant à la fois la conclusion du contrat et les modalités de sa consultation dans le respect des secrets protégés par la loi ; qu'à partir de la conclusion du contrat, et dès lors qu'il dispose du recours ci-dessus défini, le concurrent évincé n'est, en revanche, plus recevable à demander l'annulation pour excès de pouvoir des actes préalables qui en sont détachables ;

Considérant que, ainsi saisi de telles conclusions par un concurrent évincé, il appartient au juge, lorsqu'il constate l'existence de vices entachant la validité du contrat, d'en apprécier les conséquences ; qu'il lui revient, après avoir pris en considération la nature de l'illégalité éventuellement commise, soit de prononcer la résiliation du contrat ou de modifier certaines de ses clauses, soit de décider de la poursuite de son exécution, éventuellement sous réserve de mesures de régularisation par la collectivité contractante, soit d'accorder des indemnisations en réparation des droits lésés, soit enfin, après avoir vérifié si l'annulation du contrat ne porterait pas une atteinte excessive à l'intérêt général ou aux droits des cocontractants, d'annuler, totalement ou partiellement, le cas échéant avec un effet différé, le contrat ; que, par ailleurs, une requête contestant la validité d'un contrat peut être accompagnée d'une demande tendant, sur le fondement des dispositions de l'article L. 521-1 du code de justice administrative, à la suspension de son exécution ;

Considérant qu'il appartient en principe au juge d'appliquer les règles définies ci-dessus qui, prises dans leur ensemble, n'apportent pas de limitation au droit fondamental qu'est le droit au recours ; que toutefois, eu égard à l'impératif de sécurité juridique tenant à ce qu'il ne soit pas porté une atteinte excessive aux relations contractuelles en cours et sous réserve des actions en justice ayant le même objet et déjà engagées avant la date de lecture de la présente décision, le recours ci-dessus défini ne pourra être exercé qu'à l'encontre des contrats dont la procédure de passation a été engagée postérieurement à cette date ;

Considérant qu'en rejetant comme irrecevables les conclusions de la SOCIÉTÉ TROPIC TRAVAUX SIGNALISATION à fin de suspension du marché conclu entre la chambre de commerce et d'industrie de Pointe-à-Pitre et la société Rugoway, sans rechercher si la SOCIÉTÉ TROPIC TRAVAUX SIGNALISATION s'était portée candidate à l'attribution de ce marché, le juge des référés du tribunal administratif de Basse-Terre a commis une erreur de droit entachant le bien-fondé de l'ensemble de son ordonnance ;

Considérant qu'il résulte de qui précède que la SOCIÉTÉ TROPIC TRAVAUX SIGNALISATION est fondée à demander l'annulation de l'ordonnance attaquée du juge des référés du tribunal administratif de Basse-Terre ;

Considérant qu'il y a lieu, pour le Conseil d'État, par application de l'article L. 821-2 du code de justice administrative, de régler l'affaire au titre de la procédure de référé engagée ;

Considérant qu'aux termes de l'article L. 521-1 du code de justice administrative : « Quand une décision administrative, même de rejet, fait l'objet d'une requête en annulation ou en réformation, le juge des référés, saisi d'une demande en ce sens, peut ordonner la suspension de l'exécution de cette décision, ou de certains de ses effets, lorsque l'urgence le justifie et qu'il est fait état d'un moyen propre à créer, en l'état de l'instruction, un doute sérieux quant à la légalité de la décision [...] » ;

Considérant qu'il résulte de l'instruction que le délai de recours contre le marché conclu entre la chambre de commerce et d'industrie de Pointe-à-Pitre et la société Rugoway n'ayant pas couru faute de mesure de publicité appropriée, la SOCIÉTÉ TROPIC TRAVAUX SIGNALISATION, en sa qualité de concurrent évincé de l'attribution de ce marché, est recevable à demander la suspension de son exécution sur le fondement des dispositions de l'article L. 521-1 du code de justice administrative ; que toutefois, en l'état de l'instruction, le seul moyen d'annulation qu'elle soulève et qui est tiré du détournement de pouvoir, n'est pas de nature à faire naître un doute sérieux quant à la légalité de ce marché ; que, par suite, ses conclusions tendant à la suspension de son exécution doivent être rejetées [...]

■ CORRIGÉ

Le recours pour excès de pouvoir est, en principe, exclusivement ouvert contre un acte administratif unilatéral et donc impossible contre un contrat, lequel fait naître des droits subjectifs entre les parties. Ainsi jusqu'à la décision ici commentée, les tiers étaient en principe dans l'impossibilité de demander en justice l'annulation d'un contrat ou de l'une de ses clauses.

Par cette décision, le juge crée un nouveau type de recours contre les contrats administratifs, qu'il est d'usage d'appeler « recours Tropic », recours qui innove tant dans son principe : en offrant la possibilité à des tiers de contester un contrat administratif (I) que dans les pouvoirs qu'il confère au juge (II).

Ce recours a aujourd'hui disparu pour être « absorbé » dans le recours « Tarn-et-Garonne » qui procède toutefois de la même logique.

I. Une décision qui consacre l'ouverture aux concurrents évincés d'un recours direct contre les contrats

A. La possibilité de recours par un tiers au contrat

Jusqu'à cette décision, seuls deux types de recours étaient possibles en matière de marchés publics. Les parties aux contrats pouvaient le contester dans le cadre d'un recours de plein contentieux devant le juge du contrat tandis que les tiers ne pouvaient, dans le cadre d'un REP que contester les « actes détachables » de ces contrats.

Le seul « tiers » à pouvoir contester un marché public était le préfet, jusqu'à cette décision, qui, dans le cadre du contrôle de légalité pouvait déférer un marché public devant le juge administratif.

Depuis la décision « Tropic », un recours en contestation de validité contractuelle est ouvert contre tous les contrats administratifs par « tout concurrent évincé de la conclusion d'un contrat administratif ».

En l'espèce, le tiers était un candidat à la procédure d'attribution mais la qualité de concurrent évincé est reconnue à tout requérant qui aurait eu intérêt à conclure le contrat, alors même qu'il n'aurait pas présenté sa candidature, qu'il n'aurait pas été admis à présenter une offre ou qu'il aurait présenté une offre inappropriée, irrégulière ou inacceptable (CE, 11 avril 2012, Société Gouelle, avis).

Les conditions sont donc plus larges qu'en matière de référé.

L'ouverture de cette voie de droit a pour conséquence de fermer aux candidats évincés la voie du recours pour excès de pouvoir, à partir de la conclusion du contrat.

Depuis cette décision, le Conseil d'État a ouvert le recours en contestation de la validité du contrat à tous les « tiers interessés » au-delà des candidats évincés par les contrats conclus après le 4 avril 2014 (CE, 4 avril 2014, Département de Tarn-et-Garonne).

B. Un nouveau type de recours

À la différence des REP contre les actes détachables, ce nouveau recours doit être dirigé contre le contrat lui-même, qu'il s'agisse d'un marché public ou de tout autre type de contrat (DSP, PPP, etc.). Ce nouveau recours peut avoir pour objet de contester soit la validité du contrat soit uniquement certaines clauses de celui-ci (à condition qu'elles en soient divisibles).

Le recours doit être exercé dans un délai de 2 mois, « à compter de l'accomplissement des mesures de publicité appropriées ». Cette condition de publicité peut être remplie « notamment au moyen d'un avis mentionnant à la fois la conclusion du contrat et les modalités de sa consultation dans le respect des secrets protégés par la loi ».

Pour les marchés passés selon une procédure formalisée, la publication d'un avis d'attribution, au JOUE, suffit pour déclencher ce délai. Cet avis doit alors indiquer les modalités de la consultation du contrat, dans la rubrique « autres informations » de l'avis. En procédure adaptée, l'acheteur doit adapter sa publicité à l'objet et au montant du contrat.

Tous les moyens susceptibles de remettre en cause la validité du contrat peuvent être invoqués devant le juge : manquement aux obligations de publicité et de mise en concurrence, exception d'illégalité d'actes détachables du contrat et vices affectant le contrat lui-même. Le caractère opérant des moyens soulevés n'est pas subordonné à la circonstance que les vices auxquels ils se rapportent aient été susceptibles de léser le requérant (CE, 11 avril 2012, avis précité).

II. Les pouvoirs du juge étendus par l'impératif de sécurité juridique

A. Un juge aux pouvoirs étendus

Le recours Tropic est un recours de pleine juridiction dirigé contre le contrat. Par conséquent juge dispose de pouvoirs étendus : il peut prononcer la résiliation, la modification de clauses, l'annulation totale ou partielle, l'indemnisation ou la poursuite du contrat. Il module ces options en fonction de la nature du vice entachant le marché.

Il veille à la préservation de la sécurité juridique et de l'intérêt général, notamment au maintien de la continuité du service public (TA de Limoges, 18 février 2010, Société SOGEO). Cette possibilité laissée au juge de prononcer la poursuite du contrat sera d'ailleurs ultérieurement reprise dans le cadre du contentieux contractuel classique (CE Ass, 28 décembre 2009, Commune de Béziers).

En réparation de ses droits lésés, le requérant peut :

- soit présenter des conclusions indemnitaires devant le juge du contrat, « à titre accessoire ou complémentaire à ses conclusions à fin de résiliation ou d'annulation du contrat » (CE, 11 mai 2011, Société Rébillon Schmidt Prévot).
- soit engager un recours de pleine juridiction distinct, tendant exclusivement à une indemnisation du préjudice subi à raison de l'illégalité de la conclusion du contrat dont il a été évincé.

La recevabilité de telles conclusions indemnitaires n'est pas soumise au délai de 2 mois applicable au recours Tropic. Elle est toutefois soumise, sauf en matière de travaux publics, à l'intervention d'une décision administrative préalable de nature à lier le contentieux, le cas échéant en cours d'instance. Elles doivent également être motivées et chiffrées, à peine d'irrecevabilité.

Dans cette décision, le juge précise également que la requête peut être accompagnée d'une demande tendant à la suspension de l'exécution du contrat (CE, 6 mars 2009, Société Biomérieux, n° 324064). Toutefois, pour que cette demande soit recevable, les conditions strictes du référé-suspension définies aux articles L. 521-1 et R. 522-1 du code de justice administrative doivent toutes être réunies (urgence et doute sérieux).

B. La possibilité de modulation des effets du jugement dans le temps

En vertu du principe de sécurité juridique, principe général du droit (CE, Ass, 24 mars 2006, KPMG), dispose d'une palette important de décisions mais il peut au surplus moduler dans le tesmps les effets de ces décisions.

Le juge peut décider en prenant en compte les impératifs d'intérêt général ou les droits de cocontractants de prononcer avec un effet différé l'annulation du contrat. Cet effet différé rejoint les possibilités ouvertes au juge de l'excès de pouvoir depuis la décision du Conseil d'État, association AC !, du 11 mai 2004.

La décision Tropic innove encore plus en ce qu'elle reconnaît également au juge la possibilité de décider de la date d'entrée en vigueur du changement jurisprudentiel. En l'espèce le Conseil d'État précise que ce nouveau recours ne concernera que les contrats conclus postérieurement à la date de cette décision.

Ainsi, pour la première fois un revirement jurisprudentiel en droit administratif est dépourvu d'effet rétroactif. Cette décision rejoint les évolutions opérées dans le même sens par le juge judiciaire (C. Cass, 21 décembre 2006, Société La Provence) ou européen (CJCE, 17 mai 1990, Barber) pour limiter les inconvénients excessifs d'une évolution de jurisprudence. Cette possibilité est et doit rester toutefois exceptionnelle. Elle a été reproduite dans la décision Tarn-et-Garonne de 2014.

Sujet classique

Sujet 2
Cas pratique

■ SUJET
Marché d'achat de papiers

Une grande ville souhaite acheter pour ses propres besoins administratifs du papier. Elle ne connaît pas précisément l'étendue de ses besoins mais elle estime à 50 000 euros par an ses dépenses de papiers. Quel type de marché lui faudra-t-il mettre en place et selon quelle procédure ? La Ville souhaite aller très vite, dans quel délai le marché sera effectif ?

Elle souhaite par ailleurs que ce marché soit écologiquement exemplaire : papier recyclé, utilisation de circuits courts et privilégier les entreprises locales. Quels éléments pourra-t-elle intégrer dans son marché ?

■ CORRIGÉ

Une grande ville souhaite passer un marché de fourniture de papiers pour ses besoins propres.

Pour définir la procédure à mettre en place il convient tout d'abord d'évaluer le montant du marché. Ce type de marché est relativement « classique » et le besoin ne risque pas de disparaître. Il est donc recommandé de calculer le besoin en fonction de la durée maximale possible de ce type de marché. Toutefois pour ne pas se lier trop longtemps à un prestataire et afin de pouvoir faire face à une éventuelle insatisfaction de la commune, il serait préférable de conclure un marché pour une durée d'un an et de le reconduire le maximum de fois possible, c'est-à-dire 3 fois. Dans ce cas, le marché sera d'une durée maximale de 4 ans.

Dans la mesure où le besoin est évalué à 50 000 euros par an, le montant du marché à prendre en compte est de 200 000 euros (50 000 X 4). Dès lors, la commune se situe juste en dessous du seuil des procédures formalisées définies par l'article 26 du code des marchés publics et établi à 207 000 euros pour les marchés de fournitures des collectivités territoriales. Toutefois, le service précise qu'il n'est pas certain de l'étendue de ses besoins et il est possible qu'en réalité les besoins de la Ville dépassent, *in fine*, ce seuil (soit parce que les besoins augmentent, soit parce que les prestations attendues, notamment les exigences environnementales augmentent le coût). Par conséquent il sera beaucoup plus prudent de recourir à une procédure d'appel d'offres et non à un MAPA. Si la commune souhaite gagner du temps, elle pourra limiter son marché à trois ans et avoir la certitude de se situer sous le seuil des procédures formalisées mais il pourrait être considéré qu'elle détourne délibérément les règles en raccourcissant son marché.

Dans la mesure où le besoin n'est pas précisément défini dans son étendue, il pourra également être conseillé de recourir à un marché à bons de commande défini à l'article 77 du code des marchés publics. Ainsi la commune émettra des bons au fur et à mesure de la survenance de son besoin. Elle n'est pas tenue de faire figurer de montant minimum ou maximum mais il est conseillé de fixer au moins un minimum par exemple un peu en dessous du montant prévu de 50 000 euros de commande par an.

Le sujet n'étant pas très technique, le recours à l'appel d'offres restreint ne se justifie pas. Il faudra engager une procédure d'appel d'offres ouvert.

Pour ce faire la commune doit :

– adopter une délibération affectant les crédits pour le marché si cela est nécessaire et autorisant le maire à lancer et à signer le marché (au moins 15 jours de délai pour informer les élus, il faut plutôt compter un mois).

– publier un avis d'appel public à la concurrence est publié dans les conditions prévues à l'article 40 du code des marchés publics soit dans le bulletin officiel des annonces de marchés publics (BOAMP) et au Journal officiel de l'Union Européenne (JOUE) ainsi que sur son profil d'acheteur (son site Internet). Les délais de publication dans ce type de procédure de marchés publics peuvent varier entre 22 jours et 52 jours au plus en cas de publication non dématérialisée. Pour aller vite et si la commune en a les moyens il faudra privilégier une publication dématérialisée.

La publicité doit contenir précisément tous les éléments de la commande mais aussi tous les éléments qui guideront l'analyse.

– procéder à l'analyse des candidatures et des offres. Le délai dépendra dépend du nombre de candidats et de la difficulté technique de l'analyse. Un délai de deux semaines peut être envisagé pour faire droit à la demande de rapidité de la commune ;

– réunir la commission d'appel d'offres pour que celle-ci décide de l'attributaire (compter au mois deux semaines) ;

– informer les candidats évincés du rejet de leur offre et leur laisser un délai de 11 jours pour contester le marché ;

– transmettre le marché au contrôle de légalité ;

– faire une mise au point du marché et notifier le marché à l'attributaire.

Au total, et si les délais sont réduits au minimum, si l'appel d'offres ne s'avère pas infructueux et s'il n'y a aucun recours, il faudra au minimum quatre mois pour passer ce marché. Ce délai est extrêmement court et rarement tenu dans le cadre d'une procédure d'appel d'offres. En général ces procédures durent au minimum 6 mois.

Les aspects environnementaux :

Pour faire droit à l'exigence environnementale de la commune il pourra par exemple être conseillé de recourir à un allotissement en prévoyant un lot de papier « normal » et un lot de « papier recyclé ». La ville peut également demander à n'acheter que du papier recyclé. Il s'agira d'une clause d'exécution du marché. Il conviendra toutefois d'être précis dans le pourcentage exigé de fibre recyclé dans le papier, car cela peut être très variable. Soit la ville fixe une exigence minimale (en en faisant une clause), soit elle évalue les offres en fonction du taux (un critère).

Elle peut également recourir aux écolabels.

Trois écolabels s'appliquent au papier en Europe :

- L'écolabel européen : « la fleur » : il existe depuis 1992 et certifie que la fabrication du papier utilise à la fois des fibres recyclées spéciales et des fibres vierges provenant de forêts gérées durablement, mais aussi que sa fabrication limite la pollution de l'air et de l'eau. Des organismes indépendants vérifient que les produits portant cette certification sont bien conformes aux critères de performances et aux critères écologiques du label. Ce label s'applique aux papiers d'impression et aux papiers à dessin (ainsi qu'à d'autres produits que le papier).
- L'écolabel nordique : « le Cygne blanc » : Ce label délivré pour une durée de 3 ans à un produit, offre les garanties de limitation des émissions polluantes et de gestion des déchets, similaires à celle de l'écolabel européen.
- L'écolabel allemand : « l'Ange bleu » : Les papiers portant ce label sont fabriqués à partir de 100 % de matière recyclée.

En revanche la référence à des circuits courts de commercialisation ne pourra pas être utilisée dans la mesure où cette possibilité n'est ouverte que lorsqu'une personne publique achète des produits de l'agriculture.

Néanmoins la préoccupation environnementale pourra passer par la mise en œuvre d'un critère carbone dans les marchés publics conformément à la loi dite Grenelle II du 12 juillet 2010. Le critère carbone vise à évaluer les offres sous l'angle des émissions de gaz à effet de serre pour lutter contre le changement climatique. Mais ce critère est très difficile à manier, et il faut en définir précisément le contenu et les modalités (CE, 15 février 2013, Derichebourg Polyurbaine, n°36392).

La limitation du marché à des entreprises locales est quant à elle strictement interdite.

Sujet difficile

Sujet 3
Dissertation

■ SUJET

Le critère social dans les marchés publics

Dans un contexte de crise économique dans lequel foisonnent les débats sur « le made in France », les circuits courts, les achats responsables, le soutien aux PME et TPE, les pouvoirs publics ont tendance à considérer que les marchés publics qui représentent plus de 10 % du PIB pourraient constituer un bon vecteur de développement de l'emploi ou de politiques sociales.

Cependant, les règles internes et communautaires ont longtemps limité ce pouvoir d'intervention économique par le biais de la commande publique. Par une décision du 25 mars 2013, le Conseil d'État est revenu sur son interprétation, à bien des égards jugée trop stricte, de la notion de lien entre critère social et objet du marché et a ouvert aux acheteurs la possibilité d'introduire, sous certaines conditions, un critère de « mieux disant social » dans leurs marchés publics.

Alors même que le critère social comme critère de sélection des offres existe depuis 2005 dans le code des marchés publics, une interprétation jurisprudentielle restrictive en avait limité le champ d'application (I). La décision du Conseil d'État, tout en maintenant l'exigence de lien avec l'objet du marché, assouplit son interprétation et rend enfin possible l'intégration de critères sociaux dans les marchés publics (II).

■ CORRIGÉ

I. La difficile reconnaissance du critère social

A. Le critère social, un critère qui existe de longue date en droit positif...

Dès 1988, la CJCE a reconnu la possibilité d'intégrer des critères sociaux dans les marchés publics (CJCE, 20 sept. 1988, aff C-31/87, Beentjes). Dans l'arrêt Commission contre France en date du 26 septembre 2000 (aff. C-225/98) et relatif à la construction d'un plan lycées par la Région Nord Pas de Calais, la Cour de Luxembourg, divergeant en ce sens de la position de la Commission a confirmé cette interprétation et explicitement admis que le mieux disant social pouvait constituer un critère licite d'attribution d'un marché des travaux. Et cela même si les critères sociaux comme critères de sélection des offres ne sont pas expressément prévus par les dispositions de la directive 2004/18/CE… puisqu'ils ne sont pas formellement interdits non plus.

En France, en 1993 la possibilité d'intégrer des clauses sociales dans les marchés publics a été brièvement introduite par les circulaires dites « Balladur ». Mais lors de leur contestation devant le Conseil d'État, celui-ci avait considéré qu'il ne s'agissait que de circulaires interprétatives donc dépourvues de valeur normative (CE 10 mai 1996, n° 159979, Fédération nationale des travaux publics et autres).

Par la suite, en 2001, la clause sociale (soit une condition d'exécution et non un critère de sélection) a fait son entrée à l'article 14 du code des marchés publics par le décret du 7 mars 2001 portant code des marchés publics.

Parallèlement, cette même année, le Conseil d'État jugeait qu'un critère social devait être strictement en rapport avec l'objet du contrat ou ses conditions d'exécution (CE, 25 juillet 2001, n° 229666, Commune Gravelines). Dans cette espèce, une commune avait retenu, pour apprécier les offres dans un marché ayant pour objet la réhabilitation d'une décharge, un critère de sélection relatif aux propositions faites par les soumissionnaires en matière de création d'emplois, d'insertion et de formation. Ce critère a été jugé sans rapport avec l'objet du contrat et le juge a annulé la procédure. Les cas dans lesquels un critère social pouvait être intégré à un marché se trouvaient, dès lors, très fortement réduit.

Le législateur a alors introduit par la loi n° 2005-32, du 18 janvier 2005 de programmation pour la cohésion sociale, à l'article 53 du code, au titre des critères d'appréciation d'une offre, la possibilité de retenir les « performances en matière d'insertion professionnelles des publics en difficultés ». S'agissait-il ainsi que la doctrine l'a estimé d'une « volonté du législateur de faire échec à la jurisprudence restrictive du CE précitée en introduisant la notion de mieux disant social » ? (H. Pongérard-Payet, Le critère social exprès d'attribution : un cadeau en trompe l'œil, AJDA 2006, p. 635).

En 2006 cette démarche de prise en compte du critère social a été renforcée par la modification des dispositions de l'article 5 du code des marchés publics qui imposent de définir le besoin au regard des objectifs du développement durable, c'est-à-dire en intégrant des objectifs en matière environnementale mais également sociale. À propos de ces dispositions, le Conseil d'État a considéré que si le pouvoir adjudicateur n'est pas tenu de prévoir de tels critères pour la détermination de ses besoins, il doit néanmoins pouvoir le faire (CE, 23 novembre 2011, communauté urbaine de Nice-Côte d'Azur, n° 351570).

B. … mais dont la mise en œuvre a été limitée par une interprétation restrictive de la notion de lien avec l'objet du marché

Ces éléments constituaient indéniablement de belles avancées sur le papier et correspondaient aux attentes des acheteurs publics qui avaient envie de peser sur le développement social par le biais de la commande publique en favorisant l'emploi et la réinsertion professionnelle de publics qui étaient éloignés du marché du travail. Mais ces nouvelles portes entrouvertes par le législateur se sont, en pratique, aussitôt refermées.

On note tout d'abord, et dès la réforme de 2005, une défiance assez grande en direction des critères sociaux, notamment de la part de la doctrine (F. Linditch, « Au secours, le critère social revient ! », JCP A, n° 8, 21 février 2005, 1085) au motif qu'il serait difficile d'apprécier les offres « en intégrant une démarche sociale dans une logique économique ».

Cette défiance repose sur le postulat selon lequel, le droit de la commande publique doit être un droit économiquement neutre (C. Jourdain, L'intégration d'aspects sociaux et de considérations environnementales dans les marchés des administrations et entreprises publiques, CJEG avril 2003, n° 597, p. 215 ou H. Pongérard-Payet, Le critère social exprès d'attribution : un cadeau en trompe l'œil, AJDA 2006, p. 635).

Cette position rejoignait les interprétations du Palais Royal et développées notamment par le rapporteur public dans ses conclusions relatives à la décision précitée CE 10 mai 1996, n° 159979, Fédération nationale des travaux publics et autres. M. Fratacci y affirmait que « faire de la politique de l'emploi un critère de sélection des offres revient à nier le caractère strictement instrumental assigné au choix des offres par l'article 1er du Code des marchés publics [...] il y a là un mélange des genres qui n'est pas loin [...] d'une erreur de droit au regard de la finalité de la commande publique ».

Par ailleurs, le critère social est souvent vu comme une manière d'introduire une plus grande part d'arbitraire, de subjectivité... voire de localisme dans les marchés publics. Il a en effet été considéré que cette possibilité de recourir au critère social était difficile à concilier avec les principes fondamentaux des marches publics et notamment le principe d'égal accès à la commande publique inscrit dans l'article premier du code, dans les directives européennes, mais surtout consacrées par le conseil constitutionnel (Cons. Const., déc. n° 2003-473 DC, 26 juin 2003, loi habilitant le gouvernement à simplifier le droit). En favorisant les entreprises d'insertion, le critère à objectif social était regardé comme risquant de constituer un facteur de discrimination entre les offres. Dans ses conclusions sous la décision Commune Gravelines précitée, Denis Piveteau affirmait en ce sens que le critère d'insertion « aboutit à restreindre l'accès du marché aux seules entreprises s'engageant dans une démarche d'insertion ».

Dans ces conditions, ainsi que le prévoyait la doctrine, et en dépit des évolutions législatives, l'interprétation restrictive adoptée en 2001 par le Conseil d'État, a perduré. La CAA de Douai a prolongé cette position en décidant que, s'agissant d'un marché relatif au déménagement, stockage et transfert de mobilier et machines-outils dans des lycées de la région, « il ne ressort d'aucune pièce du dossier que les prestations attendues présenteraient, par nature, un lien avec les performances en matière d'insertion de publics en difficulté ». Elle en a déduit « que, si la région pouvait retenir, au nombre des conditions d'exécution du contrat, des éléments à caractère social prenant en compte l'objectif de progrès social, tel que mentionné à l'article 14 du code des marchés publics, elle ne pouvait pas le faire au titre des critères d'attribution » (CAA Douai, 29 novembre 2011, Région Nord-Pas-de-Calais, n° 10DA01501, AJDA 2012, p. 565).

Si cette interprétation stricte ne conduisait pas à condamner en soi le critère social dans l'appréciation de l'offre, puisque seule l'absence de rapport avec l'objet du contrat ou ses conditions d'exécution était prohibée, cette condition le privait de toute efficacité réelle puisqu'elle le cantonnait à des marchés dont l'objet même présentait un caractère social. Or, d'une part ces marchés sont finalement assez peu nombreux et d'autre part, ils sont soumis aux dispositions « allégées » de l'article 30 du code des marchés publics.

De fait et considérant cette jurisprudence, dans de nombreuses collectivités, le recours aux considérations sociale pour attribuer au mieux disant était par conséquent vivement déconseillé au profit de l'intégration de clauses d'insertion relative à l'exécution du marché lui-même. En ce sens, le guide de l'Observatoire économique de l'achat public, « Commande publique et accès à l'emploi des personnes qui en sont éloignées », recommandait par exemple aux pouvoirs adjudicateurs, en matière sociale, d'utiliser principalement la condition d'exécution de l'article 14, qui lui permet, par exemple, de faire effectuer la prestation en intégrant des heures de travail d'insertion ou toute autre considération sociale.

Le lien entre le critère de sélection et l'objet du marché avait donc jusqu'ici été apprécié au seul regard de l'objet des prestations commandées et le juge considérait que lorsque les prestations n'avaient pas un caractère social, un tel critère ne pouvait leur être appliqué.

II. Un critère effectif sous certaines conditions

A. L'évolution de la notion de lien avec l'objet du marché qui rend enfin effective l'utilisation du critère social

C'est sur cette vision particulièrement restrictive et limitative que sont revenues les 3e et 2e sous-sections du Conseil d'État en rendant le 25 mars 2013, la décision département de l'Isère (CE, 25 mars 2013, Département de l'Isère, A, n° 364950).

En l'espèce dans le cadre d'un marché de travaux, le département de l'Isère avait prévu un sous-critère de la valeur technique, pondéré à 15 % portant sur la performance en matière d'insertion des publics en difficulté. Or, le juge du référé précontractuel du TA de Grenoble suivant la jurisprudence bien établie avait considéré que « les travaux de renforcement et de renouvellement de chaussées prévus par le marché litigieux ne présentent aucun lien direct avec l'insertion professionnelle des publics en difficulté ».

Le département s'est alors pourvu en cassation contre cette décision. Suivant en cela les conclusions du rapporteur public Gilles Pellissier qui avait considéré que « en pratique, exiger un lien avec l'objet des prestations du marché conduit donc à rendre inutilisable ce critère social. », le Conseil d'État a décidé d'infléchir sa position. Il a en effet posé le principe selon lequel : « Dans le cadre d'une procédure d'attribution d'un marché qui, eu égard à son objet, est susceptible d'être exécuté, au moins en partie, par des personnels engagés dans une démarche d'insertion, le pouvoir adjudicateur peut légalement prévoir d'apprécier les offres au regard du critère d'insertion professionnelle des publics en difficulté mentionné au 1° du I de l'article 53 du code des marchés publics (CMP), dès lors que ce critère n'est pas discriminatoire et lui permet d'apprécier objectivement ces offres. »

Le critère social peut désormais être utilisé dans le cadre de marchés dont l'objet n'est pas uniquement social.

Cette évolution se justifie par le constat d'un décalage entre une application trop stricte au critère social de l'exigence de lien avec l'objet du marché d'avec la place qu'occupent aujourd'hui les considérations sociales dans les marchés publics, en droit interne comme en droit européen. Le juge de cassation s'est ainsi rapproché de la volonté du législateur, dépourvue d'ambiguïté, affirmée en 2005 et réaffirmée en 2006, de faire des performances sociales un critère de sélection des offres.

Cette inflexion témoigne également d'un changement de paradigme portant sur les marchés publics, le droit des marchés publics n'a plus à être un droit économiquement neutre. La notion d'offre économiquement la plus avantageuse ne repose plus seulement sur des aspects économiques au sens strict mais également sur la meilleure réponse apportée aux besoins du pouvoir adjudicateur lesquels peuvent recouvrir des préoccupations sociales ou environnementales.

Le résultat est que cette nouvelle position jurisprudentielle permet d'offrir une vraie alternative aux pouvoirs adjudicateurs. Alors qu'ils avaient pris l'habitude, de combiner clauses sociales de l'article 14 et critères sociaux de l'article 53, il leur est désormais possible de satisfaire leurs besoins en matière d'insertion sociale soit par l'insertion de clauses sociales, qui seront vérifiées au stade de la recevabilité des offres, soit par la fixation d'un critère social, qui leur permettra de sélectionner l'offre la plus performante sur ce point, soit en combinant les deux.

B. Les conditions d'utilisation du critère du « mieux disant social »

Il convient néanmoins d'être vigilant. Bien que considérablement assouplie par cette décision, la condition de lien avec l'objet du marché a toutefois été maintenue. Pour l'interpréter, le Conseil d'État a décidé de se conformer à l'interprétation de la CJUE en ce domaine (CJCE, 17 septembre 2002, Concordia Bus Finland, C-513/99). Ainsi le rapporteur public affirme : « Il nous semble donc que, pour la Cour de Justice et contrairement à la conception stricte du lien avec l'objet du marché qui était la vôtre en 2001, ce lien peut également s'apprécier au regard des conditions dans lesquelles seront exécutées les prestations du marché, ce qui rejoint l'idée que les besoins du pouvoir adjudicateur peuvent recouvrir non seulement le résultat qu'il commande mais aussi les moyens mis en œuvre pour le réaliser. »

La condition du lien avec l'objet du marché est donc désormais soumise à une double exigence. La première est que le critère se rapporte aux offres et non aux candidatures. Ainsi il a été jugé qu'un critère portant sur la politique sociale de l'entreprise et non sur les propositions faites par les candidats pour l'exécution du marché était sans lien avec l'objet du marché (15 février 2013, Sté Derichebourg polyurbaine, n° 363921).

La seconde conduit à imposer que le critère porte bien sur l'objet du marché, la notion d'objet recouvrant non seulement ce qui est commandé mais également les modalités de sa réalisation. Le lien avec l'objet du marché peut ainsi résulter de ce que les performances que le critère concerné permettra de sélectionner auraient pu figurer dans les conditions d'exécution du marché. Ainsi un critère tenant à l'emploi de publics en difficultés pourra être prévu dans le cadre de l'attribution d'un marché susceptible d'être au moins partiellement exécuté par des personnels en difficultés professionnelles. Cette définition permet notamment de recouvrir la quasi-totalité des marchés de travaux qui représentent une part prépondérante des achats, notamment dans les collectivités locales. La porte s'est donc en réalité largement ouverte.

Ce critère doit également être bien défini et annoncé dans le cahier des charges ou dans l'avis de publicité. En outre, il doit rester marginal, (CJCE du 26 septembre 2000, commission c/ France précité). À noter que dans le cas d'espèce ici commenté, le critère avait été valorisé à hauteur de 15 % sans que le juge ait contesté cette pondération. Enfin le critère social doit respecter les principes fondamentaux du droit communautaire, notamment le principe de non discrimination (CJCE, 17 septembre 2002, Concordia Bus Finland, C-513/99).

La décision du Conseil d'État répond à une attente forte des pouvoirs adjudicateurs qui, pour beaucoup, trépignaient de pouvoir introduire des critères sociaux dans leurs marchés publics. C'est désormais chose possible. Leur utilisation permettra de dire si par ce biais, les puissances publiques peuvent positivement influer sur leur contexte économique et social de leur territoire.

Sujet difficile

Sujet 4
Commentaire d'arrêt

■ SUJET
CE, 30 septembre 2011, Région Picardie

Considérant qu'il résulte des dispositions de l'article L. 551-1 du code de justice administrative que le président du tribunal administratif ou le magistrat qu'il délègue peut être saisi, avant la conclusion d'un contrat de commande publique ou de délégation de service public, d'un manquement, par le pouvoir adjudicateur, à ses obligations de publicité et de mise en concurrence ; qu'aux termes de l'article L. 551-2 du même code : « Le juge peut ordonner à l'auteur du manquement de se conformer à ses obligations et suspendre l'exécution de toute décision qui se rapporte à la passation du contrat, sauf s'il estime, en considération de l'ensemble des intérêts susceptibles d'être lésés et notamment de l'intérêt public, que les conséquences négatives de ces mesures pourraient l'emporter sur leurs avantages. / Il peut, en outre, annuler les décisions qui se rapportent à la passation du contrat et supprimer les clauses ou prescriptions destinées à figurer dans le contrat et qui méconnaissent lesdites obligations » ; qu'aux termes enfin de l'article L. 551-10 du même code : « Les personnes habilitées à engager les recours prévus aux articles L. 551-1 et L. 551-5 sont celles qui ont un intérêt à conclure le contrat et qui sont susceptibles d'être lésées par le manquement invoqué, ainsi que le représentant de l'État dans le cas où le contrat doit être conclu par une collectivité territoriale ou un établissement public local [...] » ;

Considérant qu'il ressort des pièces du dossier soumis au juge des référés que, par un avis d'appel public à la concurrence publié le 22 février 2011, la RÉGION PICARDIE a lancé une procédure d'appel d'offres ouvert en vue de l'attribution d'un marché de services ayant pour objet « la mise en œuvre, l'exploitation, la maintenance et l'hébergement d'une plateforme de service pour la solution » open source « d'espace numérique de travail (ENT) » Lilie « à destination des lycées de Picardie » ; que, par courriers des 21 et 23 mars 2011, les sociétés Kosmos et Itop, qui exercent une activité d'éditeur de logiciel d'espace numérique de travail, ont informé la RÉGION PICARDIE de leur intention de demander l'annulation de la procédure si la région ne se conformait pas à ses obligations de mise en concurrence, lesquelles faisaient selon elles obstacle à ce que l'appel d'offres lancé par la région imposât aux candidats le seul logiciel « Lilie » ; que la RÉGION PICARDIE, poursuivant la procédure, après avoir constaté que l'offre déposée par la société Atos Origin était irrégulière et que celle déposée par la société Logica, copropriétaire du logiciel « Lilie », comportait des prix trop élevés ou incohérents, a cependant engagé des négociations avec ces deux sociétés en application des dispositions de l'article 35-I-1° du code des marchés publics ; que, par l'ordonnance attaquée, le juge des référés du tribunal administratif d'Amiens a annulé l'ensemble de la procédure et enjoint à la RÉGION PICARDIE, si elle entendait conclure le marché, de la reprendre dans son intégralité ;

Considérant qu'aux termes du IV de l'article 6 du code des marchés publics : « Les spécifications techniques ne peuvent pas faire mention d'un mode ou procédé de fabrication particulier ou d'une provenance ou origine déterminée, ni faire référence à une marque, à un brevet ou à un type, dès lors qu'une telle mention ou référence aurait pour effet de favoriser ou d'éliminer certains opérateurs économiques ou certains produits. Toutefois, une telle mention ou référence est possible si elle est justifiée par l'objet du marché ou, à titre exceptionnel, dans le cas où une description suffisamment précise et intelligible de l'objet du marché n'est pas possible sans elle et à la condition qu'elle soit accompagnée des termes : "ou équivalent". » ; que, s'agissant des marchés de services, il y a lieu, pour l'application de ces dispositions, d'examiner si la spécification technique en cause a ou non pour effet de favoriser ou d'éliminer certains opérateurs économiques puis, dans l'hypothèse seulement d'une telle atteinte à la concurrence, si cette spécification est justifiée par l'objet du marché ou, si tel n'est pas le cas, si une description suffisamment précise et intelligible de l'objet du marché n'est pas possible sans elle ;

Considérant qu'il ressort des pièces du dossier soumis au juge des référés que les prestations objet du marché de services litigieux consistaient en l'intégration et l'adaptation aux besoins de la RÉGION PICARDIE de la solution logicielle d'espace numérique de travail (ENT) « Lilie », laquelle, eu égard à son caractère de logiciel libre, était librement et gratuitement accessible et modifiable par l'ensemble des entreprises spécialisées dans la réalisation d'espaces numériques de travail à destination des établissements d'enseignement qui étaient ainsi toutes à même de l'adapter aux besoins de la collectivité et de présenter une offre indiquant les modalités de cette adaptation ; que, par suite, en jugeant que la spécification par les documents de la consultation du logiciel libre « Lilie » avait pour effet d'éliminer le déploiement de toute autre solution logicielle, alors que le marché litigieux ne consistait pas en la fourniture d'un logiciel mais en des prestations d'adaptation, d'installation et de maintenance du logiciel « Lilie » que la RÉGION PICARDIE avait pu librement et gratuitement se procurer, le juge des référés du tribunal administratif d'Amiens a commis une erreur de droit ; qu'il a en outre dénaturé les pièces du dossier en estimant que la mention du logiciel « Lilie » conférait un avantage concurrentiel à la société Logica en sa qualité de co-concepteur et copropriétaire de ce logiciel, alors que toute entreprise spécialisée dans l'installation de logiciels supports d'espaces numériques de travail pour les établissements d'enseignement avait la capacité d'adapter ce logiciel aux besoins de la RÉGION PICARDIE ; que, dès lors, et sans qu'il soit besoin d'examiner les autres moyens du pourvoi, la RÉGION PICARDIE est fondée à demander l'annulation de l'ordonnance attaquée ;

Considérant que dans les circonstances de l'espèce, il y a lieu, en application de l'article L. 821-2 du code de justice administrative, de régler l'affaire au titre des procédures de référé engagées par les sociétés Itop et Kosmos ;

Considérant, en premier lieu, que les sociétés Itop et Kosmos, en leur qualité de sociétés spécialisées dans la mise en œuvre de solutions numériques pour les établissements d'enseignement, ont vocation à exécuter les prestations de services objet du marché et justifient donc d'un intérêt à conclure le contrat ; que, par suite, elles sont recevables à agir par la voie du référé précontractuel à l'encontre de la procédure de passation litigieuse ;

Considérant, en second lieu, qu'eu égard à la nature de marché de services, et non de fournitures, du marché litigieux, les sociétés Itop et Kosmos ne sauraient utilement soutenir que la mention de la solution logicielle « Lilie » a eu pour effet de favoriser ou d'éliminer d'autres solutions logicielles ; qu'il résulte en outre de l'instruction que la mention du logiciel « Lilie », en raison du caractère de logiciel libre que celui-ci présente et qui le rend librement et gratuitement modifiable et adaptable aux besoins de la collectivité par toute entreprise spécialisée dans l'installation de logiciels supports d'espaces numériques de travail, ne peut être regardée ni comme ayant pour effet de favoriser la société Logica qui a participé à sa conception et en est copropriétaire ni comme ayant pour effet d'éliminer des entreprises telles que les sociétés requérantes qui, tout en ayant entrepris de développer leurs propres solutions logicielles, sont spécialisées dans l'installation d'espaces numériques de travail à destination des établissements d'enseignement et disposent des compétences requises pour adapter le logiciel libre « Lilie » aux besoins de la RÉGION PICARDIE ; que, par suite, les sociétés Itop et Kosmos ne sont pas fondées à soutenir qu'en mentionnant comme spécification technique du marché le recours à ce seul logiciel libre, la RÉGION PICARDIE a méconnu les dispositions du IV de l'article 6 du code des marchés publics ; que, dès lors, les sociétés Itop et Kosmos ne sont pas fondées à demander l'annulation de la procédure de passation litigieuse.

■ CORRIGÉ

Saisi dans le cadre d'un référé précontractuel, le Conseil d'État a décidé, contrairement au jugement de première instance et aux conclusions de son rapporteur public d'autoriser une collectivité locale à imposer une solution logicielle libre dans le cadre d'une mise en concurrence portant sur des prestations d'adaptation, d'installation et de maintenance d'une plateforme numérique.

La question était de savoir si la référence à une solution logicielle libre constituait ou non une atteinte à la mise en concurrence en favorisant une entreprise : celle qui avait développé le logiciel. En dépit du risque d'atteinte à la concurrence que présentait une telle situation (I), le Conseil d'État a considéré, au regard des spécificités présentées par les solutions logicielles libres (II), d'autoriser d'imposer une telle référence dans un marché public (III).

I. Le risque d'atteinte à la concurrence

La Région Picardie a décidé de doter ses établissements publics d'enseignement d'espaces numériques de travail. Elle a choisi pour ce faire d'adapter un outil déjà existant, le logiciel « Lilie » conçu par la Région Ile-de-France pour des besoins similaires. Bien qu'il s'agisse d'un logiciel qui est co-propriété de la Région et de la société Logica, cette solution a été élaborée pour être une solution dite « libre », et qui par conséquent pouvait être réutilisée par d'autres collectivités locales.

La Région Picardie a donc lancé une procédure d'appel d'offres ouvert pour sélectionner une entreprise qui serait chargée de mettre en œuvre, d'exploiter, de maintenir et d'héberger une plateforme de services pour la solution open source d'espace numérique de travail (ENT) Lilie à destination des lycées de Picardie. Non satisfaite des offres initialement proposées par les deux candidats, l'autorité régionale a néanmoins décidé d'engager des négociations avec ces deux sociétés en application des dispositions de l'article 35-I-1° du code des marchés publics. À l'issue de cette procédure, la collectivité a décidé d'attribuer son marché à la société Logica, celle-là même qui avait initialement développé l'outil et dont elle était co-propriétaire.

C'est cette décision d'attribution qui a été contestée par deux entreprises au motif que la société attributaire aurait en tant que conceptrice et propriétaire été favorisée par cette procédure imposant le recours a une solution logicielle prédéfinie. Les requérants avaient été suivis par le juge des référés de première instance (TA Amiens, ordonnance du 9 juin 2011, n° 1101511, 101514) qui a annulé ce marché sur le fondement de l'atteinte à l'égalité des candidats devant la commande publique, principe de valeur constitutionnelle consacrées par le conseil constitutionnel (Cons. Const., déc. n° 2003-473 DC, 26 juin 2003, loi habilitant le gouvernement à simplifier le droit).

Le juge de première instance avait en effet estimé que : « la référence unique à la solution Lilie donne un avantage concurrentiel indéniable à la société Logica, qui est à l'origine de la solution ENT Lilie […] ; que la seule référence à la solution Lilie, excluant toute autre solution, qu'elle soit libre ou propriétaire, n'est pas justifiée par l'objet du marché […] alors qu'il ne ressort d'aucune pièce du dossier que seul le logiciel Lilie est susceptible de répondre aux exigences techniques requises par le marché ; »

Le juge de première instance s'est ainsi fondé sur une interprétation relativement classique de la jurisprudence administrative en matière de référence injustifiée à un produit ou une marque déterminée en matière de marché de fourniture (CE, 11 septembre 2006, commune de Saran, n° 257545, ou CAA Marseille, 20 décembre 2010, Société Siorat, n° 08MA01775).

II. Les spécificités des solutions libres

Cependant, l'espèce se distingue par deux aspects de ces précédents jurisprudentiels. D'une part, il s'agit ici d'une part d'un marché de services et non de fourniture. D'autre part, le service mis en concurrence se singularise en tant qu'il porte sur l'exploitation et l'adaptation d'un logiciel libre.

Dans cette décision, le Conseil d'État se prononce sur la notion même de logiciel libre en s'essayant à une définition de ce dernier ; pour la haute juridiction, un logiciel est libre dès lors qu'il est « librement et gratuitement modifiable et adaptable ». En ce sens, le juge administratif rejoint la définition de la Free Software Foundation, selon laquelle : « Un logiciel libre est un logiciel dont l'utilisation, l'étude, la modification et la duplication en vue de sa diffusion sont permises, techniquement et légalement » en lui ajoutant une notion de gratuité pourtant non revendiquée par les partisans des solutions opens source.

Il résulte de la philosophie même du logiciel libre que n'importe quel opérateur économique peut en disposer gratuitement pour l'adapter à ses besoins. Dans le cadre de marchés publics, le pouvoir adjudicateur ainsi que les candidats peuvent ainsi acquérir l'outil mis librement à disposition sur le marché. Tout se passe donc comme si la Région Picardie avait acquis (gratuitement) la solution avant de mettre en concurrence les entreprises pour adapter cet outil aux besoins de la collectivité. C'est pour cette raison que le Conseil d'État souligne « que le marché litigieux ne consistait pas en la fourniture d'un logiciel mais en des prestations d'adaptation, d'installation et de maintenance du logiciel » et qu'il s'agit bien d'un marché de services et non de fourniture.

En effet, et pour la première fois, le Conseil d'État interprète les dispositions du IV de l'article 6 du code des marchés publics au regard des marchés de services : « s'agissant des marchés de services, il y a lieu, pour l'application de ces dispositions, d'examiner si la spécification technique en cause a ou non pour effet de favoriser ou d'éliminer certains opérateurs économiques puis, dans l'hypothèse seulement d'une telle atteinte à la concurrence, si cette spécification est justifiée par l'objet du marché ou, si tel n'est pas le cas, si une description suffisamment précise et intelligible de l'objet du marché n'est pas possible sans elle ; »

Par ce considérant, le juge souligne qu'avant même de s'interroger sur l'adéquation du choix d'une solution spécifique à l'objet du marché, il convient d'examiner si ce choix a été de nature à avantager ou à léser un candidat. Dès lors qu'il estime, comme en l'espèce, qu'il n'y a pas eu d'atteinte à la concurrence, le juge se dispense d'examiner si cette spécification (ici le recours à Lilie alors qu'il existait d'autres solutions ENT) est ou non justifiée par l'objet du marché.

III. La liberté d'imposer une solution libre

C'est de ce recours à une solution libre que le juge a pu déduire, contrairement au juge de première instance, qu'aucun candidat n'avait pu être ni favorisé ni désavantagé dans le cadre de cette mise en concurrence.

En effet, le choix du logiciel libre permet de placer les candidats sur un pied d'égalité dans la mesure où la solution appartient à tous et peut être modifiée et adaptée par n'importe quelle société informatique spécialisée dans ce type de support. En effet tous les opérateurs ayant accès au code source, ils ont la liberté d'étudier le fonctionnement du programme, de l'utiliser et de le modifier et de l'améliorer pour en faire profiter toute la communauté. Chacun dispose du même degré d'information.

Ainsi compte tenu de la nature des prestations demandées, le Conseil d'État a estimé qu'elles pouvaient parfaitement être réalisées par n'importe quelle entreprise « qui, tout en ayant entrepris de développer leurs propres solutions logicielles, sont spécialisées dans l'installation d'espaces numériques de travail à destination des établissements d'enseignement et disposent des compétences requises pour adapter le logiciel libre Lilie ».

Au regard de ce qui précède, il peut sembler évident qu'imposer une solution logicielle libre à adapter aux besoins de la collectivité, n'avait pas pour effet d'éliminer d'autres candidats que le propriétaire du logiciel. En revanche, il peut paraître moins intuitif que cela n'avait pas pour conséquence de favoriser celui-ci, d'autant plus qu'en l'espèce il avait co-conçu cette solution. Le Conseil d'État a néanmoins considéré que dès lors que la société qui avait participé à l'élaboration du logiciel en avait « libéré » et mis à disposition ses codes source, elle ne bénéficiait plus d'un avantage comparatif sur ses concurrents.

Il s'avère que le parti pris assez innovant et audacieux choisi par le Conseil d'État s'est assez vite trouvé corroboré par les faits. En effet, le Conseil général du Val d'Oise a retenu, pour des prestations similaires sur le logiciel Lilie une autre société que la société Logica, tandis que d'autres collectivités ont fait le choix, à l'instar du département de Seine Maritime d'héberger en interne ce logiciel et d'externaliser uniquement les prestations d'installation et de maintenance. D'autres marchés sont en cours de passation et pourront encore démontrer les nombreuses possibilités offertes, en matière de mise en concurrence, par le recours à des solutions logicielles libres.

Si cette décision du Conseil d'État présente l'avantage d'offrir aux pouvoirs adjudicateurs la possibilité d'imposer le recours à une solution libre prédéfinie dans leurs marchés de service, la question préalable, celle de la légalité d'obliger, dans le cadre d'un marché de fourniture et de conception d'un logiciel, à développer une solution libre n'est pas encore tranchée par la jurisprudence. Elle en constitue pourtant le préalable nécessaire.

Sujet difficile

Sujet 5
Cas pratique

SUJET
Marché de travaux

À l'issue d'une procédure d'appel d'offres ouvert, un marché de travaux en vue de la reconstruction de la cantine scolaire d'un lycée régional a été attribué en entreprise générale à la société X Celle-ci a sous-traité de façon régulière une partie du lot ventilation à la société Y. Après quelques mois de mise en fonctionnement de la nouvelle cantine, il apparaît que celle-ci génère en permanence de graves nuisances sonores aux riverains provenant de la machinerie du système de ventilation. Les riverains ont assigné la Région devant le TGI territorialement compétent pour le préjudice en résultant. La Région vous demande de bien vouloir assurer la défense de ses intérêts et de lui proposer une stratégie contentieuse.

En outre, le sous-traitant de la société X exécutant pour partie les travaux du lot ventilation, l'entreprise Y, a transmis sa demande de paiement direct. Cependant, alors que la société X a accepté la demande dans son ensemble, il s'avère que les travaux n'ont pas été réalisés de façon satisfaisante : ils ne correspondent pas aux normes sonores prévues au dossier de consultation des entreprises et ne respectent pas les descriptifs techniques. La demande de paiement a été faite dans le respect des règles procédurales en vigueur. La Région vous demande de la conseiller sur les possibilités de déduire des sommes à verser au sous-traitant la part correspondant aux ouvrages mal exécutés.

En outre, un candidat au marché, classé second, a saisi le juge administratif d'un recours pour excès de pouvoir visant à obtenir l'annulation du marché en se prévalant du fait que le délai constaté d'exécution des travaux a dépassé le délai prévisionnel prévu au marché, alors que justement son offre avait été moins bien classée car elle prévoyait un délai de réalisation plus long que celui du candidat retenu. Quelles sont les chances de succès d'un tel recours ?

CORRIGÉ

1. Action en responsabilité engagée par les riverains devant le tribunal de grande instance

L'action engagée par les riverains de la cantine scolaire, visant à obtenir l'indemnisation par la Région du préjudice subi à raison des nuisances sonores occasionnées par la machinerie du système de ventilation de l'ouvrage, constitue une action en responsabilité pour dommages de travaux publics.

La Région, en tant que maître de l'ouvrage et gestionnaire de cet équipement, est susceptible de voir sa responsabilité engagée, même en l'absence de faute de sa part, à raison des dommages causés aux tiers par l'ouvrage dont elle a la garde, tant en raison de son existence que de son fonctionnement (CE Ass., 28 mai 1971, Département du Var c/ Entreprise Bec Frères). De tels dommages peuvent trouver leur origine dans des nuisances sonores excédant, en raison de leur ampleur, les sujétions normales inhérentes au voisinage d'un établissement d'enseignement.

Selon une jurisprudence constante, une telle action ressortit à la compétence de la juridiction administrative (TC, 12 avril 2010, ERDF c. Michel). La stratégie de défense consisterait ainsi, en l'espèce, à soulever devant le tribunal de grande instance une exception d'incompétence, avant toute défense au fond, sur le fondement de l'article 75 du code de procédure civile.

Dans l'hypothèse où les riverains formeraient, après que le tribunal de grande instance aura fait droit à l'exception d'incompétence, une requête devant le tribunal administratif territorialement compétent, il pourrait être envisagé d'exercer un appel en garantie à l'encontre de la société X, attributaire du marché public de travaux.

Dès lors que les nuisances sonores n'ont pu être constatées qu'après la mise en fonctionnement, l'appel en garantie devant le juge administratif serait fondé alternativement :

- sur la responsabilité contractuelle de la société X, sous réserve que les désordres en cause lui aient été signalés dans l'année suivant la réception de l'ouvrage au titre de la garantie de parfait achèvement (CE Sect., 28 février 1986, Entreprise Blondet) ; ou
- en l'absence de réserve, sur la responsabilité décennale des constructeurs, si les conditions en sont réunies et si le dommage trouve directement son origine dans les désordres affectant l'ouvrage (CE Sect., 15 juillet 2004, Syndicat intercommunal d'alimentation en eau des communes de la Seyne et de la Région de Toulon).

En revanche, il ne pourrait que difficilement être envisagé d'appeler en garantie, sur le fondement de la responsabilité quasi-délictuelle, la société Y chargée de réaliser une partie des prestations du lot « ventilation », pour les éventuels vices d'exécution de l'ouvrage dont elle pourrait être responsable. En effet, en l'état actuel de la jurisprudence administrative, il n'est pas possible de rechercher, sur le terrain quasi-délictuel, l'engagement de la responsabilité du sous-traitant pour les vices de réalisation qui lui être imputés, en raison de l'absence d'un contrat de louage d'ouvrage entre le maître de l'ouvrage et ledit sous-traitant.

2. Possibilité de déduire des sommes à payer directement au sous-traitant la part correspondant aux prestations mal exécutées

Selon les dispositions de la loi n° 75-1334 du 31 décembre 1975 *relative à la sous-traitance* et du code des marchés publics, le contrôle de la réalité et de la qualité des travaux réalisés par le sous-traitant, faisant l'objet d'une demande de paiement direct, incombe principalement à l'entreprise titulaire du marché public.

Toutefois, alors même que la demande de paiement est régulière et qu'elle a été acceptée, expressément ou tacitement, par l'entrepreneur principal, le juge administratif a reconnu au maître de l'ouvrage la faculté de contrôler le montant de la créance du sous-traitant (CE, 28 avril 2000, *Société Peinture Normandie*). Un tel contrôle s'effectue, notamment, au regard des travaux exécutés par ce dernier et des prix stipulés par le marché.

Ainsi, le maître de l'ouvrage est fondé à réduire le montant des sommes dont le paiement est demandé par le sous-traitant lorsque celles-ci portent sur des prestations ayant fait l'objet d'importantes réserves, en raison de leur absence de conformité avec les spécifications techniques prévues au marché.

En conséquence, en l'espèce, la Région est fondée à déduire des sommes faisant l'objet de la demande de paiement direct de la société Y la part correspondant aux prestations n'ayant pas été correctement effectuées. Au regard de la jurisprudence précitée, une telle réduction est subordonnée au prononcé de réserves par le maître de l'ouvrage au moment de la réception des travaux en cause, ou dans la période de garantie de parfait achèvement.

3. Recours pour excès de pouvoir formé par le concurrent évincé à l'encontre du marché

Pour les besoins du présent cas pratique, trois voies d'action visant à remettre en cause le marché seront envisagées :

- le recours pour excès de pouvoir (REP) dirigé à l'encontre du marché lui-même ;
- le REP dirigé l'encontre d'un acte détachable du marché, assorti de conclusions tendant à ce qu'il soit enjoint à la Région de procéder à la résolution du contrat. Il convient de préciser que, dans une telle hypothèse, il s'agirait nécessairement d'un acte détachable postérieur à la signature du contrat, dès lors que les candidats évincés de la procédure de passation d'un contrat administratif, qui disposent de la faculté de former un recours en contestation de sa validité dit « Tropic » (CE Ass., 16 juillet 2007, Rec. p. 360), ne sont plus recevables, à partir de la conclusion dudit contrat, à demander l'annulation pour excès de pouvoir des actes préalables qui en sont détachables. L'acte détachable en cause pourrait, par exemple, être le refus de la Région de résilier le marché, après que le candidat évincé lui en aura fait la demande (v. par ex. CE Sect., 24 avril 1964, SA LIC, Rec. p. 239) ;
- et le recours en contestation de validité du marché dit « Tarn-et-Garonne » (CE, 4 avril 2014, Département du Tarn-et-Garonne) (On rappellera que ce recours a le caractère d'un recours de pleine juridiction, et non d'un recours pour excès de pouvoir).

Quelle que soit la voie d'action envisagée, les risques d'annulation du marché apparaissent très faibles.

En premier lieu, les tiers à un marché public, tels qu'un candidat non retenu, ne sont pas recevables à former, devant le juge pour excès de pouvoir, une action dirigée directement à l'encontre d'un contrat administratif et à en solliciter l'annulation (CE, 18 févr. 2009, Assoc. Comité CSG). En conséquence, le REP qui serait formé par le candidat évincé directement à l'encontre du marché public de travaux présenterait un caractère irrecevable.

En deuxième lieu, le motif sur lequel se fonderait le recours en excès de pouvoir intenté à l'encontre d'un acte détachable de l'exécution du contrat, procédant de ce que le délai constaté d'exécution des travaux a dépassé le délai prévisionnel prévu au marché, ne nous semble pas fondé. En effet, par analogie avec la jurisprudence régissant la passation d'avenants dans les marchés publics. Le seul dépassement du délai prévisionnel d'exécution ne saurait être regardé comme une modification substantielle de ses caractéristiques, de nature à démontrer la volonté des parties de procéder à une renégociation irrégulière des termes essentiels du contrat, sur la base desquels la mise en concurrence et la sélection de l'attributaire ont été organisées.

À titre subsidiaire, il pourrait aisément être contesté qu'un tel motif d'illégalité, à considérer même qu'il soit fondé, soit de nature à justifier que le juge de l'exécution enjoigne à la Région de s'entendre avec la société X pour résoudre leur relation contractuelle. En effet, une telle illégalité n'apparaît pas d'une gravité suffisante pour justifier le prononcé d'une telle mesure d'exécution.

En troisième lieu, il y a tout lieu de penser que le recours « Tarn-et-Garonne » serait, là encore, irrecevable. En effet, un tel recours ne peut être formé que dans un délai de deux mois à compter de l'accomplissement des mesures de publicité appropriées mentionnant à la fois la conclusion du contrat et ses modalités de consultation. Or, il peut difficilement être envisagé que ces mesures n'aient pas été accomplies par le pouvoir adjudicateur en l'espèce, ou que le délai de deux mois susmentionné ne soit pas échu au jour de l'introduction de la requête du candidat évincé, dès lors que celle-ci intervient après exécution des travaux prévus au marché. Le requérant se trouverait donc très certainement forclos.

QCM DE RÉVISION

1. Un pouvoir adjudicateur peut-il être une personne privée ?

- ❒ Oui
- ❒ Non

2. Un marché public est un contrat conclu :

- ❒ Uniquement entre deux personnes de droit public
- ❒ Uniquement entre une personne de droit public et une personne de droit privé
- ❒ Entre deux personnes, peu importe leur nature juridique

3. Un marché public peut-il être conclu à titre gratuit ?

- ❒ Oui
- ❒ Non

4. Les litiges relatifs aux marchés publics relèvent de la compétence :

- ❒ Du juge administratif
- ❒ Du juge judiciaire
- ❒ De l'un ou l'autre selon l'objet

5. Un marché public est un contrat administratif

- ❒ qui est obligatoirement un contrat écrit
- ❒ qui peut être écrit ou oral

6. L'acte par lequel une administration confie la gestion du service public culturel à une association qui en assume le risque financier est :

- ❒ Un marché public de service
- ❒ Une délégation de service public
- ❒ Une subvention

7. De quand datent les premières réglementations en matière de marchés publics en France :

- ❒ 1833
- ❒ 1964
- ❒ 2001

8. Le code des marchés publics comporte-t-il toutes les règles des marchés publics ?

- ❒ Oui
- ❒ Non

9. Le code des marchés publics dans sa version de 2006 est-il entré en vigueur

- ❒ Avant la fin du délai de transposition des directives de 2004
- ❒ Après la fin du délai de transposition des directives de 2004

10. En dessous du seuil de 15 000 euros HT, il est interdit de procéder à des mesures de publicité :

- ❒ Oui
- ❒ Non

11. Les marchés de l'article 30 sont :

- ❒ Totalement soumis aux grands principes de la commande publique
- ❒ Exonérés de respecter ces principes
- ❒ Partiellement soumis à ces principes

12. Lorsqu'un pouvoir adjudicateur souhaite demander des précisions à un candidat :

- ❒ Il n'a pas le droit de le faire
- ❒ Il ne doit lui demander qu'à lui et par écrit
- ❒ Il doit demander la même précision à tous les candidats, y compris ceux qui l'ont déjà apportée

13. En vertu du principe de transparence et de l'article 83 du code des marchés publics, un pouvoir adjudicateur doit-il communiquer à un candidat évincé, le chiffre d'affaires de l'entreprise retenue ?

- ❒ Oui
- ❒ Non

14. Les MAPA sont des marchés dont le montant :

- ❒ Est forcément inférieur à 90 000 euros HT
- ❒ Est forcément inférieur à 134 000 euros HT
- ❒ Est forcément inférieur à 207 000 euros HT
- ❒ Peut excéder les seuils des procédures formalisées

15. Un marché de fournitures passé par le ministère de la Culture d'un montant de 170 000 euros est :

- ❒ Un MAPA
- ❒ Un marché qui doit être passé selon une procédure formalisée
- ❒ Un marché article 30

16. Dans le cadre de l'attribution d'un MAPA, l'acheteur

- ❒ doit notifier le marché à l'attributaire et informer les candidats évincés du rejet de leur offre
- ❒ doit notifier seulement notifier le marché à l'attributaire
- ❒ doit faire ce qui lui paraît être adapté

17. Tous les marchés de travaux des acheteurs publics d'un montant supérieur à 5, 184 millions d'euros sont soumis à la procédure d'appel d'offres :

- ❒ Vrai
- ❒ Faux

18. Dans le cadre d'un appel d'offres passé par l'État le marché est attribué par :

- ❐ La commission d'appel d'offres
- ❐ La personne responsable du marché
- ❐ Le Ministre

19. Dans le cadre d'un appel d'offres restreint, combien de candidats peuvent être admis à présenter une offre :

- ❐ Au moins 3
- ❐ Au moins 5
- ❐ Tous systématiquement

20. Dans le cadre d'une procédure d'appel d'offres, quels sont les éléments du marché qui peuvent faire l'objet d'une négociation :

- ❐ Les délais
- ❐ Le prix
- ❐ Aucun élément ne peut être négocié

21. Les marchés à bons de commande sont :

- ❐ Des accords cadres au sens du droit communautaire
- ❐ Des marchés fractionnés
- ❐ Des procédures négociées

22. Un marché à bons de commande de fournitures, passé par une collectivité, d'un montant maximum de 100 000 euros par an reconductible deux fois nécessite de mettre en œuvre des procédures de publicité et de mise en concurrence :

- ❐ Adaptées
- ❐ Formalisées
- ❐ Cela dépendra du nombre de reconduction effective

23. Un marché à bons de commande conclu sans montant minimum ni maximum est :

- ❐ Strictement interdit
- ❐ Toujours autorisé
- ❐ Permis seulement pour les MAPA

24. Un accord-cadre permet :

- ❐ De faire face à un besoin permanent et précisément défini
- ❐ De faire face à un besoin évolutif
- ❐ De faire face à un besoin dans un secteur extrêmement concurrentiel

25. Dans le cadre d'un accord-cadre mono attributaire, l'attribution d'un marché subséquent passe par une mise en concurrence ?

- ❐ Oui
- ❐ Non

26. Le titulaire d'un accord-cadre :

- ❐ Est toujours tenu de répondre à une remise en concurrence dans le cadre d'un marché subséquent
- ❐ N'est pas obligé de candidater à un marché subséquent.

27. Dans le cadre d'un marché négocié, la négociation peut porter :

- ❒ Sur tout élément de l'offre
- ❒ Sur tout sauf sur le prix
- ❒ Sur tout ce qui a été défini comme négociable dans la publicité

28. Dans le cadre des MAPA, la négociation est

- ❒ Toujours possible
- ❒ Possible si elle est prévue dans les documents de publicité
- ❒ Interdite

29. Un marché de fourniture passé à des fins de recherche peut faire l'objet d'un :

- ❒ Marché négocié sans publicité ni mise en concurrence
- ❒ Marché négocié avec publicité et mise en concurrence

30. Dans le cadre d'un MAPA le pouvoir adjudicateur peut négocier avec :

- ❒ Le nombre de candidats qu'il souhaite
- ❒ Au moins trois candidats
- ❒ Tous les candidats

31. La procédure de dialogue compétitif est autorisée :

- ❒ Uniquement en dessous des seuils communautaires de procédure formalisés
- ❒ Uniquement au-dessus des seuils communautaires de procédure formalisés
- ❒ Pour tout montant

32. Un marché de conception-réalisation est :

- ❒ Un marché de service
- ❒ Un marché de travaux
- ❒ Un marché de fournitures

33. Un marché de conception-réalisation

- ❒ Peut faire l'objet d'une procédure d'appel d'offres ouvert
- ❒ Peut faire l'objet d'un dialogue compétitif
- ❒ Peut faire l'objet d'un accord-cadre

34. Le pouvoir adjudicateur peut définir son besoin pendant l'exécution du marché ?

- ❒ Oui
- ❒ Non
- ❒ Dans certains cas seulement

35. Dans son avis de publicité l'acheteur peut faire référence :

- ❒ À une norme
- ❒ À un brevet
- ❒ À une marque

36. Quelle est la procédure la plus adaptée à une incertitude sur la quantité des besoins à satisfaire ?

- ❒ L'accord-cadre
- ❒ Le dialogue compétitif
- ❒ Le marché à bons de commande

37. La variante peut porter

- ❒ Sur tout élément du cahier des charges
- ❒ Sur les seuls éléments du cahier des charges identifiés par l'acheteur
- ❒ Sur tous les éléments ne remettant pas en cause le projet de base.

38. Pour un marché de services sociaux (formation professionnelle) d'un montant de 300 000 euros HT publicité doit être faite :

- ❒ Sur un support adapté
- ❒ Dans un JAL et au BOAMP
- ❒ Au BOAMP et au JOUE

39. Pour un marché de fournitures de papier d'un montant 150 000 euros une publicité doit être faite :

- ❒ Dans un JAL et au BOAMP
- ❒ Dans un JAL, au BOAMP, et sur le profil d'acheteur
- ❒ Dans un JAL, au BOAMP, sur le profil d'acheteur et dans une revue spécialisée.

40. Dans le cadre d'un MAPA, le délai de remise des offres est :

- ❒ Fixé par les textes
- ❒ Établi par l'acheteur sans aucune contrainte
- ❒ Doit être raisonnable

41. Les marchés dispensés de procédure de mise en concurrence

- ❒ Sont uniquement les marchés inférieurs à 15 000 euros
- ❒ Sont les marchés article 30
- ❒ Sont des marchés pour lesquels il n'existe qu'un seul opérateur économique susceptible de répondre

42. Une société en liquidation judiciaire :

- ❒ Peut se porter candidate à un marché public
- ❒ Ne peut pas se porter candidate à un marché public

43. Une entreprise nouvellement créée :

- ❒ Peut se porter candidate à un marché public
- ❒ Ne peut pas se porter candidate à un marché public

44. Un pouvoir adjudicateur peut exiger d'un candidat un chiffre d'affaires minimal :

- ❒ Oui
- ❒ Non

45. Une offre dont le prix révèle que le soumissionnaire rémunérera ses employés à un salaire inférieur au SMIC est :

- ❒ Une offre recevable
- ❒ Une offre irrégulière
- ❒ Une offre inappropriée
- ❒ Une offre inacceptable

46. L'offre peut être analysée en fonction :

- ❒ Des références de l'entreprise
- ❒ Des délais de réalisation
- ❒ De son implantation géographique

47. Dans le cadre de l'attribution d'un MAPA, le pouvoir adjudicateur :

- ❒ Est tenu d'informer sans délai les candidats évincés du rejet de leur offre
- ❒ Est tenu d'informer dans un délai de 16 jours les candidats évincés
- ❒ N'est pas tenu d'informer les candidats évincés

48. Dans le cadre d'une procédure formalise, après un envoi par recommandé avec accusé de réception du courrier de rejet de leur offre aux candidats non retenus, le pouvoir adjudicateur dispose :

- ❒ D'un délai de 9 jours pour signer le marché
- ❒ D'un délai de 11 jours pour signer le marché
- ❒ D'un délai de 16 jours pour signer le marché

49. Dans une commune l'autorité compétente pour signer le marché est :

- ❒ Le Maire
- ❒ Le conseil municipal
- ❒ Le Préfet via le contrôle de légalité
- ❒ Les directeurs d'administration

50. Si un marché n'a pas encore été notifié

- ❒ L'acheteur peut quand même demander à l'attributaire de commencer à exécuter le marché
- ❒ Le candidat retenu peut retirer son offre
- ❒ Le titulaire reste lié jusqu'à la date de validité de son offre

51. Dans le cadre de l'exécution du marché l'acheteur public

- ❒ Doit se limiter à demander l'exécution des prestations prévues au contrat
- ❒ Peut ordonner l'exécution de prestations complémentaires

52. Quelle est la date de début d'un marché public ?

- ❒ La date d'attribution
- ❒ La date de notification
- ❒ La date de réception des offres
- ❒ La date d'émission du premier ordre de service

53. La durée maximale d'un marché est de :

- ❒ Trois ans
- ❒ Quatre ans
- ❒ Il n'y a pas de durée maximale

54. Le paiement d'une avance est :

- ❒ Librement décidée par le pouvoir adjudicateur
- ❒ Toujours obligatoire
- ❒ Obligatoire pour les marchés supérieurs à 50 000 euros HT

55. Le délai de paiement d'un marché public d'une collectivité locale est

- ❒ D'au maximum 30 jours
- ❒ D'au minimum 30 jours
- ❒ D'au maximum 50 jours

56. La personne qui procède au paiement du marché est :

- ❒ Le titulaire du marché
- ❒ L'ordonnateur
- ❒ Le comptable public
- ❒ Le sous-traitant

57. L'évolution de la réglementation en matière d'accessibilité des bâtiments pour les personnes handicapées justifie-t-elle la passation d'un avenant à un marché de travaux ?

- ❒ Oui
- ❒ Non

58. Une modification du marché public qui n'a pas pour effet d'augmenter le marché doit-elle faire l'objet d'un avenant ?

- ❒ Oui
- ❒ Non

59. Un avenant qui augmente de 5 000 euros le montant total d'un marché de service passé par une collectivité territoriale pour un montant initial de 205 000 euros est–il autorisé ?

- ❒ Non
- ❒ Oui si le marché a été passé selon une procédure adaptée
- ❒ Oui si le marché a été passé selon une procédure formalisée

60. Le montant d'un marché complémentaire de fourniture est

- ❒ Limité à 5 % du montant du marché initial
- ❒ Limité à 15 % du montant du marché initial
- ❒ Limité à 50 % du montant du marché initial
- ❒ Sans limite

61. Dans le cadre de l'exécution d'un marché de mobiliers, dans le cadre duquel le pouvoir adjudicateur se rend compte qu'il a besoin de commander des compléments de meubles pour poser des éléments, l'acheteur doit passer avec le titulaire :

- ❒ Un avenant
- ❒ Un marché complémentaire
- ❒ Un protocole transactionnel

62. Un marché complémentaire est synonyme de :

- ❒ Avenant
- ❒ Marché similaire
- ❒ Marché négocié

63. Le contentieux qui oppose un sous-traitant au titulaire d'un marché doit être introduit devant :

- ❒ Le juge administratif
- ❒ Le juge civil
- ❒ Le juge pénal

64. Le titulaire d'un marché de fourniture peut décider de sous-traiter :

- ❒ Aucune partie de son marché
- ❒ Une partie de son marché
- ❒ La totalité de son marché

65. Dans le cadre de l'exécution d'un marché de travaux où l'entreprise attributaire a sous-traité les travaux d'électricité, en cas de problème sur l'installation électrique, l'acheter public peut directement rechercher la responsabilité du sous-traitant :

- ❒ Oui
- ❒ Non

66. Si le titulaire principal du marché ne communique pas au pouvoir adjudicateur le contrat de sous-trataince, il s'agit d'une sous-traitance occulte

- ❒ Vrai
- ❒ Faux

67. Un sous-traitant de premier rang peut-il renoncer au paiement direct par le pouvoir adjudicateur ?

- ❒ Oui
- ❒ Non

68. Si il existe des imperfections ou des malfaçons lors de la livraison d'un chantier la réception ne peut avoir lieu :

- ❒ Vrai
- ❒ Faux

69. La réception des travaux est prononcée par

- ❐ L'acheteur
- ❐ L'entreprise
- ❐ Les deux dans un PV co-signé

70. En matière de marché de fourniture la « réception » est acquise de manière tacite dans un délai de :

- ❐ 7 jours
- ❐ 15 jours
- ❐ 30 jours
- ❐ Deux mois

71. Une chute de neige est-elle une circonstance de nature à justifier une résiliation de plein droit pour cas de force majeure ?

- ❐ Oui
- ❐ Non

72. Une résiliation de plein droit est prononcée en cas de

- ❐ Faillite de l'entreprise
- ❐ Placement de l'entreprise en redressement judiciaire
- ❐ Cession de l'entreprise

73. Dans le cas d'une résiliation simple du marché par l'acheteur, l'entreprise :

- ❐ Peut percevoir une indemnisation
- ❐ Doit s'acquitter des charges liées à la passation du nouveau marché
- ❐ Doit avoir commis un manquement grave à ses obligations contractuelles

74. Les manquements pouvant justifier une résiliation pour faute du marché :

- ❐ Sont listés dans le code des marchés publics
- ❐ Doivent être prévus dans le contrat
- ❐ Sont appréciés au cas par cas

75. Une entreprise qui n'a pas candidaté à un marché public peut-elle introduire un référé précontractuel ?

- ❐ Oui
- ❐ Non

76. Un candidat non retenu qui estime avoir été lésé par une erreur dans l'avis de publicité peut après la signature du contrat :

- ❐ Introduire un référé pré-contractuel
- ❐ Introduire un référé contractuel
- ❐ Introduire un recours « Tarn-et-Garonne »
- ❐ Introduire un recours pour excès de pouvoir

77. Un candidat évincé qui souhaite être indemnisé du fait d'une procédure de passation qu'il estime viciée peut le faire dans le cadre :

- ❒ D'un référé pré-contractuel
- ❒ D'un référé contractuel
- ❒ D'un recours « Tarn-et-Garonne »
- ❒ D'un recours pour excès de pouvoir

78. Un tiers au contrat peut-il engager la responsabilité contractuelle d'un des co-contractants ?

- ❒ Oui
- ❒ Non

79. Saisi d'un problème de compétence du signataire du contrat, régularisable, le juge du contrat doit forcément prononcer la nullité du contrat ?

- ❒ Oui
- ❒ Non

80. L'avis d'un comité consultatif de règlement amiable des différends ou litiges relatifs aux marchés publics est-il doté de « l'autorité de la chose jugée » ?

- ❒ Oui
- ❒ Non

81. Le juge du contrat peut-il ?

- ❒ Seulement décider de prononcer l'annulation du contrat
- ❒ Seulement décider de la poursuite de l'exécution du contrat ou de prononcer son annulation
- ❒ Décider de la poursuite de l'exécution du contrat, de prononcer sa résiliation ou de prononcer son annulation

82. L'acheteur public est-il tenu d'intégrer des objectifs de développement durable dans ses critères d'analyse des offres ?

- ❒ Oui
- ❒ Non

83. Quels sont les trois piliers du développement durable ?

- ❒ Économique, social et environnemental
- ❒ Culturel, social et environnemental
- ❒ Économique, écologique et juridique

84. Il est possible d'introduire des clauses sociales dans les marchés publics depuis :

- ❒ 1988
- ❒ 1993
- ❒ 2001
- ❒ 2006

85. Les marchés dits « réservés » sont prévus par les dispositions de l'article :

- ❒ 14 du code des marchés publics
- ❒ 15 du code des marchés publics
- ❒ 30 du code des marchés publics

86. Est-il possible de prendre en compte un critère de mieux disant social dans un marché de travaux ?

- ❒ Oui
- ❒ Non

87. Les efforts en matières d'insertion sociale d'une entreprise peuvent être pris en compte

- ❒ Dans l'analyse des candidatures
- ❒ Si ce critère est pondéré à plus de 50 %
- ❒ Si ce critère est en lien avec l'objet du marché

88. Le recours à une clause sociale dans un marché exclut la possibilité d'introduire également un critère d'appréciation sur le plan social

- ❒ Vrai
- ❒ Faux

89. En matière de clauses environnementales, le pouvoir adjudicateur peut recourir :

- ❒ Aux écolabels
- ❒ Aux variantes
- ❒ Aux circuits courts

90. Le critère environnemental peut être un critère de sélection :

- ❒ Des candidatures
- ❒ Des offres
- ❒ Des deux

91. Les contrats globaux sur performance sont prévus par les dispositions de l'article :

- ❒ 53 du code des marchés publics
- ❒ 73 du code des marchés publics
- ❒ 75 du code des marchés publics

92. Le recours à un critère d'approvisionnement d'origine régionale, de manière à limiter les gaz à effet de serre est-elle légale ?

- ❒ Oui
- ❒ Non

93. L'allotissement géographique est-il contraire au principe d'égalité de traitement des candidats ?

- ❒ Oui
- ❒ Non

94. Pour favoriser l'accès des TPE et PME à la commande publique, le pouvoir adjudicateur doit favoriser :

- ❒ Les groupements de commande
- ❒ Les groupements d'entreprises

95. Une PME qui candidate à un marché public peut-elle se prévaloir des références d'une autre entreprise ?

- ❒ Oui
- ❒ Non

96. Pour favoriser l'accès des TPE et PME à la commande publique, le pouvoir adjudicateur peut :

- ❒ Réserver certains marchés aux PME
- ❒ Verser une prime aux entreprises qui répondent à des mises en concurrence
- ❒ Interdire les variantes

97. Pour que la responsabilité pénale d'un acheteur soit engagée il faut :

- ❒ Que le délit ait été commis de manière intentionnelle
- ❒ Que le délit ait causé un préjudice financier à la collectivité
- ❒ Que les règles de mise en concurrence aient été méconnues

98. Le fait de ne pas recourir à une procédure d'appel d'offres alors que les seuils de procédures formalisées sont dépassés peut être constitutif

- ❒ D'un délit de favoritisme
- ❒ D'un délit de prise illégale d'intérêts
- ❒ D'un délit de corruption passive

99. Un élu qui permet à une entreprise de bénéficier d'un marché public en contrepartie du versement d'une somme d'argent est susceptible d'être condamné pour :

- ❒ Corruption passive
- ❒ Trafic d'influence
- ❒ Les deux

100. Pour lutter contre les risques pénaux les acheteurs publics peuvent s'engager à :

- ❒ Ce que les prix facturés soient les prix de vente réels et sincères
- ❒ Ne pas accepter de cadeaux de la part de candidats à des marchés publics
- ❒ Réserver certains marchés à des entreprises.
- ❒ Sélection de lectures :

RÉPONSES

1a ; 2c ; 3b ; 4a ; 5b ; 6b ; 7a ; 8b ; 9b ; 10b ; 11a ; 12c ; 13b ; 14d ; 15b ; 16b ; 17b ; 18b ; 19b ; 20c ; 21a ; 22b ; 23b ; 24b ; 25b ; 26b ; 27a ; 28b ; 29a ; 30a ; 31c ; 32b ; 33b ; 34b ; 35a ; 36c ; 37b ; 38a ; 39b ; 40c ; 41c ; 42b ; 43a ; 44a ; 45d ; 46b ; 47a ; 48c ; 49b ; 50c ; 51b ; 52b ; 53c ; 54c ; 55a ; 56c ; 57a ; 58a ; 59c ; 60d ; 61b ; 62c ; 63b ; 64a ; 65b ; 66b ; 67b ; 68b ; 69a ; 70b ; 71b ; 72a ; 73c ; 74b ; 75a ; 76c ; 77c ; 78b ; 79b ; 80b ; 81c ; 82b ; 83a ; 84c ; 85b ; 86a ; 87c ; 88b ; 89c ; 90c ; 91b ; 92b ; 93b ; 94b ; 95a ; 96b ; 97c ; 98a ; 99c ; 100b

Sélection de lectures

Stéphane Braconnier, *Précis du droit des marchés publics*, Éditions du Moniteur, coll. « Essentiels experts », 4e édition, 2012.

Marceau Long, Prosper Weil, Guy Braibant, Pierre Delvolvé et Bruno Genevois, *Les Grands Arrêts de la jurisprudence administrative*, Dalloz, 18e édition, 2011

Frédéric Puigserver, *Le droit de l'administration*, LGDJ, coll. « Les grands concours », 2e édition, 2013.

Laurent Richer, *Droit des contrats administratifs*, LGDJ, coll. « Manuel », 8e édition, 2012.

Vade Mecum des marchés publics, La Documentation française, édition 2013.

INDEX

Les numéros renvoient aux numéros des leçons.

INDEX CHRONOLOGIQUE DES PRINCIPALES JURISPRUDENCES

CE, Ass., 2 mai 1958, Distillerie de Magnac-Laval

CE 15 avril 1996, Préfet des Bouches-du-Rhône, n° 168325

CE, Ass, 30 octobre 1996, SA Cabinet Revert et Badelon, n° 45126

CE, Ass., 5 mars 1999, Président de l'Assemblée nationale, n° 163328

CE, avis, 29 juillet 2002, société MAJ Blanchisserie de Pantin, n° 246921

CE, Ass, 5 mars 2003, Ordre des avocats à la Cour d'appel de Paris, n° 238039

CE 28 avril 2003, fédération nationale des géomètres experts et autres, n° 233360

Conseil constitutionnel, déc. n° 2003-473 DC, 26 juin 2003, loi habilitant le gouvernement à simplifier le droit

CE, avis d'Assemblée générale du 23 octobre 2003, Fondation Jean Moulin, n° 369315

CE, 7 octobre 2005, région Nord – Pas-de-Calais, n° 278732

CE, 6 avril 2007, Commune d'Aix-en-Provence, n° 284736

CE, Ass., 16 juillet 2007, Société Tropic travaux signalisation, n° 291545

CE, 3 octobre 2008, Syndicat mixte intercommunal de réalisation et de gestion pour l'élimination des ordures ménagères du secteur Est de la Sarthe (SMIRGEOMES), n° 305420

CE, 22 décembre 2008, communauté d'agglomération Salon-Etang de Berre-Durance, n° 311268

CE Sect., 30 janvier 2009, ANPE, n° 290236

CE, 10 juin 2009, Port autonome de Marseille, n° 317671

CE, 23 déc. 2009, Établissement public du musée et du domaine national de Versailles n° 328827

CE, 28 décembre 2009, commune de Béziers (I), n° 304802

CE, 5 janvier 2011, société Technologie alpine sécurité et commune de Bonneval-sur-Arc, n° 343206 et 343214

CE, 12 janvier 2011, Département du Doubs, n° 343324

CE, 21 mars 2011, commune de Béziers (II) n° 304806

CE, 27 avril 2011, Président du Sénat, n° 344244

CE, 2 août 2011, Parc naturel régional des Grands Causses, n° 348254

CE 30 septembre 2011, Région Picardie, n° 350431

TC 14 nov. 2011, Union des groupements d'achats publics c/ Eurl C2 Conseils et Formation, n° 3813

CE, 23 novembre 2011, communauté urbaine de Nice-Côte d'Azur, n° 351570

CE, 28 janvier 2013, Département du Rhône, n° 356670

CE, 25 mars 2013, Département de l'Isère, n° 364950

CE, 4 avril 2014, Département du Tarn-et-Garonne, n° 358994

Aubin IMPRIMEUR

Achevé d'imprimer en août 2014
Dépôt légal, août 2014 / N° d'impression 1407.0504
Imprimé en France